「力動」與「體用」
——吳汝鈞「力動論」哲學與
熊十力「體用論」哲學的比較研究

顏銘俊　著

臺灣學生書局 印行

序　言

　　本書題為：《「力動」與「體用」——吳汝鈞「力動論」哲學與熊十力「體用論」哲學的比較研究》，乃是筆者於過去數年間攻讀博士學位的研究結晶；本書的內容，亦即是以個人的博士論文為基礎進行改訂而來。全書內容，基本上是以吳汝鈞先生所建構的「力動論」哲學為核心，以之與當代新儒家哲學的開創者之一——熊十力先生所建構的「體用論」哲學兩相參照所進行的比較研究。

　　筆者之所以構思此一論題並付諸實踐，原因基本有二：其一，吳汝鈞先生所建構的「力動論」哲學，是一套哲理深邃，且義理基礎極為堅實的哲學。依筆者所見，吳汝鈞先生的整體造論工程，既參酌了東、西方諸多哲學與宗教領域的思想大家們所各自凝結的思維結晶，博采廣取之餘，更有其擇優汰劣後的判攝和融通、繼承和超越。總的來說，的確值得識者予以研究、並給予批判性的評價；其二，吳汝鈞先生的「力動論」哲學和熊十力先生的「體用論」哲學，兩造間在基本的思維架構上確實有諸多相近、相通之處，但也存在許多或顯明、或隱微的思維差異，故而，這兩套哲學確實具有頗多理論對話的空間；再者，吳汝鈞先生建構「力動論」哲學，又直接與其對熊十力先生的「體用不二」論的檢討有關。總結以上，筆者認為，援熊、吳兩家哲學進

行參照、比較，既能使這兩家哲學的哲理內蘊相互發明，對準確評價兩家哲學的思維貢獻，亦是極有幫助的——特別是對目前為止仍較少人鑽研的「力動論」哲學來說更是如此。

本書的研究，承蒙吳汝鈞先生的許多教益，因為吳汝鈞先生即是筆者的博士論文指導教授，本書的完成與出版，首先必須對其致上無限的謝忱；其次，在筆者的博士論文考試過程中，受到幾位口試委員——中央大學哲學研究所李瑞全教授、中央大學中文系楊祖漢教授、清華大學哲學系黃文宏教授，以及中央研究院文哲所鍾彩鈞教授的諸多指點，使得筆者在全書「緒論」、「結論」的增補工作，文獻的引用與哲理的闡釋工作，甚至是「註解」的改訂工作上，都收穫許多的裨益，在此亦一併致上筆者對此上諸位先生的謝意。最後，筆者也要感謝學生書局編輯委員會對本書的審查和肯定，使得筆者的研究能進一步以專書的形式見諸學界。筆者亦期待，日後能收獲學界先進對本書的指教；而若能因為筆者的研究嘗試，引起學界對「力動論」哲學更多的研究關注和投入，那就更是可喜的事了。

顏銘俊 書於臺南神農街寓所

2019 年 2 月 10 日

「力動」與「體用」
——吳汝鈞「力動論」哲學與熊十力「體用論」哲學的比較研究

目　次

第一章　緒　論

第一節　研究背景

吳汝鈞（Ng, Yu-Kwan，1946 年生），廣東南海人，為兩岸三地著名佛學研究者、哲學家，著作等身。其對學問的探索雖以佛學為重心，但出入於東西方哲學、宗教，於義理的探究及吸納方面，堪稱博采廣取；近十多年來，更戮力於其自家哲學體系——「力動論」哲學的建構。吳氏的學術之路，始於對佛學的鑽研；其於學界知名，亦以對佛學研究的創造性建樹發端。其曾自云：

> 我對佛教的研究興趣起源於對中華文化的關心，後來則是一股強烈想解決生命問題的動力。[1]

蓋吳氏於早年治學的過程中，有感於常人總因著對「自我」的執著，不免為一己的生命帶來諸多痛苦，如容易將自我暨與自我相

---

[1]　黃文玲：〈生命與學問溶冶於一爐：佛學學者吳汝鈞（上）〉，收於吳汝鈞：《純粹力動現象學》（臺北：臺灣商務印書館，2005 年 5 月），頁 873。該文原載於《人生》第 225 期（2002 年 5 月），後收入吳汝鈞先生所著《純粹力動現象學》中。

關之種種一切看得太重，好比將自己的朋友、親人、名聲、財富等等，皆視作最重要的事物，由此而生起種種虛妄、顛倒的見解，既為自己帶來不必要的束縛，也導致自我與他者或外在事物間的關係陷於失衡、衝突。有思及此，其在治學之初，便亟思抉擇出一種與生命相關的，能直面生命問題、解決生命問題的學問，然後以全副的心靈及生命去從事探索的工作。因為印度的哲學、宗教特具生命的情調，頗能與其所見、所思及所關懷者相契合，於是吳氏便選擇投入其中，冀望在鑽研學問的道路上，亦能得到有關生命問題的解答。但印度的哲學與宗教範疇仍太大，於是吳氏最終將研究範圍聚焦於佛學，也因此開啟了一代佛學研究宗匠的學術之路。[2]特為重要的是，吳氏之選擇研究佛學、戮力於佛學研究的實踐，乃嚴格力行了其主張的佛學研究方法論思路，那即是：「哲學」與「文獻學」雙軌並進的研究方法。

依吳氏的自述，其研究佛學，初期全採哲學方法的進路，也就是將佛學視作一種哲學理論——亦即：佛教哲學——去加以解析、詮釋，並援之與西方哲學、中國哲學及印度哲學比觀，從事一種比較哲學的工作；但其同時又強烈感覺到，前此華人的佛學研究工作，總體上有著一個很明顯的限制和不足，那就是：欠缺文獻學的基本訓練，這自然是不足取的。就吳氏的觀察和思考，佛學從本質上來說，是一種結合了「宗教」與「哲學」兩種思想內蘊的學問，其本身自然不是一種文獻學，然而，因為佛學在漫長的發展歷史上，因於佛教傳播事業的開展所關涉到的歷史和地

---

[2] 此上所述，關於吳汝鈞先生抉擇佛學作為研究重心的思索歷程，參黃文玲：〈生命與學問溶冶於一爐：佛學學者吳汝鈞（上）〉，頁 873-874。

理因素，使其外在地且必然地與文獻學有著極密切的關聯。但屬於漢譯的佛學文獻又畢竟有限，故而，想從學術的嚴謹角度出發，較全面且深入地理解佛教思想的精義暨爬梳簡中有意義的問題，整體而言，便必須有能力深入梵文、巴利文的原典，藏文的翻譯文獻，以及現代學者（包含日本學者與歐美學者）的研究成果。而上述工作，基本上都是文獻學方面的工作，與基礎的語文能力相關。吳氏便因此赴日研習梵文，並接受佛教文獻學的基本訓練。從這番劍及履及的行動來看，足見吳氏之治學，確有一番堪稱知行合一的極為精誠、篤實的心裡質素作支撐。而經過此一問學心路與經歷，吳氏總的認為：我國的佛學研究，必須採「哲學」和「文獻學」雙軌並進的研究方法。哲學是文獻學的內涵，文獻學則是哲學的方便，一個有志鑽研佛學的研究者，便必須使自己同時具足兩者，才能在佛學研究這條路上，有所突破性的表現。[3]吳氏自身，便是嚴格力行了其所主張的這種佛學研究方法，使其在語言習得上，通過苦學而掌握了包含中文、梵文、藏文、日文、英文、德文等數種語言，並在佛教哲學之外，廣泛涉獵了中國哲學（其於儒學、先秦道家哲學等，皆有專門著作）；日本京都學派哲學；德國觀念論與現象學；懷德海「歷程哲學」等等東、西方重要哲學流派暨哲學大家的思想精華。這樣的學思經歷，自然為吳氏之建構自家哲學體系，紮下了堅實的、也是深厚的思想基礎。實際上，在吳氏自家「力動論」哲學的造論諸作

---

[3] 此上所述，關於吳氏對佛學研究方法論的反省，以及其提出的「哲學」與「文獻學」雙軌並進的佛學研究方法，參吳汝鈞：《佛學研究方法論（上）》（臺北：臺灣學生書局，2006 年 4 月），〈自序〉，頁 vii-ix。

中，便每每可見其受益於上述諸哲學流派暨哲學家們之思想精華的思維痕跡。

概而言之，吳氏所建構的哲學，即是一套以其所揭櫫的終極原理——「純粹力動」為核心概念所開展出來的新形態的形而上學，吳氏將之命名為：「純粹力動現象學」（Phänomenologie der reinen Vitalität），許多時候，亦概稱之為：「力動論哲學」。從根本上來說，吳氏之建構「力動論」哲學，乃因於對以下兩方面問題的關注和反省而來：第一個方面的問題是，吳氏依於自己一生的問學歷程及現實感受，本身極為肯定宗教信仰的作用，其言：

> 我構思與建立純粹力動現象學（Phänomenologie der reinen Vitalität, phenomenology of pure vitality）的動機，可以從兩方面來說。一方面是關於宗教信仰的問題。如所周知，宗教信仰非常重要，它能安頓現代人在精神上的空虛感，讓他們憑著一種信仰，使心靈安定下來，專心去做自己的事，實現自己的理想。這種信仰的影響力，有越來越強大、逼切的傾向。在我看來，有宗教信仰是一種福氣，但不能勉強。……在我的理解中，信奉某種宗教，表示對它的教理無條件地全盤接受。能接受便成為信徒，否則便不會對該宗教起信。信抑不信，接受抑不接受，有很多因素，我們在這裡不擬作深入的、廣面的探討，只表示對宗教的信仰，是一種福氣。有這福氣比沒有這福氣為好。歷史上出現過不少宗教，很多在現時還在流行。我在自己最近所寫的一本微不足道的小書《宗教世界與世界宗教》

中，曾列出其中較重要的，如：印度教、佛教、猶太教、基督教、道教、伊斯蘭教、神道教、薩滿教，也提過一些神話與民間宗教，並且刊出一些雖不是宗教但具有宗教功能的哲學如儒學、道家、京都學派。對於這些宗教或哲學，我都不能無條件的接受，因此不能成為它們的信徒，也可以說自己沒有福氣。但我的確很需要有宗教作為信仰的對象。既然現實的、現成的沒有，便只得自己動手，弄出一套來。因此我便要造論，建立純粹力動現象學，作為自己的哲學，也作為自己的宗教。[4]

從中可見，吳氏極為肯定宗教信仰的作用，認為宗教信仰能彌補人們的空虛感，有俾於人們沉靜自己的心靈、實踐自己的理想，簡言之，即有俾於安頓人類的現實生命。因此，吳氏自認也需要一種宗教信仰。吳氏的這番生命省思，毋寧與上文已提及的、其在治學之初，便已嘔思抉擇出一種能直面生命問題、解決生命問題的學問去全心、全情的投入是有關的。可以說，吳氏本就是因此而選擇了「佛教」哲學作為其畢生研究工作的起點，並在其整體的問學歷程中，肯定了宗教信仰在安頓生命與輔翼現實人生方面有所正面的作用；如此，吳氏又更進一步的興起想要自己建構一套有別於現前其他所有宗教信仰的思維體系，應是極為順適的思維發展。但必須注意的是，吳氏之重視宗教信仰、且認為必須自己建構一套新的哲學以作為自己的宗教信仰，實有一很根本的

4　吳汝鈞：〈純粹力動現象學的構思與建立〉，收入鍾振宇、陳威瑨主編：《東亞哲學的終極真理》（臺北：中央研究院中國文哲研究所，2017 年 12 月），頁 15-16。

原因在，那就是：在吳氏的反省中，現前存在的眾多宗教信仰，並沒有任何一個體系，能令其無條件地起信與全盤接受，其言：

> 我並沒有宗教信仰；也未對任何一個哲學家的思想體系感到完全滿意，他們的思想，不是歸於實體主義（substantialism），講絕對有（absolutes Sein），便是歸於非實體主義（non-substantialism），講絕對無（absolutes Nichts），這兩方面都有所偏頗，不能周延地展現宇宙的終極原理的全幅面貌。我於是提出純粹力動（reine vitalität），作為宇宙的終極原理：它一方面綜合了實體主義、絕對有與非實體主義、絕對無的思維的正面的、殊勝之點，同時也超越、克服了雙方所可能偏離地發展出來的流弊。[5]

可以見得，吳氏之無法對任何一家哲學、對任何一個宗教感到全然滿意，並認為必須建構一套新的哲學體系以作為自己的宗教信仰，根本的、且是較為學術性的理由便在於：通觀東、西方世界在宗教與哲學方面的思維發展，在終極原理的構設上，基本上可歸結為兩種最根本的思維型態，其一是「絕對無」（非實體主義），其二是「絕對有」（實體主義），但吳氏認為，這兩種思維型態雖各有殊勝，但也各有可能延伸而出的流弊，因此吳氏認為，理應進一步構思一種新型態的終極原理，其內涵得以綜合

---

[5] 吳汝鈞：《純粹力動現象學》（臺北：臺灣商務印書館，2005 年 5 月），頁 I。

「絕對無」、「絕對有」兩種思維的殊勝處，但又能超越二者可能引伸的流弊；至於第二個方面的問題，則直接地與吳氏對熊十力先生的「體用論」哲學的省察有關，其言：

> ……我要造論、構思純粹力動現象學的由來。重複地說，這有兩個面相。一方面是強烈地意欲一種宗教信仰，但在現實上找不到，只有自己動手打造出一種，這便是純粹力動現象學。另一方面是順著熊十力對佛教的批判，在佛教方面努力研究、做工夫，希望在佛教中找到一些說法、觀念，以回應熊先生的質疑。這中間經歷了三十年，並沒有結果……。[6]

吳氏在這方面問題的省察，主要是認為：熊氏的「體用論」哲學，雖盛論「體用不二」，但「不二」非云「等同」，而僅是「不離」之意，因而「體」、「用」終究有分，仍難免於機械化的二元區分；並且，熊氏援能生起生生化化之流行大用的「易體」欲彌補佛教「空」義，實則是取消了佛教的基本立場，本質上是以儒家取代了佛教。[7]然而，若熊氏所建構的「體用論」哲學確實有吳氏所檢討的理論問題，且也無法為佛教解決由熊氏所提出的疑難，那麼，如何建構出一套新的哲學或宗教的思想體系來加以解決呢？基於對以上兩方面問題的省察，吳氏所建構的

6　吳汝鈞：〈純粹力動現象學的構思與建立〉，收入鍾振宇、陳威瑨主編：《東亞哲學的終極真理》，頁 23。

7　關於吳氏在此一方面問題的思索，在本書以下的章節，將陸續有詳細的討論，此處僅先予以點明，不費辭詳談。

「力動論」哲學，便總的建基於一個終極原理之上，吳氏名之曰：「純粹力動」。「純粹力動」即是一種絕對義的「純粹活動」，自身是為一種恆常的運動、恆常的作用，它不必另有發起運動或作用的根源，它自身即是「體」、自身即是「用」，哲學上的「體用」關係，在此一終極原理跟前，是可以完全廢掉的。在終極原理的討論上廢掉慣言的「體用論」模式，亦即是吳氏建構「力動」哲學的一大用心所在；並且，由於「純粹力動」乃為恆常的運動與作用，基本上非為固定的質體，本身即具備如佛教「空」義與禪宗「無」義的虛靈性格。立足於此，首先，「力動論」哲學中，構成現象界總體的「心」、「物」世界，即是此一「純粹力動」的凝聚、下墮、分化所「詐現」而來，這構成吳氏「力動論」哲學的宇宙論。此中，在「物」的一方面，由「純粹力動」詐現的物物事事，因為「純粹力動」之虛靈性格的灌注，因而根本上便非無以變化的質體，物物事事的自我轉化與彼我溝通，便由此獲得了基礎；其次，在「心」的一方面──也就是在主體一方面──「純粹力動」表現為「睿智的直覺」，並能進一步屈折為「知性」，而純粹力動的虛靈性格，同樣保障了「知性」能自覺地上提為「睿智的直覺」的靈動性。並且，「知性」的識知功能是認識現象，「睿智的直覺」則能進一步把握到現象的本質，也就是「物自身」，此為「力動論」哲學的認識論與實踐論基礎；再次，「純粹力動」在主體方面表現為「睿智的直覺」，其所能照見的真實世界，是一個物物事事居於其間皆能自在發展的世界，吳氏名之曰：「動場」。並且，由於「睿智的直覺」對此一真實世界中之物物事事的「物自身」皆能有如實的把握，從而能不執取此一世界中之物物事事為實有自性的存在，因

而，若人們能時時將主體從「知性」的層次重新提掇、升揚至「睿智的直覺」的層次，便能因此開顯出一如牟宗三先生所揭櫫的「無執的存有論」。故而，總的說來，「力動論」哲學，便是以一當體純粹為活動、純粹為作用的「純粹力動」之能恆時「詐現」世界的基本思維，進一步定位終極原理的性格、解釋現象界的生起暨本質、闡明主體心靈的分化與功能、揭示人們所當操持的實踐方法及其所相應開顯的真實世界。

從以上概述可見，吳氏之建構「力動論」哲學，除了是希望提出一種在「實體主義」與「非實體主義」之外的新形態的形而上學之外，更是立足在對熊氏之「體用論」哲學的檢討，欲建構一套得以裨補「體用論」哲學之可能缺陷的完善理論。至於熊氏的「體用論」哲學，則是以建構一完善的哲學「本體論」為目的所建構而來的，規模頗為全備、義理亦堪稱圓融。其架構總的來說，是從檢討其所理解的佛教「空」、「有」二宗的本體論缺失出發，在欲匡補佛教哲學流於耽空滯寂、不識本體生生「性德」之全，[8]無以興起繁興大用、實質支撐起救渡眾生之事業的立論用心上，最終以儒學本體論為本，在「攝體歸用」、「體用不二」與「於用識體」的基本觀照下，進一步會通儒、釋、道三家

---

[8] 如熊氏指出：「空宗的密意，本在顯性。其所以破相，正在顯性……然而，我對空宗，頗有一個極大的疑問，則以為，空宗是否領會性德之全，尚難判定。」又言：「佛家證到本體是空寂的，他似乎是特別著重在這種空寂的意義上。易言之，不免有耽空滯寂之病。善學者如有其超脫的眼光，能將佛家重要的經典，一一理會，而通其全，綜其要，當然承認佛家觀空雖妙，而不免耽空；歸寂雖是，而不免滯寂。」分別見熊十力：《新唯識論（語體文本）》，收於熊十力：《熊十力全集》第 3 冊（武漢：湖北教育出版社，2001 年 8 月），頁 170、187。

本體思維的長處——特別是，將儒家大《易》的「生生」之旨，融以熊氏所理解的佛教「空」義，先建基一體性上空寂無為，又當體能顯發、也必顯發生生化化之流行大用的完善「本體」，並依於此一對完善「本體」必當體興起流行大用的內涵界定，以「翕闢成用」、「闢主翕從」的思維，解釋整體宇宙——亦即現象界中的「心」、「物」諸行（即：心、物現象）——的構成原理暨本質；更在主體心靈與認識能力上，闡明「習心」（量智）、「本心」（性智）的關聯和區別，及相應而有的兩者在識知範圍上的根本區限；在主體的修養實踐上，則發皇儒學一貫力主的「返本」之學，盛論「工夫即本體」、「工夫亦為本體之大用流行」的融貫主張，闡明實證「本體」的重要性與相關路數；進一步亦闡明了因「本體」勝用所現成的現象世界，就中存在的物物事事間關係為何，且能力持「返本」之學以實證「本體」的人，其視域中的真實世界又將呈現何等面貌的問題。可以說，熊氏所架構的「體用論」哲學，基本上便是以空寂「本體」必當體興起流行大用的基礎思維，定義了其哲學體系中終極原理的體性與作用、現前宇宙的構成原理和本質、主體心靈在內涵與功能上的分化及層次、人所當有的實踐方法與實踐後的相應境界，以及實證「本體」者眼中所見的世界樣貌。

據筆者的研究，首先，吳氏所建構的「力動論」哲學與熊氏的「體用論」哲學，在基本的思維架構上，實有諸多相近、相通之處，然而，在相近、相通中，又自有其或顯明、或隱微的思維差異在。就此而言，吳氏的「力動論」哲學與熊氏的「體用論」哲學之間，實具有頗多理論對話的空間，是值得研究者加以深入地辨析和掘發的；再者，由於吳氏之建構「力動論」哲學，本直

接地是與其對熊氏之「體用不二」論的檢討有關，因此，將兩家哲學並列、比觀，進一步豁顯兩造間的異、同之處，既能使兩家哲學的諸般較深微、精細的義理面向得以相互發明，更有助於對兩家哲學進行公允且合理的評價工作——特別是對目前為止尚僅有少數研究者對之進行深入探究的「力動論」哲學來說更是如此。正是基於此種思考，本書以下，便以吳氏的「力動論」哲學為中心，援熊氏的「體用論」哲學與之參照、比較，希望通過這種比較哲學的研究工作，一方面能對吳氏的「力動論」哲學有所深入的詮解，將「力動論」哲學的重點思維及內涵介紹予學界；一方面又能通過「力動論」哲學與熊氏之「體用論」哲學的比較，既凸顯兩家哲學的異、同之處，又給予吳氏的整體哲學創造工作一番公允而的當的評價。

第二節　文獻回顧

本書的撰寫，乃是以吳氏建構的「力動論」哲學為核心，並援熊氏的「體用論」哲學為參照。然截至目前為止，學界尚未有關於此一論題的較明確的研究成果出現，故而，本書以下便將目前為止，針對吳氏之「力動論」哲學的專門研究，以及因應吳氏針對熊氏之「體用論」哲學的檢討有所直接回應的研究成果，進行回顧。

一、李慧琪〈吳汝鈞「純粹力動」與羅近溪「流行之體」的比較〉

吳氏之建構「力動論」哲學，雖迄今已歷十數年，然學界對

這套哲學的關注並不多，目前為止，專門的研究仍甚稀少，中央大學文學博士李慧琪所撰〈吳汝鈞「純粹力動」與羅近溪「流行之體」的比較〉一文，是目前可見最早的、直接關於「力動論」哲學的專門研究。該文是一篇比較哲學的論文，主旨是援明儒羅近溪的「流行之體」與吳氏所提揭的「純粹力動」相比較。

該文繼承了吳氏曾提出的、從「宗教的類似性」來會通不同的宗教與哲學，讓不同的宗教、哲學相互對話的研究思維，[9]由於作者見及羅近溪哲學中的「流行之體」與吳氏的「純粹力動」觀念間有其可供對話的相似性，因而對兩者進行了比較。該文也從幾個面向提揭了吳氏「力動論」哲學的要義：其一，揭示了「力動論」哲學總的來說，是在一種「化存有歸活動」的思維導向下完成的，亦即：以純粹力動此一終極原理為基礎，能生生不息、徹上徹下往各種不同的方面從事活動的開拓；其二，純粹力

---

[9] 吳氏認為：「宗教遇合或對話的最大障礙，自然是雙方根本的立場不同，例如一方歸宗於外在的超越的上帝，另一方則歸宗於內在的超越的心性。倘若只聚焦在這一點上來比較，則多數是自說自話，各自表述自家的意思，便完了，達不到會通應有的作用。我想宗教遇合或會通既然是強調『合』或『通』，便應多著眼於雙方的相通處或共識，特別是所謂『宗教的類似性』（religiös homogenität，religious homology）。一個宗教的重要觀念，或理念（Idea），可以通過另外一種形式或表述式在另一宗教中表示出來，如佛教的空（śūnyatā，Leerheit），可以以道家的無（Nichts）顯示；或基督教的上帝的實體性和動感，可以透過儒家的天道生生不息的說法表示。每一個宗教通常都有自己的一套詞彙體系，『類似性』便顯於不同宗教的不同詞彙所傳達的共通或相類似的訊息之中。以這種類似性為中心，而拓展開來，很可能把雙方拉在一起，作有深度的和廣度的對比。故這類似性可以作為不同宗教的橋梁，把雙方連接起來。」見吳汝鈞：《純粹力動現象學》，頁 754-755。

動的提出，從目的上來看，可避免傳統形而上學中之「體用論」可能導致的「體」、「用」分離及二者間的關係淪於機械化的弊病；其三，純粹力動能有效避免「實體主義」終極原理及「非實體主義」終極原理極端發展——或說：被誤解、被錯誤地詮釋——後所可能造成的理論偏敝，李慧琪也敏銳地見及，純粹力動之所以能有這種優點，關鍵便在於純粹力動作為終極原理所自具的超越的「動感」。筆者以為，李慧琪對上述三點的討論，頗能裨益人們對「純粹力動」此一終極原理的體性上的理解。

至於羅近溪，李慧琪認為，其「流行之體」——也就是「良知本體」、「心體」——雖說是「體」，也就是吳氏所言的屬於「實體主義」的終極原理，但深究其內涵，卻也是不分「體」、「用」，並且，是既虛靈又具有強烈動感的，很能減輕實體性原理可能具有的、流於僵固的滯礙性。李慧琪特為申論到，在工夫實踐上，羅近溪強調要「破光景」，也就是在針對「良知本體」的體悟上，不應執著「良知本體」是一「心」或一「體」，因為凡「心」、「體」之名，皆是一種權說，「良知本體」——也就是「流行之體」——實是一種「無體之體」。從而，李慧琪認為，若如吳氏所曾指出的、王陽明所提的良知的恆照作用，已經是儒家哲學中最接近「非實體主義」終極原理的發展，[10] 那麼，

10　吳氏指出：「很明顯地看到，儒家從《中庸》的客觀實體義的天命、天道，發展到王陽明的良知，實體的意味逐漸減殺，而動感性則越來越強，到最後終以恆照的活動來說絕對有。這是絕對有最趨近絕對無之處，也是實體主義最接近非實體主義之處。王陽明不能再進一步發展了。再進一步發展，便要經活動或純粹活動的媒介作用，跳躍到非實體主義方面去了，而作為絕對有的良知也要轉化為絕對無的空了，這便違

顯然那種發展並不止於王陽明，羅近溪的「流行之體」，更是王陽明之後的、更進一步的發展。李慧琪的這點觀察，確有其睿見。

李慧琪也認為，羅近溪的「流行之體」與吳氏的「純粹力動」，同樣都有「化存有歸活動」的思維導向。但，「流行之體」與「純粹力動」二者仍是有所差異的，如「純粹力動」的內涵無限定，保持一種絕對的開放性，是一生生不息的活動，但「流行之體」則具有明顯的道德性格；且在吳氏的構想中，「純粹力動」能進一步作出客體方面的、宇宙論的開拓，也能作出主體方面的、認知主體和知識論方面的開拓。最後，李慧琪也檢討了吳氏雖提出「純粹力動」觀念，但欠缺工夫論的、實踐論方面的開拓，這使得「純粹力動」的構想僅止於思辨一層，在禆益人們之能掌握「純粹力動」這一終極原理的理論層面上，終究有所不足。[11]

總的說來，李慧琪的研究，對吳氏依於「純粹力動」觀念所建構而來的「力動論」哲學，在造論緣起、體性構想以及認知主體方面的開展，皆從事了扼要的討論；其提出吳氏建構「力動論」哲學，到目前為止的造論工作，較欠缺工夫論方面的成果，也是極中肯的批評。另外，李慧琪申論羅近溪的「流行之體」其實也不分「體」、「用」；也兼具虛靈性與動感性，不流於僵

離了儒家的實體主義的立場了。」見吳汝鈞：《純粹力動現象學》，頁782。

[11] 以上對李慧琪該文要義的梳理，參李慧琪：〈吳汝鈞「純粹力動」與羅近溪「流行之體」的比較〉，《當代儒學研究》第 4 期，2008 年 7月，頁 205-231。

固、滯礙，亦可啟發人們進一步思考：屬於「實體主義」的終極原理，是否便如吳氏所言，於虛靈無礙的性格方面有所欠缺？故而，李慧琪的研究，確實有其參考的價值。然其研究因於論題的限制，對「力動論」哲學僅能就造論緣起、體性構想以及認知主體等幾個方面的開展，作簡要的說明；在闡述吳氏的主張時，也較多的是就吳氏的主張加以概述，未能予以深入的詮釋和發揮，這是其研究工作較大的不足，也是本書可以繼續努力的地方。

二、陳森田〈僧肇的聖人觀與 吳汝鈞的純粹力動觀〉

香港學者陳森田寫作〈僧肇的聖人觀與吳汝鈞的純粹力動觀〉一文，是將其所界定的僧肇的「聖人觀」──也就是展示在僧肇所著《肇論》中的〈般若無知論〉、〈涅槃無名論〉與〈答劉遺民〉諸篇中的，包含「聖人」、「聖心」、「至人」、「般若」、「涅槃」、「無為」等概念──與吳氏建構的「純粹力動」觀念進行比較的研究。其認為：「聖人」、「聖心」、「至人」、「般若」、「涅槃」、「無為」這些概念在僧肇的闡述中，雖意涵各有側重，但所指皆是同一事體，也就是僧肇哲學中的「聖人」──「佛」。例如：「聖人」、「聖心」、「至人」側重主體義的指涉；「般若」側重功用義的指涉；「涅槃」、「無為」則側重境界義的指涉。因之，陳森田即是把「聖人」、「聖心」、「至人」、「般若」、「涅槃」、「無為」等概念都統攝在僧肇哲學的理想人格論底下，皆作為「聖人觀」的有機組成部分加以理解和闡述。

進一步的，陳森田認為，僧肇通過上述觀念所表達的「聖人

觀」，處處指點了聖人的「恆常性」和「健動性」，陳森田特將「聖人」——即：僧肇哲學中的「佛」——所具有的這種本質——也就是恆常的動感性（或說：恆常的活動性），名之為「自然的力動」（Spontaneous Vitality），並申論到：「自然」表達一種本質性、恆常性；「力動」表達一種非實體性，表示一種非停滯、非死寂的存在。在此可見，陳森田的研究最明顯的特出之處，便是以「力動」的觀念去詮釋僧肇的聖人觀。但陳森田為何如此思考呢？這是因為他認為，僧肇的聖人觀和吳氏所揭櫫的純粹力動觀念有極大的對話空間。便是在這種基礎上，陳森田一方面援吳氏的純粹力動觀念，嘗試去解析僧肇哲學的聖人觀；一方面也重點闡述了吳氏純粹力動觀的幾項重點內涵；當然，也嘗試比較了僧肇聖人觀及吳氏純粹力動之間的差異之處。

　　該文針對「純粹力動」觀念，總的歸結出以下重點：其一，純粹力動是一種終極原理，但不是一種「實體」，而是一種以「活動」說的終極原理；其二，純粹力動既超越又純粹，沒有經驗性格，是現象界世界中一切經驗的基礎；其三，純粹力動有主體、客體兩方面的分化。客體方面的分化，是詐現為宇宙萬物，自身亦貫注於宇宙萬物之中；主體方面的分化，是屈折為知性和感性以認識客體世界。換言之，純粹力動有創生的性格；其四，純粹力動是恆常的活動，其活動是本質上使然的，也是一個自然的開顯歷程，故其活動是沒有窮盡的、恆常的。至於僧肇聖人觀與吳氏純粹力動觀較明顯的差異，則在於：純粹力動能詐現宇宙萬物，吳氏更對此進行了明顯的宇宙論開拓，但在僧肇那裡並未有相關的構設；在吳氏那裡，純粹力動當體所成的「睿智的直覺」只能認識事物的本質，也就是「物自身」，但在僧肇那裡，

相應於「睿智的直覺」的般若智，卻能同時認識事物的本質和個別性，不必如純粹力動一般，需進一步屈折為知性和感性，方能認識現象界中的物事暨其個別性。但陳森田總的認為，僧肇的聖人觀和吳氏的純粹力動之間，相似性遠高於差異性；陳森田也認為，針對熊十力先生對佛教所提出的批評，若以「力動」的觀念去理解僧肇的聖人觀，或許便能對熊氏的檢討有所回應。[12]

　　通觀陳森田的研究，其以「力動」觀去解釋僧肇哲學中的重點概念，發前人所未發，確有其獨創性，箇中也展示了不少睿見；其在論述過程中，對純粹力動觀念的重點鉤抉，也頗能裨益學者進一步理解吳氏對相關思考的闡述。依筆者所見，箇中針對吳氏關於「體」、「用」關係論的檢討，以及這種檢討在吳氏建構自家「力動論」哲學時所展現的思維貫徹，陳森田進行了頗為精要的闡述，是值得筆者參考的地方。其中尤其可以啟發學者之研究工作的，或在於：吳氏承熊氏對佛教本體論的批評，認為佛教不主張一具有創生性格的終極原理，便無以談宇宙萬物的生生大用，也欠缺一能發出救渡眾生之力用的超越根據，然而，確實是如此嗎？在佛教漫長的教義傳衍與哲理發展的過程中，是否真的沒有出現過一種概念，能在堅持佛教「空」理的基礎上，也保障宇宙萬物的變現、並穩立佛修者們能進一步濟渡眾生的力用根源呢？陳森田以「力動」觀念去闡釋僧肇的「聖人觀」，實是對此一商榷的一種回應的嘗試。依筆者所見，這也是該研究的學術貢獻所在。

12　陳森田：〈僧肇的聖人觀與吳汝鈞的純粹力動觀〉，《正觀》第 74 期，2015 年 9 月，頁 49-102。

三、林美惠《吳汝鈞純粹力動現象學 的建構之研究》[13]

　　《吳汝鈞純粹力動現象學的建構之研究》一文，乃玄奘大學宗教學系林美惠女士的碩士學位論文，也是當前學界第一部、且是唯一一部以吳氏建構的「力動論」哲學作為研究對象的學位論文。該文的正文部分共計六章，第一章先針對「力動論」哲學的基本規模和建構情況，進行了紹介，其後便以之為基礎，分別以五章的篇幅，援日本京都學派的西田幾多郎的哲學、胡塞爾的現象學、東西方宗教學中的救贖觀、中國儒道二家哲學，與吳氏的哲理建構進行了簡要的參照。箇中，也介紹了吳氏在吸取上述東、西方哲學和宗教學的相關精義時，對此上諸多流派的理論問題曾提出的反省和回應。其中，便涉及到吳氏對西田哲學的「純粹經驗」、對胡塞爾的意識哲學、對基督教的救贖觀、對京都學派哲學家田邊元的「懺悔道」哲學、對孔孟二子的本心思想、對莊子主體心靈及工夫論……等相關思維成果的吸收和思考。

　　總的來說，林美惠女士的碩士論文，通篇以紹介吳氏對「力動論」哲學的建構情況為撰寫的內容。論文的規模極為宏大，但內容的開展，主要表現為重述吳氏在自家造論的著作中曾有過的意見陳述，整體來看，較欠缺林美惠女士自己的詮釋；另，以該文的後五章來看，其所介紹的、得與「力動論」哲學中的相關重要概念和思維構作相互參照的東、西方哲學與宗教學的重要思想

---

[13] 林美惠：《吳汝鈞純粹力動現象學的建構之研究》，玄奘大學宗教學系碩士班論文，2014年。

成果，任擇其一，且是單研究其一而不與他家思想參照，便皆是一個可以深入探索的、極有價值的研究項目，林美惠女士要在自己篇幅有限的碩士學位論文裡，將這些重要的成果有所展示並進一步與吳氏的哲理構作相互參照，這本是極不容易的工作，故而，其論文的這部分展現，便也主要是重述了吳氏在自家著作中曾經展現過的比較嘗試。這是說：因為吳氏在「力動論」哲學的撰述工作中，在向讀者展示其思維的建構和核心概念的意涵時，便常述及上述諸家對其有所影響的哲學流派的思維成果，吳氏在自家造論的著作中，甚至便有專章或專節自行比較其建構的「力動論」哲學和上述諸流派之間的理論關聯和差異，而林美惠女士的論文，便主要是將吳氏的這部分學術工作，予以簡要的重述而已。以上兩點，便是林美惠女士的論文較明顯的不足之處。

　　然而，林美惠女士的論文概要勾勒了「力動論」哲學的思維輪廓和重點內涵，並且，其雖未能詳盡處理，但其所論及的諸家東、西方哲學和宗教學的流派，也確實與「力動論」哲學有著可以相互對話、發明的研究空間。故而，對有意探索吳氏這套「力動論」哲學的學者，林美惠女士的論文，亦可說有研究議題暨研究方向上的提示意義。

四、吳汝鈞等《道家詮釋學與純粹力動現象學》[14]

　　《道家詮釋學與純粹力動現象學》一書，是目前唯一一部嘗試將道家哲學與吳氏建構的「力動論」哲學二者進行相互參照、

14　吳汝鈞等著：《道家詮釋學與純粹力動現象學》，臺北：臺灣學生書局，2011 年 8 月。

對話的著作，基本上乃吳氏所開設「道家思想現代詮釋」課程的錄音紀錄整理而成。內容的基本取向是將「道家哲學」與「力動論」哲學的某些重點面向並列、比觀，討論兩家哲學可資參照或有所互涉的思想內涵。是由吳氏預定兩家哲學的幾個比較面向，再由修課的研究生撰寫專題進行報告，吳氏加以回應，並與修課同學共同討論而成。此書雖非嚴格性質的專著，卻是目前有關道家哲學與吳氏「力動論」哲學之比較探討的、較為具體的研究成果。該書針對兩家哲理的比較，聚焦於五個面向：(1)道家哲學與「力動論」哲學在「終極原理」之體性與作用上的構設；(2)道家哲學與「力動論」哲學在「動感」方面的表現；(3)道家哲學與「力動論」哲學在終極關懷上的取向；(4)道家哲學與「力動論」哲學在主體心靈與實踐論上的構想；(5)道家哲學與「力動論」哲學在世界觀上的主張。

　　整體而言，該書中由吳氏所抉擇的、據以比較兩家哲學的五個基本面向，對本書的研究是很有啟發的，因為這些面向確實包含了兩家哲學頗多具有對話空間的主張，引而申之，欲援其他不同體系的哲學與吳氏的「力動論」哲學從事比較的工作，這些面向皆是可以確實操作的比較面向。但該書在每個具體層面的對比展示中，該書不同作者（研究生）所揀選以比較異、同的兩家思想材料，有時未必是對此兩家哲學而言，確實有深入對話空間的材料，有時則反而忽略了兩家之間某些深具對話空間的思想素材，例如：在比較兩家哲學的「實踐論」時，道家的「安命論」與「力動論」哲學的實踐論之間，實則無甚比較空間，並不特別有專節詳究的價值；又，在比較兩家哲學的「動感」表現時，該書作者僅強調道家哲學的「動感」是由「道」的「不生之生」來

發顯，未必能周全地展示道家終極原理的充實、飽滿的活動性，及其與純粹力動在有關思維上的異、同之處；再者，在比較兩家哲學的世界觀時，「力動論」哲學中頗可與道家平等、自在思想相對話的「動場」理論，卻完全未被納入討論、比較，這是極其可惜的。總之，雖然該書所初始設定的兩家哲學間的比較面向是頗可參考的，但在思想材料的揀選方面，仍未夠精準、詳備，從而未能全面、深入地展示兩家哲學的理論異、同與各自的特色。

但該書對「力動論」哲學中的，關於純粹力動的體性與作用、純粹力動的「動感」、純粹力動的終極關懷、純粹力動在主體心靈與實踐論上的構想這幾個方面的紹介，除了有幾名參與的研究生各自的研究心得及見解外，也有吳氏自己的補充和發揮，對理解「力動論」哲學的基本構作，確實是有所助益的。

五、關啟匡〈熊十力「本體宇宙論」的反思
——論「大海水、眾漚」之喻的合理性〉[15]

關啟匡所撰〈熊十力「本體宇宙論」的反思——論「大海水、眾漚」之喻的合理性〉一文，是目前唯一一篇針對吳汝鈞先生對熊十力先生之「體用不二」論的檢討，做出明確回應與商榷的研究。該文重點的內容，是論述熊氏建構「體用不二」論時的重點思維和意涵的確義，並嘗試反駁吳氏對熊氏「體用不二而又有分」的觀點的批判——包含與此相關的，對熊氏所慣言的「大海水與眾漚」之喻的檢討。其中，對吳氏之觀點的商榷，即是該

15　關啟匡：〈熊十力「本體宇宙論」的反思——論「大海水、眾漚」之喻的合理性〉，《鵝湖學誌》第 53 期，2014 年 12 月，頁 131-171。

文的研究價值所在。

　　該文對吳氏之觀點的檢討約有以下：其一，吳氏在理解「體用不二」論時，未能把握熊氏建構「體用不二」論時寄寓的辯證思維，認為不能以辯證的思維理解「體用不二」論，便不能理解「體用不二」論的諦義；其二，吳氏只針對「體用不二而有分」的判斷加以批判，據此認定熊氏「體用不二」論的架構下，「體」、「用」雖云「不二」，但仍非「等同」。然而關啟匡認為，熊氏的完整表述是於「體用不二而有分」之後，又有「分而亦不二」的說法。而這「分而亦不二」的說法卻被吳氏所忽略，這就割裂了熊氏原先強調「分、仍不二」的辯證性闡述；其三，熊氏慣言的「大海水與眾漚」之喻，符合修辭學中「明喻」的運用原則，但吳氏卻無法正確理解此一譬喻的真實指涉，從而，也就無法領會「體用不二」論的意旨。該文所明確批駁的吳氏對「大海水與眾漚」之喻的誤解，有以下兩端：(1)吳氏從「性質」的角度，理解「大海水與眾漚」之喻，也就是大海水與眾漚作為水分，都具有「溼性」。但關啟匡認為，如此便無法表示出在熊氏「體用不二」論中，「體」具有實在性但「用」卻無自性這樣的本質區別。進一步的，關啟匡便認為，應將「大海水」理解為「全部水分」、將「眾漚」理解為「局部水分」；(2)吳氏又將「大海水」理解為是「一般的大海洋」，而把「眾漚」理解為是「大海洋上表層的波浪」。關啟匡認為這是完全的誤解，但並沒進一步說明，為何吳氏這樣理解便是錯誤的、不可取的。

　　有關關啟匡對吳氏的第一點及第二點商榷，也就是吳氏未能以辯證性的思維領略熊氏雖主張「體用不二而有分」，但又強調「分而亦不二」這一點，筆者認為，吳氏並非沒見及熊氏的完整

表述是具有辯證性的「體用不二而有分，雖分而亦不二」，而是
完整知曉這個完整的表述，卻仍認為熊氏所主張的「體用不
二」，僅能說「體」、「用」二者間是相即、不離的關係，而不
能說「體」、「用」二者完全相同。因為，吳氏自始至終所檢討
的，就是熊氏僅言「體用不二」而不講「體用相同」的表述及其
背後可能蘊含的思維缺陷。故而，論者即便反駁以熊氏在講了
「體用不二而又有分」之後，又強調了「分而亦不二」，但終究
也只是繞回了吳氏所檢討的「不二」這個表述。其實，關啟匡在
該文中便也曾指出了，在熊氏的「體用不二」論中，本體（體）
與功用（用）之間，存在了一方具有實在性而一方無自性這樣的
根本差異，即此根本差異而言，便不能真說在熊氏的「體用不
二」論中，真能言「體用相同」了；並且，熊氏畢竟仍明確強調
「體用不二而有分」，且熟悉熊氏之「體用不二」論的學者，當
知這個強調在熊氏的「體用不二」論中，並不是一種虛說，而有
其非得如此的思維考量與解釋功能上的方便。故而，關啟匡的這
種商榷，並不能有力的反駁吳氏對熊氏之「體用不二」論可能從
根本上割裂「體」、「用」，造成「本體」、「現象」相分離之
思維誤區的檢討；至於關啟匡商榷吳氏對「大海水眾漚」之喻的
錯誤理解時，認為吳氏以「大海水」和「眾漚」同樣具有「溼
性」這樣的理解，不能表達本體和功用間，一者有實在性、一者
無自性這樣的本質區別，個人同意關啟匡的這點質疑有其見地，
因為在熊氏的「體用不二」論中，「本體」具有實在性、「功
用」和「現象」卻無實在性，這是無庸置疑的。然而，關啟匡認
為應以「全部水分」理解大海水、「局部水分」理解眾漚，誠
然，或許這樣的理解可以幫助讀者類比到「本體」的絕對性、

「功用」和「現象」的相對性，但這樣的理解同樣無法有效指涉「本體」具有實在性、「功用」和「現象」卻無實在性的這層意思，因為，為何同樣是水分，「全部水分」便能指向具有實在性，「局部水分」則是指向無自性呢？因而筆者認為，關啟匡所提揭的理解方式，同樣沒有解決其所檢討於吳氏的、類比是否適切的問題。

當然，檢討關啟匡對吳氏之觀點的商榷，並非筆者的重點，以上僅是略表個人的理解，以見關啟匡對吳氏的諸點商榷，未必全然是的當無誤的。然筆者亦需指出，關啟匡該文所質疑的重點，也就是：吳氏認為熊氏的「體用不二」論有其值得檢討之處——特別是，「體用不二」關係是一種「機械化的關係」，這樣的檢討是否是正確的？會否是一種對「體用不二」論的誤解？這的確是一個在理解吳氏「力動論」哲學時非得面對的問題。關啟匡該文，或可代表當前學界在看待吳氏對熊氏之「體用不二」論的檢討時，多半會在心中湧起的一種深具批判性的省察意識，這無疑是應給予肯定的，對本書的研究，自然也有所啟發。

六、賴賢宗〈熊十力的體用論的「體用不二而有分，分而仍不二」的基本結構與平章儒佛〉[16]

賴賢宗所撰〈熊十力的體用論的「體用不二而有分，分而仍不二」的基本結構與平章儒佛〉一文，既非闡述吳氏的「力動論」哲學，亦非比較「力動論」哲學與熊氏之「體用論」哲學的

---

16 賴賢宗：〈熊十力的體用論的「體用不二而有分，分而仍不二」的基本結構與平章儒佛〉，收於賴賢宗：《體用與心性：當代新儒家哲學新論》（臺北：臺灣學生書局，2001年6月），頁1-43。

專門研究，之所以在此回顧，是因為該文針對熊氏的「體用不二而有分」的提法，有過一番深入的闡述，並基本上予以肯定；但「體用不二而有分」的提法，卻是被吳氏所檢討並認為不足的。故而，該文的觀點對本書的研究，是有參考價值的。

整體而言，〈熊十力的體用論的「體用不二而有分，分而仍不二」的基本結構與平章儒佛〉一文肯定了熊氏所言「體用不二而有分，分而仍不二」的基本結構，有其創新之處，能將「存有論的轉折」與「概念的執定」囊括在「體用不二」的思維當中；其後又從「體用不二而有分，分而仍不二」的理論形式出發，嘗試說明了「體用縱橫義」分別在牟宗三先生與林安梧先生之體用哲學裡的發展狀況，尤其論述了熊氏「縱貫橫攝」之體用論的圓教模型暨其重要性。

在該文中，賴賢宗首先反駁了翟志成在〈長懸天壤念孤心──熊十力在廣州（1948-1950）〉和〈論熊十力思想在一九四九年後的轉變〉兩文中的觀點，也就是：熊氏在 1949 年以後有過一個思想轉向，那就是改動了「體用不二而有分」的說法，而只說「體用不二」。但賴賢宗以明確的文獻引據，論證了「體用不二而有分」的說法仍存在於熊氏 1949 年以後的「體用論」哲學中，「體用不二而有分」的思維始終是其「體用論」哲學的基本結構之一。

就「體用不二而有分，分而仍不二」的主張能囊括「存有論的轉折」與「概念的執定」這點而言，賴賢宗認為，這種主張是出於一種欲解決傳統儒家心性論的弱點以及想融會儒、佛的用心而來。所謂欲解決傳統儒家心性論的弱點，指的是解決傳統儒家心性論的以下兩個弱點：其一，較弱於解釋現象流轉的、存有學

的內在轉折，缺乏對「分殊性原理」的闡釋，以及對「惡」的原理的說明；其二，較弱於知識論的建構。所謂想融會儒佛的用心，則是指熊氏的《新唯識論》將佛教唯識學融會於自己對大《易》哲學的新的詮釋中，為新儒家哲學的心性論和本體詮釋學開拓出新的面向。

總的說來，賴賢宗認為，熊氏之所以主張「體用不二」但又標舉「體用有分」，是因為在即用顯體的、大用流行的過程中，「分殊性原理」需要被提出，只因為：「性體」（案：即「體」）的存有論開展與概念的執定有其必要性。「用」一來可以解釋現象界的分殊，以「用」作為「分殊性原理」，通過「體用不二而有分」的思維，才能顯出「體用不二」論觀點中的差異化原理，不如此，世界之萬殊就不能顯現；二來，「用」能對障蔽性和罪惡性有所解釋。因為「形」適足以障「性」，「性體」具有無窮性德，但個體一成形，便是有限的存在，可障礙性體，甚至表現為種種罪惡。這便必須以「用」加以解釋，沒有「體用不二而有分」，便無以滿足這種解釋上的需要。總之，熊氏言「體用不二而有分」，是因為必須以「用」作為個體化原理、分殊性原理，以此解釋世界的有限性、障蔽性和罪惡性。賴賢宗也指出，這種思考不只出現在熊氏的前期哲學，即便其晚期作品如《體用論》、《明心篇》裡，也貫穿了這種思考。

筆者認為，賴賢宗在這方面的闡釋，有助於豁顯熊氏主張「體用不二而有分」的用心，以及這種思維的殊勝之處。此一肯定熊氏主張「體用不二而有分」的觀點和闡述，亦可援以和吳氏檢討熊氏言「體用不二而有分」，其中，「體」、「用」二者僅是「相即」而非「相同」，並可能造成某些理論缺陷的觀點相互

參照，如此，或可對熊氏「體用不二」論的主張，有更的當的理解和公允的評價。

七、景海峰《熊十力》、葛榮晉《中國哲學範疇導論》、張立文《中國哲學範疇發展史（天道篇）》[17]

關聯著吳氏建構「力動論」哲學時所檢討的熊氏的「體用不二」論，吳氏對於在傳統形而上學方面，長久以來，被哲學家與學者們所廣泛接受並普遍運使的「體用」關係論思維，同樣有其檢討，故而，中國哲學史上曾經出現過的、關乎「體用」論建構的思維成果，自然亦是筆者有必要加以掌握的根本知識。景海峰撰為《熊十力》一書，乃臺灣方面於 1980 年代由東大圖書公司所統籌、出版的「世界哲學家叢書」中所蒐羅的，專門紹介熊十力先生之生平與哲學的專著。箇中不獨對熊氏其人的生平、熊氏所處的時代環境與哲學家所面臨的思想課題、熊氏撰述《新唯識論》的思想源流與熊氏「體用論」哲學的內涵……等等，皆有通盤的紹介與闡述，更有一部分篇幅，專論中國哲學中的「體用論」源流，對「儒家」、「道家」乃至「佛教」哲學中的體用論思維，亦皆有相關的討論，[18]故而景海峰所撰《熊十力》一書，對本書的研究，確實是有助益的，無論在通盤掌握熊氏哲學的基

[17] 景海峰：《熊十力》，臺北：東大圖書股份有限公司，1991 年 6 月；葛榮晉：《中國哲學範疇導論》，臺北：三民書局，1993 年 4 月；張立文：《中國哲學範疇發展史（天道篇）》，臺北：五南圖書出版有限公司，1996 年 7 月。

[18] 此部分內容，乃該書第四章：〈體用觀的形而上終結〉，見景海峰：《熊十力》，頁 131-179。

本綱脈，或認識中國哲學傳統中的「體用論」思維上；葛榮晉曾撰為《中國哲學範疇導論》一書，是通論中國古典哲學中之重要範疇概念的專著，可說是一部簡明的中國哲學範疇史，箇中亦有一章，專門紹述「體」與「用」兩個關聯概念的發生暨發展狀況，[19]對筆者之理解「體用」論，亦有所幫助；張立文所撰《中國哲學範疇發展史（天道篇）》，乃其兩卷本《中國哲學範疇發展史》中的其中一冊，專論中國古典哲學範疇中，屬於「天道」系統的一干哲學概念的發生暨發展狀況，[20]該書同樣有一章，專門紹述中國傳統哲學中的「體用論」，[21]對本書的研究亦是有所助益的。

八、林安梧《存有‧意識與實踐：熊十力體用哲學之詮釋與重建》[22]

林安梧所著《存有‧意識與實踐：熊十力體用哲學之詮釋與

19　此部分內容，乃該書第九章：〈體和用〉，見葛榮晉：《中國哲學範疇導論》，頁 199-230。

20　張立文所撰《中國哲學範疇發展史》共兩冊，分別是「天道篇」與「人道篇」兩冊。關於該書對「天道」、「人道」的分判，張立文指出：「天道蘊含道的客體方面，如宇宙的化生、世界的本原等。換句話說，即世界的存在及存在的形式，或稱之為自然觀、宇宙。人道蘊含道的主體方面，如人的價值、倫理道德、社會制度等，換句話說，即人的存在和對客體的體認，或稱之為人生觀、倫理觀、歷史觀。」見張立文：《中國哲學範疇發展史（天道篇）》，頁 51。

21　此部分內容，乃該書第十七章：〈體用論〉，見張立文：《中國哲學範疇發展史（天道篇）》，頁 629-666。

22　林安梧：《存有‧意識與實踐：熊十力體用哲學的詮釋與重建》，臺北：東大圖書股份有限公司，1993 年 5 月。

重建》一書，乃臺灣方面闡述熊氏「體用論」哲學的力作。從其
撰述方法來看，除了有林安梧對熊氏「體用論」哲學的解析以
外，更重要的，是對熊氏「體用論」哲學進行了一番創造性的詮
釋。因而，對熊氏的「體用論」哲學進行林安梧自家所理解暨構
想的引申式發揮——特別是，現象學式的發揮，正是該書的研究
價值所在。

　　該書認為：在熊氏的「體用論」哲學中，「道體」、「心
體」、「物體」三者是通而為一的，林安梧先生別開生面地將其
這層理解，詮釋暨發揮為熊氏「體用論」哲學所揭櫫的「存有三
態論」，亦即：熊氏「體用論哲學」的一大重點，即是以「體
用」關係的架構，盛論「存有的開顯」，這就展示了林安梧所理
解的、熊氏的「體用論」哲學，本質上即是一種「現象學」，林
安梧名之為「現象學式的本體學」；或者可以說，熊氏的「體用
論」哲學蘊含了可被進行「現象學」詮釋的可能。而林安梧該書
的撰作，自然即是這種可能性的具體展示。林安梧將這種「存有
的開顯」，詮釋為「存有三態論」，認為在熊氏的「體用論」哲
學中，「存有的開顯」即表現為「存有的三態」，也就是：(1)
存有的根源——「X」，此乃就熊氏「體用論」哲學中的「宇宙
本體」之為一「寂然不動」之體而說的，此間「境」、「識」都
無，只是一具涵開顯之無限可能性的「存有」；(2)無執著性，
未對象化前的存有。此即指熊氏「體用論」哲學中的「宇宙本
體」已自為「翕、闢之動勢」以自如其如的開顯自己。但這時的
存有狀態，仍是無執著性的、未對象化的；(3)執著性，對象化
了的存有。此即指熊氏「體用論」哲學中的「宇宙本體」通過
「翕、闢之動勢」而開顯出「心」、「物」存在後，「心」之進

一步起「執」,也就是以「分別心」去執持經已顯現的存在,故而使一一存在被「對象化」,由此區判出「主」、「客」對立的認識論格局,林安梧亦將此一階段開顯,名之為「概念的執定」。以此種詮釋為基礎,林安梧亦認為:在熊氏的「體用論」哲學中,所謂「存有」是一活生生的「本體」顯現為「現象」並彼此相融不二的「存有」。總之,林安梧總的認為,熊氏的「體用論」哲學是不分本體與現象的,或者也可以說,熊氏是預認「本體」的「顯現」即是「現象」,故而熊氏的「本體學」或「實體學」,即是「現象學」。

筆者以為,林安梧的這種詮釋,有助於人們去進一步細思:究竟熊氏「體用不二」論的主張,對於本體與現象或形而上與形而下二界的根本關係暨兩造間如何有效聯通的問題,是如何加以致思或嘗試予以解決的?這對本書的研究,特別是在理解「體用」關係論的問題上,毋寧是有所助益的。

九、郭齊勇《熊十力與中國文化》、《天地間一個讀書人——熊十力傳》、《熊十力哲學研究》[23]

大陸學者郭齊勇,乃中國方面研究熊氏學術的重要學者。郭齊勇先生對熊十力先生之學術思想的研究,是極為全面的,舉凡熊氏的生平——包含出身、交誼、問學過程到抗戰期間、文革期間的經歷等等——與學術表現——包含:熊氏的思想淵源、哲學

---

[23] 郭齊勇:《熊十力與中國文化》,香港:天地圖書有限公司,1988 年 1 月;郭齊勇:《天地間一個讀書人——熊十力傳》,臺北:業強出版社,1994 年 11 月;郭齊勇:《熊十力哲學研究》,北京:人民出版社,2011 年 10 月。

建構、在學界引起的論戰等等，都有通盤且深入的掌握，其前後所著《熊十力與中國文化》、《天地間一個讀書人——熊十力傳》、《熊十力哲學研究》諸書，正涵蓋了其對熊氏其人及熊氏之整體學術建樹的研究成績。其中，對於熊氏哲學的研究，更不僅及於熊氏所建構的「體用論」哲學，還包含熊氏的佛學思想、經學思想、易學觀以及熊氏對道家思想的理解、接受和化用，[24]甚至是熊氏與平輩及後輩學者們的交流情況，以及熊氏對平輩及後輩學者們的影響和啟發——當然，還有他們彼此間的、在思想成績與學術性格間的異、同之處。[25]總之，郭齊勇先生對熊氏其人及其學術建樹的通盤研究，對筆者之理解熊氏其人的思想養成與哲理建構，並進一步援之與吳氏的「力動論」哲學進行比較，自然是很有助益的。

　　以上所述，乃針對與本書的研究較為相關之現有研究成果的概要回顧。由於吳氏的「力動論」哲學，至今尚僅有少數的研究成績出現，而直接比較吳氏與熊氏兩家哲學的專門研究，也仍有待研究者們進一步的投入，本書之撰寫，也正是此一工作的實踐嘗試，故而，本書在既有研究成果的回顧工作上，便僅能進行到

---

[24] 此上所述，在郭齊勇的《熊十力哲學研究》一書中，皆有專章論述。分別是〈第四章：熊十力的佛學思想〉、〈第五章：熊十力的經學思想〉、〈第六章：熊十力的易學觀〉、〈第七章：熊十力的道家觀〉。見郭齊勇：《熊十力哲學研究》，頁 114-235。

[25] 此上所述，在郭齊勇的《熊十力哲學研究》一書中，同樣皆有專章論述。分別是〈第八章：熊十力與馮友蘭、金岳霖、賀麟〉、〈第九章：熊十力與唐君毅、牟宗三、徐復觀〉。見郭齊勇：《熊十力哲學研究》，頁 236-278。

此。本書以下，便依照如下次第展開討論：第二章，集中分析吳氏「力動論」哲學的建構；第三章，集中分析熊氏「體用論」哲學的建構；第四章，在第二章與第三章的研究基礎上，進一步對「力動論」哲學與「體用論」哲學進行對比、參照，並勾勒兩家哲學間的異、同之處；第五章既總結全文的討論，也總的敘明吳氏「力動論」哲學的哲學建樹、學術價值，並提出筆者的若干商榷。

第二章
吳汝鈞「力動論」哲學的建構

　　本書的撰寫，乃是以吳氏的「力動論」哲學為研究重點，闡釋「力動論」哲學的建構，並援熊氏的「體用論」哲學與之比較。本章以下，便先以「力動論」哲學為探究對象，做為進一步與「體用論」哲學進行比較的基礎。主要在敘明「力動論」哲學中最重要的思維環節：其一，吳氏肇造「力動論」哲學的問題意識；其二，吳氏對「純粹力動」的體性構想；其三，吳氏對「力動宇宙論」的演述；其四，吳氏對「空」義與「物自身」義的轉化；其五，吳氏對「動場」的構想。

第一節　「力動論」哲學的建構目的

　　大凡一哲學家之建構自身哲學體系，一來或因現實世界中某種實存的現象或問題，吸引了哲學家的關注與思索，從而亟思對該現象有所本質性的梳理與解釋，或對該問題有所根本性的解決；二來或承前此經已出現的哲學體系中可能存在的某些理論問題，亟思加以解決、有以補足，俾使相關理論能更為完善。吳氏的造論工作顯然較偏向於後者。這是說，吳氏建構「力動論」哲

學並非憑空而發，乃是確實有見於前此東、西方之宗教、哲學在整體形而上學的建構上，可能存在的某些理論問題，並戮思加以解決而來。根據筆者的研究，這些問題主要應有四個方面，以下分述之：

一、佛教以「空」為終極真理，但「空」理無法產生力與用

此一內在於佛教思想的理論問題，並非吳氏的獨見，乃其承熊十力先生對佛教思想的根本叩問而來。吳氏曾概述此一問題的內容輪廓及緣起如下：

> 熊先生的哲學核心，是體用不二理論。從發展的角度來看，這套理論肇始於一個根本問題：佛教強調性空（svabhāva-śūnyatā）思想，認為世間一切事物或現象，包括我們的生命存在，都是依因待緣而生（pratītya-samutpāda）的，沒有常住不變的自性（svabhāva），是空的（śūnya）。實體或體（substance）是自性的一種形式，故佛教也否定實體的存在性。但在另一方面，佛教不單是一種哲學，也是一種宗教，大乘佛教更強調我們要在世間起用，普渡眾生。熊先生的問題是，佛教不能肯定實體，而持空的立場；沒有實體則不能起用。這樣，佛教如何能普渡眾生，以達致它的宗教目的呢？[1]

---

[1] 吳汝鈞：《純粹力動現象學》，頁 3。

此一由熊氏所提揭的、屬於佛教思想內部的理論疑難，吳氏是基本認可的，故其直言：「平心而論，佛教的確有這個體用問題的困難。」[2]、「熊先生批評佛教的理據是很強的，不易反駁他。」[3]甚至自述到：

> 對於熊先生所提出的對佛教具有挑戰性的問題，即無實體如何能有效用、能起用以轉化世間，我曾長時期地做過佛教式的思索與回應，即試圖站在佛教的立場來解決這個問題。[4]

於此可見，吳氏構作「力動論」哲學，確實是有承於熊氏對佛教提出的、屬於體用問題的疑難而來。並且，對於此一疑難，吳氏最初是從兩個方向出發去嘗試加以解決的，其言：

> 我的思索，最初是環繞以下兩點來進行：1、試圖在佛教的義理中找尋一個具有實體義的概念或觀念、理念，以助成佛教最主要的空觀。2、能否把一些實體的元素直接注入佛教的「空」一觀念中，讓「空」包含實體義？[5]

從中可見，至少在確實生發出「力動論」哲學的核心概念——

2　吳汝鈞：《純粹力動現象學》，頁4。
3　吳汝鈞：《苦痛現象學》（臺北：臺灣學生書局，2002年3月），頁326。
4　吳汝鈞：《純粹力動現象學》，頁20。
5　吳汝鈞：《純粹力動現象學》，頁20。

「純粹力動」──之前,吳氏對此一疑難的解決方式,乃是欲從佛教內部或非佛教的其他哲學體系中,嘗試尋繹一些具有「實體義」的概念,再將之與「空」理相結合,從而使「空」的終極真理中也蘊涵「實體義」,如此,佛教所堅持的「空」理,便也能言承「體」起「用」之實。這可說是一種注「實體」於「空」理的思維。然而,吳氏最終承認到這種思想工程的徒勞,其言:

> 十八年來我不斷思索這個問題,嘗試對佛教的緣起性空的根本立場注入精神實體的思想,透過精神實體所發出的精神力量,以解決佛教的難題。我主要留意宋明儒學,特別是周濂溪、程明道、王陽明這幾個人的思想,希望以他們提出的天道、誠體、天理、良知的心、性、天合一的思維架構所展示的形而上的精神實體的力量,注入佛教中。但這個做法並不成功,甚至可以說是毫無寸進。佛教的非實體主義與儒家的實體主義在哲學理論上正相對反,儒家的精神實體不能越出佛教強烈排拒的自性的範圍。儒家的實理實事與佛教的空理空事(緣起事)不易協調,沒有對話的基礎。我所構思的「注入」做法,根本行不通。[6]

依這番自我商榷,吳氏所長時間採取的、注「實體」於「空」理的思維之所以宣告失敗,理由在於儒、佛二家所各自堅持的終極原理,一為實體主義的終極原理,一為非實體主義的終極真理,這兩種性質上南轅北轍的終極真理,在根本思維上本有相互排拒

---

[6]　吳汝鈞:《純粹力動現象學》,頁 29。

的意味,因而難於兩相融貫。吳氏的此種反省,自有見地。而吳氏既對自己的思想工作有這番檢討,那麼,摒棄此種無效的思維路數,並進一步另闢蹊徑,便是理所當然的。「純粹力動」觀念的萌生,與整體「力動論」哲學的構作,可以說,便是在嘗試解決此一理論疑難的思維工程中,亟思改弦易轍後所獲致的成果。

二、熊十力「體用不二」論的理論困難

上文探討熊氏所提佛教所持「空」理在體用問題上的疑難,被吳氏所繼承,而事實上,吳氏創構「純粹力動」概念,亦直接與其所見及的屬於「體用不二」論的理論困難有關。此蓋有以下兩點可說:

(一) 熊十力先生的「體用不二」論,所持宇宙本體乃含藏複雜性

熊氏構作的「體用不二」論,基本上是先肯定宇宙萬物之存在,必有一宇宙本體為其根源,進而,其整套「體用不二」論便是在肯定必有一宇宙本體的形而上學前提下,用以解釋此一宇宙本體之體性、作用暨其與自我所變現之宇宙萬物間的關係的,基本上堪稱是徹上徹下、得以有效溝通形而上與形而下兩界的極為圓融的形而上學理論。所以吳氏曾盛讚「體用不二」論曰:

> 熊先生的體用不二理論無疑有很大的成就。他把本體與現象融合為一,以體用不二的方式,解決了形而上學中的本體與現象分離的棘手問題。[7]

---

[7] 吳汝鈞:《純粹力動現象學》,頁 12。

然而，在吳氏的深層觀照中，「體用不二」論也並非完美無缺，其缺陷首先發生在熊氏對此一宇宙本體的體性界定上。我們且看吳氏的以下兩段話：

> ……我們看他對本體的理解。他強調本體不是死體，而是能運轉、能變化。它變化的功用便是在變化中顯現出來，所謂「翕闢成變」。但變化是預設矛盾的，為了交代這點，他不得不視本體自身具有相互矛盾的成分。他說：「宇宙開闢，必由於實體內部隱含矛盾，即有兩相反的性質，蘊伏動機，遂成變化。」又說：「由宇宙實體內部，含有兩端相反之幾，乃得成變，而遂其發展……。說變，決定要循率相反相成的法則。」實體即是本體。對於這實體或本體中的矛盾，熊先生很多時候以複雜性來說。即是，本體不是純一的本質，而是含藏複雜性。他說：「萬有現象之層出不窮，若推其源，良由實體含藏複雜性。」對於本體這種複雜性，他有時具體地以陰陽來說，而以坤歸於陰，以乾歸於陽。他說：「陰陽性異（自注：乾為陽性，坤為陰性）。……性異者，以其本是一元實體內部含載之複雜性故。」[8]

熊先生的意思很明顯，他要以本體作為一切心物現象的根源，又要解釋本體的變化作用。心或心靈是創闢性格的，物或物質是凝聚性格的，而變化預認矛盾。為了要讓本體

---

8 吳汝鈞：《純粹力動現象學》，頁 14。

同時能概括心物與矛盾（實即是心物的矛盾），他只能以本體內涵複雜性來解決這些問題。亦即是說，本體自身有複雜性，這些複雜因素，如翕與闢的勢用、心與物的現象，合起來構成本體。但若是這樣，我們便可把這些複雜因素從本體方面析離開來，或把本體還原成更根本的複雜因素，則本體的終極性格就不能說了。這是體用論的一大難題。西方大哲亞里斯多德（Aristotle）便曾強調實體是不被其他分析來處理以說其終極性格。德國哲學家萊布尼茲（G. W. von Leibniz）也認為複合的東西應有其單純的實體。即是說，本體應是純一無雜的，便是在這「純一」中說終極性。[9]

涉獵過「體用不二」論的學者，當知「翕闢成變」說，乃熊氏用以解釋宇宙創生的重要理論，基本上「翕」與「闢」乃宇宙本體的既唯二、且同時進行的兩種運作方式，亦即：宇宙本體「翕」以成「物」、「闢」以成「心」。熊氏以「翕」、「闢」兩種動勢說宇宙本體的基本運作，並以此運作概括宇宙中一切「心」、「物」現象的生成因由，就其思維輪廓來說，本無大誤。但吳氏敏銳地見及，熊氏主張宇宙本體內含這兩種運作方式，是認定宇宙本體先天地便內含「矛盾性」，甚至直以「複雜性」闡述之，這就不符合所謂宇宙本體理應是終極的、無以再進行分割的、無以再向前還原的……等，總的說來可以吳氏所言的「純一」的性質名之的根本體性。吳氏既有見於此點，這便決定了其所創構的

9　吳汝鈞：《純粹力動現象學》，頁 15。

「純粹力動」概念，將在吸收且發揮「翕闢成變」說的思維模型後，又進一步的，能避開終極原理內含「矛盾性」或「複雜性」的理論缺失，對終極原理應謹守的「純一」性質有所堅持。

(二)「體用不二」非言「體用同一」，「體」、「用」二者終是有間，未臻究極圓融的境地。

吳氏又認為，「體用不二」論的第二個理論缺陷，乃在熊氏對「體」、「用」關係的界定上。其言：

> 熊先生體用不二思想中的「不二」，不是等同之意，而是不離之意。體用不二即是本體與功用相即不離。……本體與功用雖然不分離，永遠聚攏在一起，但體仍是體，用仍是用，兩者各有其分際、意義。熊先生也說：「體用本不二，而亦有分。……識得有分，即見矛盾。」又說：「體唯渾全，故無限。用乃分化，即有限。」像這樣的說法，在熊先生的著作中多得很。本體在無限界，功用在有限界。由功用而詐現、變現出來的心物現象亦自然是有限性格。這樣，本體終是本體，功用或現象終是現象，兩者分屬於無限與有限、絕對與相對的二界。體雖是用之體，用雖是體之用，兩者終是二物，一為渾全，一為分化。這樣，體與用仍不能免於一種機械化的（mechanical）關係，即是：由作為源頭的本體發出功用，功用必須由本體發出。這好像機器發揮它的作用那樣。這樣，體與用可構成一二元對峙關係，不能是終極的圓融境界。這樣的本體

　　宇宙論終是有憾、不完全。這是體用論的另一難題。[10]

可以說，對「體用不二」論的這番反省，對吳氏之構想「純粹力動」概念的體性，實起著指導性的作用。蓋，在吳氏的思考中，只言「體」、「用」二者「不離」而不言「體」、「用」二者「相同」，一來是強調「體」是「體」、「用」是「用」，二者各是一物，這可能進一步衍伸出本體與現象、絕對與相對、無限與有限二界割離、分裂的問題，直接與西方哲學本體思想的陳年窠臼相掛勾；二來是這也使得「體」、「用」二者的關係成為一種機械化的關係，那就是：一定得先有某個「體」，才能言某個「體」所發出的「用」。此中對「體用不二」論的第二點反省，更直接引發了吳氏在構思形而上的終極原理時所根本致思的大哉問——就筆者的理解，這同時也是吳氏對經已熟悉了、也是慣用著中國哲學「體用」關係論的整體中國哲學界所發出的大哉問——那就是：在構想形而上的終極原理時，是否一定得用上「體用」思維呢？如其言：

> 這裡涉及一個非常重要的形而上學問題，那就是廢除體用
> 關係或體用論。這從表面來想的確有點不可思議：體用論
> 是形而上學的關鍵性的理論，怎麼可以廢除呢？廢除了，
> 我們還能講形而上學嗎？[11]

---

[10]　吳汝鈞：《純粹力動現象學》，頁 15-16。

[11]　吳汝鈞：《純粹力動現象學六講》（臺北：臺灣學生書局，2008 年 10 月），頁 12。

而面對心中的這個問題，吳氏在理論構作上的具體回應，便直接發展為：構作一種根本上不必、也不需要用上「體用」思維的終極原理，那自然就是：純粹力動。

三、「實體主義」與「非實體主義」的終極原理各有理論上的優、缺點

吳氏之所以構作「力動論」哲學，積極闡發一嶄新的形而上的終極原理：「純粹力動」，一個很大的原因是，就其所見，前此東、西方之哲學、宗教所整體構作出來的、各種形而上學的終極原理，基本上可被概括地區分為兩大類，那就是：「實體主義」（substantialism）的終極原理與「非實體主義」（non-substantialism）的終極原理。前者肯定一絕對有（absolutes Sein）作為終極原理，是一種以肯定的方式表述的終極原理，相反的，後者則以絕對無（absolutes Nichts）作為終極原理，是一種以否定的方式表述的終極原理。[12]吳氏這種對終極原裡的型態區分，主要是承日本京都學派哲學對終極原理的思索而來，[13]且其進一步認為，這兩類終極原理各有優點、缺點，且僅具有其中

12　此處所述吳汝鈞先生所理解的「實體主義」與「非實體主義」終極原理的分野，見吳汝鈞：《純粹力動現象學》，頁 36-37。

13　如吳氏自云：「絕對有、絕對無是京都學派很強調的兩種哲學的立場，或者是哲學的兩種型態，或者是說，對終極真理有這兩種不同的表達方式。絕對有是一邊，絕對無是另外一邊。前者以肯定的方式來表述，後者則以否定的方式來表述。基本上他們認為西方整個哲學的傳統都是絕對有的路線。只有一些例外，如德國神秘主義的艾卡特（Meister Eckhart）與伯美（J. Böhme）的無的思想，他們視這種無是絕對無。」見吳汝鈞：《純粹力動現象學六講》，頁 46-47。

一方之思維優點的終極原理，或具有任何一方之思維缺點的終極
原理，都是不夠完善的，其言：

> 絕對有和絕對無作為宇宙的終極原理雖有其精彩處，如絕
> 對有能展示宇宙的終極原理的飽滿充實的健動性（只有柏
> 拉圖（Plato）的理型是例外，它是靜止不動的，只作為
> 現實事物的模型而存在於抽象的理型世界），絕對無則能
> 展示宇宙的終極原理的虛靈明覺與無滯礙性。但都不能免
> 於偏頗，終極原理應該是圓融的、周延的。以單純的肯定
> 或單純的否定的方式來解讀終極原理，不是傾向於實，便
> 是傾向於虛，不能虛、實兼備。倘若不善理解，或解讀有
> 偏差，則絕對有會被發展到常住論（eternalism），這
> 樣，一切常住，事物的變化便不可能，人的宗教義的轉化
> 與救贖也無從說起，罪人與苦命便永遠是罪人與苦命了。
> 另 一 方 面 ， 絕 對 無 也 會 被 發 展 到 虛 無 主 義
> （Nihilismus），一切都被否定，正價值與負價值變得沒
> 有分別，道德上的善惡、知識上的真假、藝術上的美醜也
> 變得無意義了，人生會淪於一團渾沌，一團漆黑。另外，
> 絕對有與絕對無合起來，如果被不善理解，其絕對意義可
> 以被遺忘、被捨棄，這樣，絕對有與絕對無可被劣化為相
> 對有與相對無，因而出現有、無的背反，或有、無的二元
> 分裂（dichotomy）的局面，終極原理或真理便崩解下
> 來。因此，絕對有與絕對無的任一邊都不足以充分地、圓

滿地表示終極真理。[14]

我只想指出一點,絕對有也好,絕對無也好,作為終極原
理看,兩者的動感(Dynamik)都不足。絕對有有滯緩之
嫌,絕對無有虛脫之嫌。[15]

細究此番檢討,吾人應可解讀出如下訊息:
　　(一)吳氏只在「實體主義」的「絕對有」上言飽滿充實的
健動性,而不在「非實體主義」的「絕對無」上說,意味著的,
即是「非實體主義」的「絕對無」較欠缺飽滿充實的健動性,此
所以吳氏直指「絕對無」有虛脫之嫌。在此所謂「虛脫之嫌」意
指著什麼呢?吳氏曾指出:

印度般若文獻(Prajñāpāramitā literature)與中觀學
(Mādhyamaka)等非實體主義者反對實體,其用變成空
懸而無所依據。智顗大師因此說它們所成就的通教言中道
「無功用」,他對通教的空宗的解讀非常精微。但他自己
提的中道佛性,仍是不能無缺憾。[16]

就非實體主義來說,不管是環繞著空(śūnyatā)來說也
好,無(絕對無 absolutes Nichts)來說也好,它都不能免
於一種消極的、被動的態勢,在動感的表現上總是遜了一

14　吳汝鈞:《純粹力動現象學》,頁 37。
15　吳汝鈞:《純粹力動現象學》,頁 89。
16　吳汝鈞:《純粹力動現象學》,頁 91。

籌，總是有不夠充實飽滿之感。即是說，空性或無性貫穿
於存在界的事物之中，而讓事物處於沒有常住不變的自
性，因而可有足夠的空間活動、變化，甚至轉化（轉染成
淨，轉識成智），但其力量總有虧欠，不能成就一種創生
（創生存在，創生清淨功德）的大流。在這一點上，比對
起實體主義的亦是終極原理的天道、上帝來說，空或絕對
無，總是傾向於柔和軟弱的一面。說得坦白一點是，空或
絕對無沒有足夠的力量去化育萬物。[17]

綜上所言，可以見得，對吳氏而言，所謂「非實體主義」的「虛
脫之嫌」，基本上仍是意指著佛教「空」觀的根本問題，也就
是：所謂「空」理，並非是一種實體，既無「體」，又如何能承
「體」起「用」？再具體一點說，即是「非實體主義」的終極原
理，並沒有力量得以實質支撐起宇宙萬物的創生活動。因而，這
裡所謂的「虛脫之嫌」，亦即是如熊氏所檢討於佛、老二家本體
思想的「耽空滯靜」的弊病；[18]相反的，吳氏只在「非實體主義
的」的「絕對無」上言虛靈明覺與無滯礙性，而不在「實體主
義」的「絕對有」上說，這就意味著「實體主義」的「絕對有」
一方面較欠缺虛靈明覺，一方面又較具有滯礙性，所以吳氏言
「絕對有」有「滯礙之嫌」。那麼，所謂「滯礙之嫌」又是指什
麼呢？吳氏指出：

17　吳汝鈞：《純粹力動現象學》，頁81。

18　關於熊氏對佛、老二家的檢討，本書將於下一章進行較詳盡的討論，在
　　此先略過不表。

就實體主義來說，實體不能不有內涵，而且這些內涵是獨立存在的，其存在性是來自自身的，或是由自身所提供的。[19]

⋯⋯實體不能不具有獨自存在性；它也不能不具有本質（Wesen），本質總要言確定不移的存在性格。[20]

所有實體主義思想，不管是肯定一個人格神，或一個非人格的終極實體，只要是實體，便不能免於實質性的內涵，這實質性的內涵總有趨於起碼是近於質體性（rigidity），或趨近於質體（entity），因而不能完全免於質體的（entitative）性格。這種性格有一種凝聚性、滯礙性，而使自身的活動性、靈轉性受到影響。[21]

從中可見，吳氏之所以認為「實體主義」的「絕對有」具有「滯礙性」或「滯礙之嫌」，理由即是：作為一「實體」——無論其是一物理性的「實體」、精神性的「實體」或一人格神的「實體」，便天然的皆具有某些確定不移的存在上的內涵、屬性或本質，這種確定不移的、存在上的內涵、屬性或本質，亦即是佛教所慣言並亟欲破除的「自性」。吳氏認為，「實體主義」之終極原理的這種可總的說為是「實」的特性，便趨近於「質體性」，至少，作為一「實體」是無法從自身之中將「質體性」全然抹除

---

19 吳汝鈞：《純粹力動現象學》，頁 770。

20 吳汝鈞：《純粹力動現象學》，頁 779。

21 吳汝鈞：《純粹力動現象學》，頁 99。

掉的，因為那些性格是由「實體」自身所天然提供的。這就會造成如「凝滯性」、「凝聚性」、「穩固性」等總的來說得以「滯礙性」名之的缺點。但吳氏所謂的「滯礙」，具體一點說，又意指著什麼呢？依筆者的理解，應可以從兩個層次來看，首先是從「實體」是否真能全然保障宇宙萬物的現成來看。如吳氏指出：

> 以實體主義的絕對有此一終極原理，不管是儒家說的天道也好，本心、良知也好，或以基督教說的上帝也好，流行貫徹到萬事萬物中以成就實事實物，由於它們的實體的內涵，具有一定的穩固性、凝滯性，因而難以展現具有充量靈活性、多采多姿性的變化。……因此，以實體主義的絕對有為終極原理而成說的本體宇宙論也有其理論上的困難。就建立本體宇宙論來說，非實體主義的絕對無（如空）有體用問題的困難，而實體主義的絕對有（如天道、上帝）也有不能促成事象緣起成變的困難。[22]

可以見得，就吳氏的省察來看，既然「實體」具有一定的、確定不移的內涵，具有難以全然抹除的「質體性」，那麼，要說一具有固定性質的「實體」，能徹底保障無以盡數的、在內涵與屬性上也無窮無盡的宇宙萬物的現成，便有其困難。「實體主義」的這種在創生宇宙萬物上的困難，與「非實體主義」在創生宇宙萬物上的困難自是不同。「非實體主義」的困難在於無「體」以發「用」、無「體」則無法發揮創生宇宙萬物的力量；「實體主

22　吳汝鈞：《純粹力動現象學》，頁 772。

義」的困難則在於，既是一實有「自性」的存在，又如何真能保障無盡數且性格也無窮盡的宇宙萬物能確實地被創生出來呢？這可說是「實體主義」之終極原理所可能存在的第一層滯礙。至於第二層滯礙，則是與一「實體」所創生出來的宇宙萬物直接相關的。如吳氏指出：

> 若進一步來說，即就圓融的觀點來說，實體憑其動感周流於萬物之間，貫徹於萬物之中，而成就萬物的本性，如《中庸》所謂的「天命之謂性」，這樣，萬物自然亦分有實體的本質、存在性，因而為實事實物，有其實理實性，有其自在性，而不若佛教所說萬物是緣起的、虛妄的，因而沒有自在性。倘若是這樣的話，則我們說萬物的變化、有情的轉化便有一定的困難。實事實理如何說變化、轉化呢？這是持實體主義或以絕對有作為終極原理而又強調它與現象事物有密切聯繫的說法的困難。……這些以實理實事為性格的事物，其變化的幅度或程度總是有限……顯著的變化，特別是倫理性格方面的變化，如善變成惡、惡變成善，還是不能隨意進行的。既說實體、實性或實事、實理，作為事物的本性，則事物自身必具有一定的固定性，不能輕易成變，如佛教言事物無獨立實在性因而可以自在變化那樣。這樣，說宇宙事物生生不息、變化不盡亦只能以保留的方式說，它們的遷化還是缺乏彈性，由變化而展現生命的、事物的自在無礙的空間畢竟有限，它們的靈活性、多采多姿性不能充量地證成。這是實體主義所肯定的

絕對有作為終極原理所必然引致的結果。[23]

事物情境的相互無礙的關係的可能基礎，在於它們都以空
為性，有空這種本質貫徹於其中，因而沒有實體義的自
性，故能相互攝入。倘若有自性，攝入即不可能，因為自
性是有對礙的。[24]

綜上所述，可以見得，吳氏認為不僅作為一「實體」，其自身在
肇造宇宙萬物時難以避免「滯礙性」，進一步的，由其所肇生而
出的宇宙萬物，亦同樣難以避免「滯礙性」。這是因為，宇宙萬
物既由一「實體」肇生而出，則「實體」自身所具有的確定不移
的內涵、性格或本質，或吳氏更常提及的「質體性」便必然會下
貫、會分有至宇宙萬物之中，因而，宇宙萬物便也不可能從根本
上全然將那些確定不移的特性加以剔除，如此，便會造成兩個面
向上的滯礙。第一個面向的滯礙是，繁然無盡之宇宙萬物在自身
的變化上，不能被充分的保障，也就是：經已被肇造而出的宇宙
萬物，便無法確定能進一步有所變化。這所謂「變化」上的滯
礙，還不僅是事物的形體、形式方面的變化會受到障礙，更可能
是道德義或宗教上的救贖義的「轉化」，也就是如道德上的由
「惡」趨「善」、宗教上的轉「染」成「淨」等，都無法受到保
障，因為宇宙萬物本就從「實體」那裡分有了「實體」的確定不
移的「自性」；第二個滯礙是，宇宙萬物既從「實體」那裡分有

23　吳汝鈞：《純粹力動現象學》，頁 771。
24　吳汝鈞：《純粹力動現象學》，頁 52。

了確定不移的「自性」，那麼，宇宙萬物之間便難免有所謂「對
礙性」，也就是事物與事物之間因為彼此皆有固定的、凝聚的、
穩定的特性，因而彼此之間不可能完全不相阻礙，如此，事物之
間的圓融無礙、彼此諧和的關係，便無法成立。這就是吳氏所檢
討的、「實體主義」的終極原理可能造成的第二層滯礙。與此相
關的，這也涉及到事物與事物之間的「交感」問題，如吳氏曾
言：「實體說的確有很多理論困難，不能交代事物的交感的相互
影響……」[25]而為何在「實體主義」的理論脈絡下較難交代事物
與事物間彼此交感、相互影響的問題呢？這基本上仍是源於「實
體主義」的終極原理自身難於滌除盡淨的「自性」、「質體
性」，以及因之而有的「滯礙性」而來的。從類似的闡述中，實
則也透露了在吳氏的構想中，最完善的終極原理，必須兼具飽滿
充實的健動性、虛靈明覺與無滯礙性，唯有兼具此二者，方算具
足「動感」，其言唯有不傾向於「實」亦不傾向於「虛」的、
「虛、實兼備」的終極原理方是「圓融的」、「周延的」的終極
原理，也即是此意。

　　（二）吳氏考量了「絕對有」與「絕對無」可能遭到「不善
理解者」誤解所引致的理論弊端，那就是將「實體主義」的「絕
對有」錯誤地理解、發展為「常住論」，以至於在此種終極原理
的支撐下，無以談論一切事物的變化，包含上文已提及的、
「人」的各類品質在不同意義下的轉化，如吳氏特為重視的、

---

25 吳汝鈞：《機體與力動：懷德海哲學研究與對話》（臺北：臺灣商務印
　　書館，2004 年 10 月），頁 21。

「人」的宗教義的轉化與救贖即是；[26]另外就是將「非實體主義」的「絕對無」錯誤地理解、發展為「虛無主義」，以至於在一切皆虛無、一切皆虛假的消極認知中，無以振起從事各方面實踐的內在動力，如吳氏所指出的道德實踐、藝術實踐或追求知識、真理的實踐皆是。

（三）由於在人們的一般認知中，「有」與「無」乃是一組相對、相反的概念，因之，即便「絕對有」與「絕對無」皆是在形而上層面談的、具有絕對義的概念，在此意義脈絡下談的「有」與「無」，原就不同於一般僅是相對義下的「有」與「無」，但在不善理解者那裏，卻可能在理解或探討「絕對有」與「絕對無」兩類終極原理時，將其所具有的體性誤認為一種僅是相對義下之「有」與「無」所具有的內涵。

總之，有了上述對「實體主義」與「非實體主義」之終極原理的優、缺點的綜合省察，吳氏在構思自家新型態的形而上學原理時，便一來亟思綜合「實體主義」與「非實體主義」兩造的優點，如兼具健動性與虛靈明覺，並進一步要超越與克服兩造所各

---

[26] 實際上，吳氏於另處也曾深入說明在「是否容許事物變化」的問題上，「實體主義」與「非實體主義」兩造間的優、劣對比，其言：「非實體主義在理論上最大的優點，或最強的立足點，便是容許變化。這變化可以有很廣的概括性，可以及於一般自然現象、人的身體狀況、人事更替，以至於人的知識程度、人格質素或道德操守狀況。一切實體主義的思想型態到最後都不能對這些問題作出安頓，那是由於這些問題與實體的常住不變的涵義有正面牴觸的原故。」見吳汝鈞：《機體與力動：懷德海哲學研究與對話》，頁 20。筆者以為，這番說法，頗可裨益吾人更加理解吳氏所檢討的、屬於「實體主義」的「絕對有」可能引致的理論誤區的問題。

自擁有的缺點，如不具有滯礙性與不落入虛無主義；二來也特別重視在命名、定義或闡述自家形而上學原理時，盡量避免各種較易引致不善理解者之誤解的陳述。

四、西方傳統形而上學的「現象」與「本體」或「物自身」分離的問題

在西方哲學的形而上學傳統上，有一個困擾哲學家們經年的老問題，那就是「現象」與「本體」或「現象」與「物自身」二者相分離、相割裂的問題，這問題最古老也最明顯的理論代表之一，自然是柏拉圖的「理型論」。[27]而吳氏建構「力動論」哲學，整體而言，也與其對此一古老問題的見解有關。故而，在其建構「力動論」哲學的第一本專著——《純粹力動現象學》的序言中，便曾自述到：

> 在這裡，我想強調一點，這本書的旨趣除了以純粹力動一

---

[27] 如馮俊、李秋零等指出：「在柏拉圖看來，可感事物變動不居因而只是意見的對象，事物的普遍共相即本質才是知識的對象。相對於由可感事物構成的『可感世界』，存在著一個『理念世界』：每一類事物都有它們的類本質或共相，亦即『理念』，所有事物的『理念』就構成了『理念世界』或『本質世界』，正如可感世界以太陽為其主宰，理念世界則由善的理念所統治。於是，柏拉圖將世界劃分為兩個世界，亦即我們所說的『現象世界』與『本質世界』，惟有『本質世界』才是哲學思考的對象。晚年的柏拉圖雖然苦於無法解決這兩個世界的關係問題，但是他認為就知識而言絕不能放棄理念論的立場……」見馮俊、李秋零等著：《西方哲學問題研究》（北京：中國人民大學出版社，1994 年 4 月），頁 14。

觀念來突破機械性的體用論外，另外還有一點，便是要對一直困擾西方傳統哲學特別是形而上學的現象與本體或物自身（Ding an sich）的分離問題作進一步思考，看看有否解決之途。[28]

吳氏亦在其著作中述要了西方哲學家如費希特、謝林、胡塞爾、懷德海等人，及東方哲學家如牟宗三先生、西谷啟治、西田幾多郎等人，他們對此一形而上學的古老問題所進行的解決嘗試，[29] 並嘗試立基於其自家建構的「力動論」哲學，對此一古老問題有所回應。而這也使得吳氏在建構自家形而上學原理時，於根本體性的界定上，亦考量了如何溝通屬於形而上界域的「本體」、「物自身」與屬於形而下界域的「現象」二者的問題。

　　以上筆者扼要梳理了吳氏建構「力動論」哲學所欲解決的理論問題。對此有所先行的認識，將有助於吾人更好地理解吳氏從事造論工程時的思維用心，暨其整體造論的結果；進而，也可依據「力動論」哲學對此上諸端問題的解決情況，進一步對「力動論」哲學有所恰當的評價。明乎此，下節便進入對「力動論」哲學的剖析。

28　吳汝鈞：《純粹力動現象學》，頁 IV。

29　吳汝鈞先生的相關述要，筆者在此不做細部紹介，意者可參吳汝鈞：《純粹力動現象學》，頁 VI-VII。

第二節 「純粹力動」作為一終極原理的基本體性：超越的動感

無疑的，「力動論」哲學的建構，乃是以一個核心概念為中心加以開展的，這個概念就是：「純粹力動」（reine vitalität, pure vitality）。吳氏對此一概念的體性闡述極為多端，不只遍佈在其經已出版的幾部「力動論」哲學的專門著作與討論「力動論」哲學的相關課程的課堂講錄中，在其紹介宗教哲學、文化哲學、懷德海哲學與京都學派哲學的相關著作裡，也頻繁的對「純粹力動」概念有所闡述。有關「純粹力動」的基本體性，本節分數點加以解析：

一、純粹力動的「純粹性」、「超越性」

關於「純粹力動」的體性，吳氏首先指出：

> 所謂「純粹」（rein）是沒有經驗內容，是超越（transzendental）性格之意。這與康德（I. Kant）說純粹理性（reinen Vernunft）和西田幾多郎說「純粹經驗」中的「純粹」意思很接近。都展示力動在物質性、經驗性之外之意，也有在主客、能所、人我以至心物分別之先之意。而這「先」是邏輯義、理論義，不是時間義。[30]

此上所述，乃聚焦在「純粹力動」為何為「純粹」的說明之上。

---

[30] 吳汝鈞：《純粹力動現象學》，頁34。

所謂「純粹力動」在「物質性」、「經驗性」之外，即是「純粹力動」當體並無任何關聯於「經驗」的內容；並且並非一般認識中的物體，乃至於亦非一得以結聚或凝合成任何物體的基本「質料」，如中國古典哲學中慣常居於此一存有論層級的「氣」之謂。據此，「純粹力動」之以「純粹」名之，除了是指涉其「純粹性」之外，亦即是指涉其「超越性」（即：超物質、超經驗）；與此相關的，「純粹力動」亦是一先於「主客」、「能所」、「人我」、「心物」之分別的存在。此中所謂「主客」、「能所」、「人物」、「心物」之分別，即是「主體與客體」、「能知與所知」、「他人（者）與自我」、「精神與物質」的分別之謂，而此上諸端分別，亦即是一般認識活動、經驗活動得以成立、得以運作的先決條件，可說是認識活動、經驗活動的起點；且此上諸端分別性存在的總體相合，亦即——總合所有「主體與客體（對象）」、「能知與所知」、「他人與自我」、「精神與物質」，亦即是一般人所知悉並立身於其中的經驗界、現象界，因此，吳氏的這番申論，既是如其所總括的，欲表示「純粹力動在存有論上先於主體與客體」[31]之外，亦即表示「純粹力動在存有論上先於經驗界、現象界」的意思，以人們較為熟知的中國哲學中的經典表述來說，即是《老子》所謂「有物混成，先天地生」[32]中的「先天地生」。

　　此中，吳氏在界定「純粹力動」的純粹性與超越性時，之所以特別著意於闡明「純粹力動」乃是一先於「主客」分別、先於

---

[31]　吳汝鈞：《純粹力動現象學》，頁 35。

[32]　〔魏〕王弼：《老子道德經注》，收於樓宇烈校釋：《王弼集校釋》（臺北：華正書局，1992 年 12 月），頁 63。

「經驗」內容之外的根本性存在，頗多是受了京都學派哲學大家
——西田幾多郎所揭櫫的「純粹經驗」概念的啟發。吳氏曾自述
其構思純粹力動概念的靈感，在近代思想家中，與西田幾多郎的
「純粹經驗」關係較密切。[33]所謂「純粹經驗」，是西田哲學的
起點與根基，[34]也是其對「終極實在」的數種不同的表述之一。
[35]吳氏對西田的「純粹經驗」概念有過如下的概括：

> 西田認為，純粹經驗這種體驗，在時間上是先於主體與對
> 象的區分；而在邏輯上或理論上，純粹經驗是主體和對象
> 的共同基礎。這裡指出了兩點：第一，純粹經驗在時間上
> 先於主體和對象的對分；第二，在邏輯上或理論上，純粹

---

[33] 吳氏指出：「我在上面提到柏格森（H. Bergson）與懷德海（A. N.
Whitehead）的哲學，特別是兩人的動感的宗教與機體思想。我的純粹
力動一觀念的靈感，遠的可推溯到他們的這種思想，近的則與西田的純
粹經驗的關係較密切。」見吳汝鈞：《純粹力動現象學》，頁 34-35。

[34] 如黃文宏先生曾針對西田幾多郎《善的研究》一書說明到：「就西田思
想的分期來看，本書是『純粹經驗』立場的代表。在初版序中，我們可
以看到西田哲學『以純粹經驗作為唯一實在來說明一切』的基本主張，
西田這個想法反反覆覆地以各種形式出現在其著作當中，可以說是西田
哲學的基調。」見〔日〕西田幾多郎著，黃文宏譯著：《西田幾多郎哲
學選輯》（臺北：聯經出版事業公司，2013 年 3 月），頁 47；吳氏也
指出：「純粹經驗是西田的思想的基礎，也是他的系統的哲學的起步
點。他的哲學的處女作《善之研究》，開始即大論純粹經驗。」見吳汝
鈞：《絕對無的哲學：京都學派哲學導論》（臺北：臺灣商務印書館，
1998 年 1 月），頁 6。

[35] 吳氏指出：「『純粹經驗』是西田對於終極實在的一種描述。西田對終
極實在有幾種稱呼，其中一種就是純粹經驗。」見吳汝鈞：《京都學派
哲學七講》（臺北：文津出版社，1998 年 6 月），頁 8。

> 經驗是主體和對象的基礎。這表示純粹經驗不依賴於主體
> 和對象的對分，反而是主體和對象的對分的根基。我們可
> 以說，純粹經驗對於主體和對象具有先在性。[36]

比較吳氏這番對西田之「純粹經驗」概念的闡述，與上述對「純粹力動」之體性的簡要界定，便可明顯地看出，吳氏對自家「純粹力動」概念的體性構思，的確得益於西田幾多郎之「純粹經驗」概念的啟發。筆者更認為，西田主張「純粹經驗」乃先於「主體」與「客體」（對象）的對分、是「主體」與「客體」（對象）對分的根基的這種思維，與吳氏其後所闡述的「純粹力動既詐現為宇宙萬物以成一客體世界，又當體直貫於人身中成為睿智的直覺」的這種宇宙論構想，在思維上亦是緊密相承的。

二、純粹力動的「動感性」與「力用性」
——「絕對義的動感」與「形而上的力」

在指出「純粹力動」的「純粹性」與「超越性」之後，吳氏又指出一個最能表徵「純粹力動」作為一終極原理之殊勝特質的根本體性，那就是「動感性」，如其言：

> 純粹力動是一種活動（Akt, Aktivität），故又稱純粹活動
> （reine Aktivität）。「活動」表示它的動感性
> （Dynamik），它的生生不息的本性。這動感是絕對義，
> 不是與靜態相對的動態。它是動態與靜態的對比的基礎、

---

[36] 吳汝鈞：《京都學派哲學七講》，頁11。

對立的基礎。它恆常地在動態中，這是由於它自身便是活動的緣故。即是說，它恆常地在現起流行，恆時地在作用之中。這種作用並不發自另外一個作為體或實體的根源，它自身便是根源，便是體。[37]

力動是一種活動（Akt, Aktivität），它恆常地處於動感狀態，因此自身便是力，便能運作，產生效果，而不需依賴一個根源作為其發動的依據。這種力動不是經驗性的（empirisch），不然便有生有滅了。它是無生無滅的，是超越的（transzendental），但不是超離的（transzendent），後者過於抽象，不著邊際。它既不是經驗的，因此便沒有經驗內容，而是純粹的（rein），我稱之為純粹力動（reine vitalität）。它是既超越的，又有活動，故它是超越的活動（transzendental Aktivität）。[38]

此中明白指出，純粹力動即是一種「活動」，其當體沒有經驗內容，故而又可直稱之為「純粹活動」，此一「活動」恆時處於動感狀態中。這即是說，「純粹力動」即是一個永恆的活動本身，這活動不會停歇，所以吳氏言其「無生無滅」；也因其活動的永不停歇，故而能永遠運作著、永遠產生著作用、永遠地在現起流行。進一步的，此一「活動」之「動」，並非一般認識中的、在現象界中僅具有相對意義的「動態」與「靜態」中的「動態」，

37　吳汝鈞：《純粹力動現象學》，頁 35。
38　吳汝鈞：《純粹力動現象學》，頁 61-62。

相反的，在現象界中僅具有相對意義的「動態」與「靜態」，毋
寧是由此一永恆的活動、永恆的作用支撐而來，亦即：在一般認
識裡，總以為「靜態」與「動態」乃此兩者相互襯托、對比而
來，「動」對比「靜」而為「動」、「靜」對比「動」而為
「靜」，然而，在一般認識裡能為人們所知覺的「動態」或「靜
態」的物事或現象，實際上皆是此一永恆的活動、永恆的作用所
變現而來；進一步的，一般認識裡，一切被知覺為與「動態」相
對立的「靜態」的物象，亦實則只是此一永恆的活動自身的動勢
稍稍收斂的結果——言其為收斂，即是指活動仍自活動、運作仍
自運作之謂。另有一點需特為注意的是：吳氏強調此一活動「不
需依賴一個根源作為其發動的依據」，香港學者陳森田在詮釋這
番說法時指出：

> 這種動感跟現象世界中的動態不同。現象世界中的動態是
> 從屬於某事體，某事體可衍生動態，亦可不衍生動態，這
> 即是靜態。因此，現象世界中的動態是與靜態相對的。而
> 且，現象中的動態是衍生性的，由事體生起的，既然是生
> 起的，就不是恆常的。[39]

筆者以為，陳森田對「純粹力動」乃「非由一事體所衍生的」的
這點體性上的掘發，不獨對理解「純粹力動」觀的動感性、活動
性能有所裨助，進一步的，這層意思亦能扣合著吳氏對中國哲學
中「體用論」思維的反省一併理解，幫助吾人能更好地理解吳氏

---

[39]　陳森田：〈僧肇的聖人觀與吳汝鈞的純粹力動觀〉，頁 79。

欲在終極原理的建構層次上廢除「體用」論的思維用心。

　　總之,「純粹力動」即是一永恆的活動、永恆的作用本身,它並不根源於任何一個、任何一種形式的事體而來,亦即:它不是任何一個、任何一種形式的事體的活動、運作。所以吳氏可以總的描述其為「純粹的活動」、「超越的活動」並直指其所展現的動感是絕對義的。與之相關的,此一「純粹的活動」、「超越的活動」亦即是一種「力」,如吳氏指出:

> 純粹力動本身就是活動,它自身便是力,我們可姑且名之為「形而上的力」。藉著這種形而上的力,它有凝聚、下墮、分化、詐現現象的作用,使存在世界可能。[40]

> 關於力,我們通常有幾種稱法:體力(Kraft)、能力(Energie)、權力(Macht)和力動(Vitalität)……唯有力動有永恆性格,它不是生滅性格。這是很微妙的東西,說它是形而上的,似乎太抽象;說它是宇宙論的,又太近於形質,而偏向於能力;精神差可表達其性格,但精神若是精神實體,又太沉重,有質體的(entitative)傾向。生命力比較接近,若所謂「生命」不是就生物說,而是就生生不息、創生、自強不息說的話。[41]

從中我們可以理解到,在吳氏的構想中,「超越的活動」即是

---

[40] 吳汝鈞:《純粹力動現象學》,頁 54。

[41] 吳汝鈞:《純粹力動現象學》,頁 61-62。

「超越的運作」，亦即是「超越的力」，「活動」、「作用」與
「力」三者同一；且三者同一地居於形而上層次，作為一得以開
拓形而下之現象世界的終極原理，吳氏將此一終極原理命名為
「純粹力動」的思維邏輯，便可一目了然。就此，我們亦可詮釋
地、引申地說：「純粹力動」即是一「純粹作用」、「純粹動
力」。

此中，吳氏以「形而上的力」詮釋此一終極原理，首先較明
顯的，應是受了西田幾多郎的影響。上文已提及，西田哲學的起
點，是作為終極實在的「純粹經驗」，但在西田哲學中，也並非
僅以「純粹經驗」概念去說明終極實在，西田有時也將終極實在
描述為一種「形而上的統合力量」，對此吳氏曾概要地評述到：

> 在更多的情況，他（作者案：此即指西田幾多郎）把純粹
> 經驗視為一種形而上的統合力量，以活動的形式發出來。
> 他以為，終極實在不以現象說，它既不是意識的現象，也
> 不是物質的現象，卻是一種獨立的、自足的活動，且是純
> 粹的活動。這是一種統合的實在，它作用於所有實在的背
> 後。在我們的思想和意志的根柢處，有其統合力量；宇宙
> 本身也是一種統合力量。這兩個統合力量基本上是同一
> 的。[42]

我們可以很清晰地指出，西田所說的純粹經驗，其實就是
一種形而上的統合力量。什麼是形而上的統合力量？這種

---

[42] 吳汝鈞：《絕對無的哲學：京都學派哲學導論》，頁 11。

力量本身具有一種源頭的意味。人的一切活動,最後都歸向於這個形而上的力量。或者可說,人的一切活動都是直通向這個源頭,這個源頭本身就是一種形而上的統合力量。……西田以終極實在作為源頭,可以開出思想、情感、意志這幾方面的生活要素。我們在生命上表現出思想、情感、意志這些活動之先,已經具有終極實在存在於我們的生命之中,作為源頭來統馭這幾方面的生活要素。這就是西田對終極實在的描述。最後,西田將終極實在描述為形而上的統合力量。這個形而上的統合力量是從純粹經驗發展出來的。[43]

我們可從中見及,不僅在闡述「純粹力動」的「力用性」時,以「形而上的力」加以闡述,應是受了西田哲學的啟發,就是將「純粹力動」界定為一種「純粹的活動」、「超越的活動」,也與吳氏對西田的「純粹經驗」概念的理解密切相關。

其次,除了西田哲學所指出的那種與「純粹經驗」同一的「形而上的統合力量」之外,柏格森之生命哲學所指出的「生命的原動力」（élan vital, vital impetus）或「創造性的奮力」（creative effort）,應也影響了吳氏在構思「純粹力動」概念時對「力用性」的強調。吳氏曾對柏格森的上述兩種「力」概念評述到:

柏格森（H. Bergson）是當代西方舉足輕重的哲學家,他

---

43 吳汝鈞:《京都學派哲學七講》,頁 14。

的生命哲學強調生命的原動力（élan vital, vital impetus）
是合形而上學與生物進化為一的很具啟發性的哲學體
系。……柏格森哲學的特色是強調那同時具有形而上學與
生物進化涵義的生命原動力的動進（dynamism）；他論
道德與宗教問題，也以這動進為基點。[44]

柏格森替神祕主義下了一個定義，他說：「神祕主義的終
極目標，是要建立對創造性的奮力（creative effort）的一
種接觸，以至於部分的服順它。這創造性的奮力顯現於生
命中。這種奮力，倘若不是上帝的話，也是來自上帝。偉
大的神祕主義者被視為一個個別的存在，他能夠超越由物
質的性格加到物種方面去的限制，繼續著和推展著神聖的
活動。」柏格森肯認了一種創造性的奮力，那是生命所顯
現的。它在上帝方面有其根源。所謂神祕主義，指那種宗
教模式，藉著它，人們能夠部分地達致這種奮力的表現，
使生命具有神聖的涵義。[45]

就中可知，柏格森所提的「生命的原動力」與「創造性的奮力」
二者，都具有形而上的理論位階，至少——都是由一種具有形而
上學意味的存有——也就是上帝——所發動、所保證的，並能流
泛於人們（尤其是指「神祕主義者」）的生命根柢之中，進而促
進人們去豐富與轉化自我之生命品質的一種形而上的力量。這種

---

[44] 吳汝鈞：《西方哲學析論》（臺北：文津出版社，1992 年 6 月初
版），頁 87。

[45] 吳汝鈞：《西方哲學析論》，頁 88。

將「力」的意涵提升至形而上學層次的構想，與吳氏以「力用性」定位終極原理、甚至是：以「力」為超越的、純粹的且與形而上的終極原理為「全然同一」的這樣的構想，是一脈相承的。

三、純粹力動綜攝「絕對有」與「絕對無」
——對「實體主義」與「非實體主義」的綜合和超越

上文述及，吳氏檢討了前此東、西方之宗教、哲學所整體構作出來的兩種終極原理——「實體主義」的「絕對有」與「非實體主義」的「絕對無」，並總的認為，「實體主義」的「絕對有」優點是具備充實飽滿的健動性，能生起強大的力用，但缺點卻是不夠靈巧，較欠缺虛靈明覺，也因為不能全然從體性根柢上抹除「質體性」，而帶有「滯礙性」，難以談事物的變化與事物之間的交感、溝通的問題，並可能致使不善理解者，將「絕對有」發展為「常住論」；而「非實體主義」的「絕對無」，優點則是具備充分的虛靈明覺，因其體性根柢上全無「質體性」可言，故而充分具備「無滯礙性」，能保證事物的變化與事物之間的交感、溝通，但缺點卻是無有發起力用的根源，在健動性方面有所欠缺，且容易致使不擅理解者，將「絕對無」發展為「虛無主義」，難以談各種有價值意義的實踐。正是立基於此種檢討，吳氏在構思「力動論」哲學的終極原理時，便根本上亟欲綜合「實體主義」的「絕對有」與「非實體主義」的「絕對無」的思維優點，並超越、克服兩造的缺點，其言：

> 純粹力動不能單說為實體，不能單說為絕對有，它也不能單說為絕對無。它是一個在絕對有、絕對無之外的另一終

極原理，綜合並超越絕對有與絕對無。[46]

所謂綜合絕對有，指純粹力動有力用，有作為，能生起種種功德。又能從超越的、本體的層次下墮，而落於經驗的、現象的層次，詐現宇宙萬象；又能本著睿智心能的身分，自我屈折，而成知性，以認識宇宙萬物。在這點上，可說是吸收了儒家言天道即本心的健動性，和基督教言上帝的創造性。所謂綜合絕對無，是指純粹力動本身自由無礙，不受任何成規所圍限，所決定。它詐現萬象，即以其虛靈無滯的性格貫注於萬象中，使它們成為緣起無自性、無實體的萬象。這點非常重要，它保留般若學、中觀學所申論的空和中道的精義。所謂超越絕對有，指純粹力動不是凝滯不活動的靜態的實體，亦不與現實分隔而為超離（transzendent）狀態。卻是靈動機巧，能運用種種方便權宜之法，以應眾生的要求。這很明顯超越柏拉圖的說理型的不能活動義，又不能轉化世界，影響眾生。所謂超越絕對無，是純粹力動不淪於空寂，不否定一切而成為虛無主義。這超越小乘藏教的頑空說、斷滅論、灰身滅智觀點。[47]

從這番陳述中，我們可以看到，「純粹力動」之綜合「絕對有」，根本上乃在其確確實實是一支撐宇宙萬象現起的根源性存

---

[46] 吳汝鈞：《純粹力動現象學》，頁 805。

[47] 吳汝鈞：《純粹力動現象學》，頁 790。

在，經驗界、現象界之一應物事，無論是屬於心靈層面（心）或物質層面（物），皆是由「純粹力動」所變現而來；且依於「主體」而有的各種認知實踐、道德實踐，也因「純粹力動」的下貫與支撐而有以可能，這即是吳氏強調的「健動性」、「創造性」，而這本是「實體主義」的「絕對有」所具有的特點；至於「純粹力動」之綜合「絕對無」，則在於「純粹力動」雖確實為一宇宙萬象現起的根源性存在，但因其自身虛靈無滯、自由無礙，亦即，無論「純粹力動」如何活動、如何運作，它總不會膠固於任何一種型態的物事或現象上而無以變化，這就具有了如佛教的「空」義所表徵的「無自性」、「不常住」的殊勝之處。而實際上，吳氏在構作「純粹力動」觀時所念茲在茲的、必想加以保存的屬於「絕對無」的優點，具體一點說，亦即是佛教所根本堅持的「空」的真理。所以吳氏指出：

> ……一切存有都是為純粹力動所貫串，而為緣起、空的性格，因而純粹力動最接近空義，亦有不執取自性、實體之意。這樣便能融攝或保留佛教義理中最精彩的緣起觀或空觀。這種觀點絕不能取消。只有強調空、緣起、無自性，變化才可能。若事物、現象，例如疾病有自性，則疾病將永遠存在，不會改變或消失。這便不能建立理想的生活。[48]

可見，吳氏之所以必欲融攝屬於「絕對無」的「空」的真理，正是因為在其理解中，唯有屬於「絕對無」的「空」的真理——也

---

[48] 吳汝鈞：《純粹力動現象學》，頁 793。

就是宇宙萬象皆是「無自性」的存在——方能保證物物事事的自在、無礙的騰挪變化。

進一步的，我們亦可看出，「純粹力動」在綜合「絕對有」與「絕對無」的優點的同時，便也超越並克服了兩造各自具有的缺點了。那是因為，「絕對有」所不可避免的「質體性」、「滯礙性」，因融攝了「絕對無」的虛靈性、自在性——也就是：「空」性——而被超越、克服了；相反的，「絕對無」的根本缺點，也就是欠缺充實飽滿的健動性，則因融攝了「絕對有」的健動性與力用性，而被超越、克服了。李慧琪指出：

> 純粹力動之所以能綜合實體主義與非實體主義最大的關鍵便在動感。因此動感兼有絕對有之剛健性，時保充實的內容；以及絕對無之靈動性，時保活動的無礙，故可消解實體主義可能造成的凝滯常住，也可避免非實體主義可能造成的空寂虛無。[49]

筆者認同這層見解。吳氏構想的「純粹力動」之所以能綜合「絕對有」與「絕對無」兩造的理論優點，並同時超越、克服兩造的缺點，正是由於吳氏所構想的絕對義的動感，能夠有效綜攝「絕對有」與「絕對無」的殊勝特性之故。我們或許可以這樣思考：若有一種存在，它能綜攝「絕對有」與「絕對無」的殊勝特性，那麼這種存在應該具有什麼樣的體性呢？吳氏所構想的、具有絕

---

49 李慧琪：〈吳汝鈞「純粹力動」與羅近溪「流行之體」的比較〉，頁212。

對義的動感的「純粹的活動」、「超越的活動」，便提供了一種可能的答案。

四、純粹力動不著「體用」關係

上文已論及，反省熊氏的「體用不二」論，是吳氏建構「力動論」哲學的基本問題意識之一，那就是：僅言「體」、「用」不離，仍不是「體」、「用」二者相同、同一的意思，如此一來，「體」仍是「體」、「用」仍是「用」，二者各是一物，引申地說，便仍落入本體與現象、絕對與相對、無限與有限二界割離、分裂的思維窠臼；這樣的「體」、「用」關係也成為一種機械化的關係。關於吳氏認為僅言「體」與「用」不二、不離，會流於一種機械化的關係，究竟該如何去理解？我們可以看吳氏以下的譬況和說明：

> 像我們通常在經驗生活裡面所碰到的現象，很多作用都要從一些機器發出來，譬如說發電機有發電的能力，它就能產生電力。從另一方面來說，電力必須由發電機發出來。如果沒有發電機，電力就沒有辦法發出來。[50]

> 一般人作形而上的思維，總會捧出一個大實體作為終極原理。這終極原理有種種名：大梵、耶和華、道、天理、良知等等，他們認為，宇宙中所表現出來的各種作用、力用，都是由這個作為終極原理的形上實體發出來的。而這

---

[50] 吳汝鈞：《純粹力動現象學六講》，頁 11。

形上實體所以重要，正是由於它能發出種種力用、作用的緣故。它也作為一切事物的存有論的終極依據。沒有了它，世間的一切作用、事物、現象的出現，都不能說。我曾經有過這樣的質疑：這樣理解終極原理，把它當作一副機器如發電機那樣，機械性地（mechanically）發出電能，在方法論上不會有問題嗎？終極原理是勝義諦（parmārtha-sathya）層次的東西，我們能不加以反思地把它當作世俗諦（samvrti-sathya）的東西如發電機那樣來處理嗎？我們能不能不把終極原理視為一形而上的實體而視為一超越的活動（transzendental Aktivität）呢？倘若可以的話，則由於它是一個超越的、純粹的活動，力用、作用自然也在裏頭，我們便不必為這力用、作用在外邊找尋一個實體或體，作為其根源了。我們可以說，這活動自身便是體，它同時也是用。作為終極原理的活動、力動倘若是體也是用，則體與用完全指涉同一的東西，體用關係是同一關係。倘若是這樣，則體用關係、體用論便變得無意義，而可廢除了。[51]

從以上的闡述中，我們可以解讀出以下幾點訊息：

（一）在吳氏的理解中，以「體用」思維去說明、去理解，或者更進一步的——去構想一個終極原理的整體內涵或表現，便是以世俗諦層次的認知，去致思一個屬於勝義諦層次的物事，這種思考，在方法上應是可以置疑的。吳氏的這番詰問，自有其道

---

[51]　吳汝鈞：《純粹力動現象學六講》，頁 12。

理。本來,世俗諦即是現象界、經驗界層次的認知與真理,而勝義諦則是屬於超越界、形而上層次的認知與真理,兩造雖彼我相關,卻不免於懸距,將得以在現象界、經驗界中應用裕如而無所差錯的思維方式套用在屬於超越界、形而上層次的物事上,的確難免於思維上的誤區。

(二)吳氏在省思熊氏「體用不二」論時,慣常指稱其不免流於一種「機械化的關係」,這裡所謂「機械化的關係」,即是指傳統「體」、「用」關係論那種「體」自能生「用」、「用」必由「體」發的既定思考,這種思考的確肇端於在人們一般的現實觀照與經驗認知底下,一特定物體——特別是:一種被製造出來以達成某種(或某些)目的或效用的工具、機械——通常可以發出某種(或某些)特定效用的經驗事實。但,在現象界、經驗界中,某種效果、作用必得由某種特定物體加以實現、予以發動的事實,在屬於形而上層次的界域裡,是否仍應如此思考呢?也就是:在現象界、經驗界中,某種效果、作用的實現、發動,必得通過特定的物體來保證,然而,在形而上層次的界域裡,效果與作用的實現、發動,一定得通過一種來源體,才能得到保證嗎?吳氏的這番大哉問,決定了其所構作的形而上的終極原理,跳脫了傳統哲學中「體」必能生「用」、「用」必由「體」發的這種思維定勢,而總的採取了一種思維立場,那就是:形而上層次的終極原理,自身便是一種效用、一種作用,而且這種效用、作用,不是由一個與自身相即不離的來源體所實現、所發動的。這種思維自然大異於前此的形而上學傳統。

(三)吳氏認為,僅言「體」、「用」不二、不離,而不言「體」、「用」同一,結果是「體」仍是「體」、「用」仍是

「用」，二者各是一物。這種理解對一般已習慣於援「體用」思維去理解終極原理暨其所支撐的現象界之事物間的關係的人來說，多半難以認同，然而，若我們順著吳氏所譬舉的那番「發電機發電」的例子來加以思索，便可以較好的理解吳氏的思考。那就是：發電機是「體」，發電機能生發出電力，所以電力即是「用」，在發電機發電的過程中，「發電機」與其所生發的「電力」自然是相即不離的，然而，無論如何，我們不能說「發電機」即是「電力」、「電力」即是「發電機」，「發電機」終究是「發電機」，「電力」終究是「電力」，兩者不能說是「同一」、「相同」的。但，這種事實與經驗，單純用於描述經驗界、現象界中的物體與其所生發的作用間的關係，是沒有問題，然而，如果把這種經驗凝結為一種思維並援之以構想終極原理暨其所支撐、變現出的現象界之間的關係，那便會通向：終極原理仍是終極原理、現象界仍是現象界，兩者雖相即不離，但兩者終究不同、兩者各是一種界域的結果，而這也正落入形而上與形而下、本體與現象、絕對與相對、無限與有限二界相互割裂的問題窠臼中。就此而言，吳氏提出在對終極原理的構想上應該可以不採取「體用」思維的想法，應該是可以被理解與參考的；而吳氏也正是以其對「純粹力動」觀念的構想，身體力行地去從事了這番思維實踐。

　　基於上述對「體用」思維的反省，以及欲在終極原理的構思上取消「體用」思維的立場，吳氏對「純粹力動」便有了如下的界定：

　　　　純粹力動中的力動，是一種原創力，一種超越的活動、動

感，它既是體也是用，可以說是絕對的體用的一者。[52]

力動或力不需依賴一個根源作為其發動的依據，即是說，力動本身便有體義，有根源義、終極義。[53]

在純粹力動的脈絡下，體與用實質上完全相同，完全是同一，沒有絲毫分別。純粹力動可以是對體用的綜合，也是對體用的超越。[54]

純粹力動是一超越的活動……它自身既是體，也是用。它凝聚、下墮、分化而變現現象，並不是由體變成用。我並不從現象說用。這點與熊十力先生很不同，因此我們不必為它的用去尋求一個體，作為用的根源。[55]

在純粹力動現象學來說，純粹力動不是實體、本體，沒有實體、本體通過用以詐現出宇宙萬物的問題。純粹力動自身已是用，它既是用也是體。它是以實在的本質呈顯或實在呈顯它自身以證成其本質。因此，呈顯後或後面談到的詐現不是用，而是本質。[56]

---

[52] 吳汝鈞：《純粹力動現象學》，頁 39。

[53] 吳汝鈞：《純粹力動現象學》，頁 63。

[54] 吳汝鈞：《純粹力動現象學》，頁 85。

[55] 吳汝鈞：《純粹力動現象學》，頁 87。

[56] 吳汝鈞：《純粹力動現象學續篇》（臺北：臺灣商務印書館，2008 年 8月初版），頁 324。

> ……力動本身既是體，也是用。在這種思維脈絡下，體與
> 用的實質意義完全相同，因此並無立體用關係的必要。而
> 純粹力動凝聚、下墮而詐現的氣，和氣再分化而詐現的種
> 種對象、現象也不是用。[57]

解讀上述諸般闡述，我們不難發現，在吳氏的構想中，「純粹力動」是一種超越的活動、超越的作用、超越的力用，它不是由一個「體」作為來源去生起、發動的，它純然就是一種純粹的、徹底的活動、作用與力用本身。它自然也會變現構成現象界、經驗界的宇宙萬象，吳氏將這種變現概括地以「凝聚」、「下墮」、「分化」及「詐現」等字眼加以指述。但必須注意，純粹力動之「凝聚」、「下墮」、「分化」、「詐現」宇宙萬象的過程及其產生的具體結果，也不是傳統「體用」論中較居於形而下層次的「用」，吳氏自言：「我並不從現象說用。」這是必須確切把握的一點，這即是說，在「力動論」體系中，若有所謂「用」，那也是居於形而上層次的，因為「純粹力動」本身即是一種超越的活動、超越的作用，而這超越的活動、超越的作用本身，即是純粹力動之「凝聚」、「下墮」、「分化」、「詐現」宇宙萬象的永恆過程，換言之——純粹力動之「凝聚」、「下墮」、「分化」、「詐現」宇宙萬象的永恆過程，即是「純粹力動」本身，兩者是全然同一的，沒有任何分別。這就是吳氏強調：「純粹力動」乃是「以實在的本質呈顯或實在呈顯它自身以證成其本質」、「呈顯後或後面談到的詐現不是用，而是本質」的意思。

---

[57]　吳汝鈞：《純粹力動現象學》，頁392。

故而，若「純粹力動」作為一形而上的終極原理在一般的、也是傳統的「體用」思維的觀照下，是居於形而上層次的「體」的位階，則純粹力動之「凝聚」、「下墮」、「分化」、「詐現」宇宙萬象，便也同樣是居於形而上層次的「體」的位階，而不是「用」的位階了。

在此還要補充說明，吳氏這種在終極原理的層次上亟欲「合體用為一」的思維，除了出於其自家對傳統「體用」論與「體用不二」論的反省以外，西方現象學巨擘胡塞爾、海德格等所採取的結合「現象」與「本質」的思路，對吳氏毋寧也有著根本的影響，海德格在其《形而上學引論》一書中，曾有以下主張：

> 「這個敞開而內部突越其自己」其本身是實有，亦是顯現（appearing）。由顯現而說為「現象」（appearance）。現象與實有根本上有一種內在的連繫。「現象底本質即存在於顯現。它是自我顯示，自我表象，挺立在那裡，現存。……」實有亦即顯現。顯現不是某種後繼的有時要出現的東西。顯現就是實有之本質。

對此吳氏曾評析到：

> 按在胡塞爾（E. Husserl）的現象學中，現象與本質是結合起來說的，這樣說現象，才有價值意義、理想意義的導向，才成為現象學（Phänomenologie）。在這點上，胡氏顯然有要把康德（I. Kant）遺留下來的現象（Phänomen）與物自身（Ding an sich）的分離的問題解決過來，因而

才有本質是具體物（Konkreta）的奇怪說法。本質既是結合著現象來說，則本質只能是關連著現象說的本質，本質自亦可說是具體的。從上面海德格說的一段話來看，海氏承著胡氏的哲學（現象學）方向來發展，是很明顯的。他是把實有和顯現等同起來；顯現即是現象，故實有即是現象。顯現、現象即此即是實有的本質。如我們以用說顯現、現象，以體說本質、實有，則便有體與用同一的結論。而且這同一是實質上的、內容上的同一。海氏說「現象與實有在根本上有一內在的連繫」，這句話說得很重，有現象與實有、用與體完全是一回事的涵義，即使不是直接地有這個意思，不表示現象與實有、用與體完全等同，既然說「內在的連繫」，起碼表示雙方有極為密切的關連，而且涵涉在內容（Inhalt）上的關連之意。[58]

筆者已於上文述及，吳氏對西方傳統形而上學的「現象」與「本體」或「物自身」分離的問題本就有所關注，其「力動論」哲學的建構，亦有回應此一古老哲學問題的用心。就此番評析來看，胡塞爾與海德格二家對此一問題的解決思路，對吳氏的啟發應是不言可喻的。其中，在胡塞爾那裏，以「本質」與「現象」二者結合，方能賦予「現象」以理想意義及價值意義的思考，吳氏自然是肯定的，其不將「純粹力動」之「凝聚」、「下墮」、「分化」與「詐現」宇宙萬象的永恆過程，暨其所變現的宇宙萬象總

---

[58] 此上所徵引的海德格的主張暨吳汝鈞的相關評述，皆見於吳汝鈞：《純粹力動現象學》，頁 87-88。

的定位為傳統「體用」論思維中的、僅居於形而下一層的「用」的思考，自然也寄寓了欲進一步賦予「現象」以理想意義及價值意義的用心；而在海德格那裏的「現象與實有在根本上有一內在的連繫」與「實有亦即顯現」的陳述，吳氏不僅將之明確詮釋為「他是把實有和顯現等同起來」、「顯現即是現象，故實有即是現象」、「顯現、現象即此即是實有的本質」，甚至進一步引申出在海德格那裡，「現象與實有、用與體完全是一回事」的體會，由此可見，吳氏必合「體」、「用」二者為一的堅持，確實得益於對胡塞爾與海德格二家之現象學思路的理解。

　　以上所述，是筆者對「純粹力動」作為一終極原理所基本具有的體性所進行的概括性梳理。此中也已述及，作為一超越的、純粹的活動、作用與力用本身，「純粹力動」之變現宇宙萬象，即是其作為一絕對存在的本質，那麼「純粹力動」如何變現宇宙萬象、結成整體現象界呢？下一節將集中討論。

第三節　「純粹力動」的宇宙論演述：　　　　　力動的經驗化活動──詐現

　　在「力動論」哲學中，作為終極原理的「純粹力動」如何變現宇宙萬物，是吳氏造論工程中的重點，這表現為其對「純粹力動」的宇宙論演述。[59]吳氏曾在評述西田哲學時，指出西田哲學

59　以「純粹力動」此一終極原理為基礎，展開宇宙論方面的哲理構設，乃　　是吳氏建構「力動論」哲學的重點工作，其造論初作《純粹力動現象　　學》一書，便已極用力於此方面的思維工作；迨至其撰作《純粹力動現　　象學續篇》一書，更是以專章、且是更勝於《純粹力動現象學》一書中

在宇宙論方面的構設較為扼要，而自己則擁有較強的宇宙論意識。[60]為何吳氏會擁有較強的宇宙論意識呢？我們可參考以下這番吳氏對哲學宇宙論的評價：

> 有些人認為宇宙論是一種淺薄的思想，是哲學特別是以理性為主的哲學的原初狀態。這便有價值的、估值的意義，表示宇宙論不是一種好的、優秀的思想。我想我們不必以這種眼光來看待宇宙論。宇宙論在思想上有它所扮演的角色，表示事物如何從抽象的狀態變而為具體的、立體的狀態。懷德海便在他的鉅著《歷程與實在》中加上有宇宙論字眼在內的副標，表示現前的事件（event）、實際的存在（actual entity）、實際的境遇（actual occasion）即此即是實在，而且是終極性的，以建構他的宇宙論。……我們如何把普遍者置定在個體中，又從個體中體證普遍者，對於這樣地把個體與普遍、現實與理想融而為一，的確需

的篇幅，對「力動論」哲學的宇宙論構想加以詳細的鋪陳與補述，可見吳氏對宇宙論演述的看重。

60　吳汝鈞先生的原始說法是：「西田不太著力於宇宙論的開拓與建構，但他仍有一定的存有論的意識，這展示於他所提的場所的限定中。場所或絕對無作為一有濃厚的客體義的終極原理，它的動感主要展現於限定活動中，其中重要的一項，是限定而自我分裂，向外敞開、拓展，分化成種種具體的質體（entity）。這與筆者在拙著《純粹力動現象學》中所提的純粹力動作為一終極原理，會凝聚、下墮而詐現為氣，氣再分化而詐現具體的、立體的現象物有相類似之處，不過，筆者說得較為詳細，西田則扼要，不像筆者有較強的宇宙論意識。」見吳汝鈞：《絕對無詮釋學：京都學派的批判性研究》（臺北：臺灣學生書局，2012 年 5月），頁 10-11。

　　　　要一種渾圓的、分析的而又綜合的洞見。要進行這樣的工
　　　　夫，宇宙論是不可或缺的。[61]

可見，吳氏蓋是認為：其一，一個完整的形而上學體系，除了應
對那居於形而上層次的、偏屬抽象存在的終極原理有所根本性的
致思以外，也必須進一步對繁然活躍於現前的、那一應偏屬具體
存在的宇宙萬物，究竟如何從一抽象的形而上原理中轉變、生發
出來的問題，有所理論性的回應；其二，欲把握與認識一普遍
的、形而上的終極原理，一個有效的途徑便是通過其轉變、生發
而出的——具體物事去尋溯、去體證，[62]因而，宇宙論的構作除
了能承擔說明宇宙萬物如何自終極原理中轉變、生發出來的理論
任務之外，更進一步的，是關連到人們如何進一步有效地去認識
與把握終極原理的整體內涵與表現，換言之，宇宙論的構設是與

---

[61] 吳汝鈞：《純粹力動現象學續篇》，頁 285-286。

[62] 筆者以為，吳氏的這層思考，與其在長年的佛教哲學鑽研中，對佛教所
　　主張的、如何體證「空」之真理的修證論的總體把握有緊密的關聯。吳
　　氏曾在詮釋《心經》言「色不異空，空不異色」時指出：「如果要體證
　　空，我們就要在『色』裡體證，不要以為離開『色』以外，可以體證
　　『空』的真理，真理是不能離開『色』而存在，它是存在於『色』裡
　　面。要體證『空』，就要從現實環境所碰到的一切，在這些事物上下
　　手，體證其本性是『空』。」見吳汝鈞等著：《空宗與有宗：佛教判教
　　的對話詮釋初續》（臺北：臺灣學生書局，2013 年 9 月），頁 142-
　　143。依此，吳氏即是將《心經》云「色不異空，空不異色」一語的主
　　旨，理解為是一種修證論（或說：工夫論）方面的指點語；且就中亦可
　　見，吳氏那種即宇宙萬物以體證形而上之終極原理的基本主張，與佛教
　　所主張的這種即「色」法以體證「空」理的修證論思路，是極為一致
　　的。

認識論、甚至是工夫論有內在關聯的。總此兩點思考，宇宙論的構設便是不應被忽略、也不必被貶抑的思想工作——甚至於，就筆者的解讀，在吳氏的整體造論考量中，能否建構出一套宇宙論，並保證其與知識論、工夫論甚至是境界論方面皆有所內容上的邏輯關聯，實與一種「渾圓的、分析的而又綜合的洞見」有關，易言之，即是與一套哲學體系是否足夠圓融有著密切的關係。本節以下，便分幾點闡述「力動論」哲學中的宇宙論構設：

一、「純粹力動」必定「自我呈顯」

吳氏對「純粹力動」的宇宙論演述，起於確立一項原理，亦即——「純粹力動沒超離的存在性，它只能存在於或顯現於它所詐現的現象之中」。[63]對此，吳氏闡述到：

> 若從超越的分解（transzendentale Analytik）的角度來說，純粹力動（reine Vitalität）是一恆時在動感（Dynamik）中的終極原理。但從事實、實際的角度而言，處於一種抽象的、遠離現象的狀態而獨存的純粹力動是沒有的。它必在而且只能在它所詐現的宇宙現象中存在。倘若要找純粹力動，則只能在現實的存在中去找、去體證；它是整全的隱藏於現實的存在之中，或更恰當地說，詐現為現實的存在。我們不可能在一虛空的環境中，找到與現實存在完全分隔開來的超離的（transzendent）純粹力動。[64]

63　吳汝鈞：《純粹力動現象學》，頁 105。
64　吳汝鈞：《純粹力動現象學》，頁 105。

> 我們可以想像它是一個抽象的終極原理，或超越的活動、
> 力動。但要實質地與它接觸，則只能透過它所詐現的現實
> 的存在。就存有論的角度說，純粹力動只能存在於現實的
> 存在中，而現實的存在是它凝聚、下墮、分化、詐現現象
> 的結果。[65]

從中我們可以看到，吳氏一方面強調純粹力動並不具有「超離性」，斷言「從事實、實際的角度而言，處於一種抽象的、遠離現象的狀態而獨存的純粹力動是沒有的」，並明確將如何認識與把握「純粹力動」的問題，與「純粹力動」的這層內涵相聯繫。這兩層思考都通向一個結果──或者說，都導向一個吳氏對「純粹力動」之根本體性的構設，那就是：「純粹力動」必然會呈顯自己。而這所謂呈顯，具體一點怎麼說明它呢？吳氏指出：

> 純粹力動既是力動，它便具有動感，能活動，能自我凝
> 聚、下墮、分化，詐現為宇宙萬物。[66]

從這段扼要的說明中，我們應看到兩點：其一，所謂純粹力動的「自我呈顯」，具體一點說，即是「自我詐現」；而這所謂「純粹力動」的「自我詐現」的全歷程，即涵蓋了「自我凝聚」、「自我下墮」、「自我分化」三者；其二，為何純粹力動必定會自我呈顯？第一個理由便是與吳氏對「純粹力動」的體性構想相

---

[65] 吳汝鈞：《純粹力動現象學》，頁 105-106。

[66] 吳汝鈞：《純粹力動現象學》，頁 107。

關，那就是：純粹力動本身即是一超越的「活動」、超越的「力」、超越的「作用」，它恆時在活動中、作用中，純粹力動既當體是活動、當體是作用，便當體有其「呈顯」、當體在「呈顯」中。因而，「純粹力動必定自我呈顯」的這一點，實是一種與純粹力動的「動感性」與「力用性」相關聯、相涵攝的基本體性，我們實可說：純粹力動作為一形而上的終極原理，它是即「活動」即「作用」並且也是──即「呈顯」的一種終極原理。對此，吳氏還有過以下這番闡述：

> 純粹力動作為一超越的活動，它顯現其自己於現象的世界中，是基於一個理性的理由。這即是純粹力動本身是昂揚的、上進的，是要發展的，在發展的歷程中顯示自己的超越的內涵。一個生命個體甫成後，便要成長，要發展。純粹力動亦是一樣，力動是它的本質、性格、內涵，它若不發展，不展示其自己，則不能成一力動（Vitalität）。[67]

可見，在吳氏的構想裡，純粹力動作為一超越的「活動」、超越的「力用」，便天然地通向一種必然要「自我發展」與「自我呈顯」的存在樣態了。

另外，關於「純粹力動必定自我呈顯」的體性規定，就吳氏的整體思路來看，明顯吸收了上文已提及的、海德格對「實有」（存在）之「本質」問題的思考。關於這點，吳氏本有明確的宣說，其言：

---

[67]　吳汝鈞：《純粹力動現象學》，頁 106。

> 海氏在他的《形而上學導論》（*Einführung in die Metaphysik*）中說：「實有即是呈顯。」（Sein heißt Erscheinen.）又說：「實有作為呈顯以證成它的本質。」（Sein west als Erscheinen.）這是以呈顯來說終極實在，亦即是我這裡所說的純粹力動。海德格的這種有關終極實在的思維方式，顯然不同於西方形而上學以定義來說終極實在，不涉諸行為、行動的方式，而接近東方形而上學以實踐來說終極實在。終極實在要在自我實現、自我呈顯的脈絡下來證成其本質。[68]

吳氏亦曾自詰：有沒有一種律則或原理，讓純粹力動必定要「詐現」宇宙萬物以顯現它的存在性與動感呢？對此，其自我回應便是：

> 這讓我們想到海德格的一句重要的話語：「Sein west als Erscheinen.」這即是，存有在顯現中以證成其本質（Wesen）。這是一句分析命題，即是說，存在必會透過顯現來實現它的本質。光是存有而不顯現，不證成其本質，是不可能的。或者可以說，存有與顯現有一種內在的連繫的關係。[69]

由此可見，海德格對「實有」之「本質」的致思——特別是強調

---

[68] 吳汝鈞：《純粹力動現象學續篇》，頁 306。

[69] 吳汝鈞：《新哲學概論：通俗性與當代性》（臺北：臺灣學生書局，2016 年 9 月），頁 510。

「實有」與「顯現」間之內在關聯的洞見，對吳氏構思「純粹力動」的體性暨其與自身變現的宇宙萬物間的關係，實有著根本性的啟發。筆者也要進一步強調，正如上節末尾所指出的，吳氏之吸收海德格的此部分洞見，實有避開西方形而上學傳統中「現象」與「本體」或「物自身」相割裂的問題的用心，並與其基本主張的「不分體用」的、「合體用為一」的形而上學思考是緊密相關的。那麼，純粹力動如何「自我呈顯」呢？

二、「純粹力動」的「自我詐現」：「自我凝聚」、「自我下墮」、「自我分化」

關於純粹力動的「自我呈顯」，吳氏指出：

> 純粹力動既是力動，它便具有動感，能活動，能自我凝聚，下墮，分化，而詐現萬物。所謂「凝聚」，是把力量聚合起來，形成一個力量強勁的中心，作為成為有形有象的萬物的準備工夫。所謂「下墮」，是純粹力動從升揚、進取的主動作用收斂自己，把作為內涵（Inhalt）的力量積聚。純粹力動本來是昂揚的、挺進的，現在沉降下來，減低活力，有下墮傾向。這在價值論上有負面意義。所謂「分化」，是緣於純粹力動本身是一個整一的動感，世界萬物則是千差萬殊。以純粹力動為活水源頭，成就多采多姿的現象世界，力動便需先自行分化，分化即表示由超越層下墮至經驗層，由絕對性格委曲屈折，而成相對性格，先分化成相對的自我、心靈、意識方面的主體世界，和自然萬法的客體世界，或精神現象與物理現象，然後繼續分

化，最後至於個體事物的形成而後止。所謂「詐現」，是從佛教梵文名相 pratibhāsa 或 pariṇāma 引用過來，表示一種權宜的、時間性、空間性的呈現，呈現為各自分別、分開的具體事物。「詐」即是虛構的、不真實的之意，這不一定是負面價值義，它毋寧具有正面價值義。通過純粹力動的詐現作用，它作為抽象的超越原理，便能透過具體的、立體的事物以顯示其自己。「詐」的不真實的意味非常明顯，由詐現而成就的事物，是暫時性的，沒有終極性格，它不會永久存在。它的存在，依於純粹力動。[70]

箇中闡明了純粹力動作為一終極原理，如何通過「自我呈顯」以變現宇宙萬物。其中純粹力動的「自我凝聚」，乃指純粹力動進一步將當體的、也是渾然的力量加以聚合，這是純粹力動當體變現出宇宙萬物的第一個步驟；所謂「自我下墮」，則指純粹力動在凝聚當體的、也是渾全的力量時，也當體收斂自己的活動和力量，吳氏以「下墮」一語名之，自然是取其與純粹力動原自具有的升進的、也是昂揚的存在態勢（也是活動態勢）相比較之謂，因此吳氏才進而指出「這在價值論上有負面意義」。筆者以為，此中蓋也有應合在一般認識中，終極原理乃是居於形而上層次的超越性存在，而終極原理所支撐、構作的宇宙萬物，乃是居於形而下層次的一般性存在，這樣的既有認識的意味，故而以純粹力動之自我凝聚力量、自我收斂活力為「下墮」，並言其「在價值論上有負面意義」；而「自我分化」則明確指謂純粹力動在自我

---

[70] 吳汝鈞：《純粹力動現象學》，頁 107。

凝聚力量、自我收斂活力後，層層分化出由「心」、「物」二元
現象──亦即「精神」現象與「物理」現象──所共構之整體經
驗世界的意思；至於「自我詐現」，則是吳氏對純粹力動之「自
我呈顯」的──也就是一種涵蓋了純粹力動之「自我凝聚」、
「自我下墮」與「自我分化」三個面向之意涵的，純粹力動變現
宇宙萬物的恆時、不輟的經驗化活動──一種具有概括性意味的
概稱。此所以在吳氏的一應著作中，凡有涉於對純粹力動變現宇
宙萬物的原理暨過程加以闡述者，皆較多的是逕以「詐現」一語
加以指謂。「詐現」一詞，乃援用自佛教唯識學文獻，
「pratibhāsa」一般譯為「詐現」、「似現」，「pariṇāma」則譯
為「轉變」，[71] 吳氏以之概稱純粹力動「自我呈顯」的活動，旨
在強調純粹力動所變的宇宙萬物皆只是一種短暫的存在，一如
佛教視一切現象為「幻有」，[72]「幻有」猶云「假有」，乃指謂
一切「色」、「心」諸法，皆乃緣起而暫存，箇中皆無實有之自
體。但吳氏認為，「詐」雖具有虛構的、不真實的意味，然而，
以「詐現」名純粹力動變現宇宙萬物的活動，或定義純粹力動所
變現之宇宙萬物的性質，並不具有負面的估值意味，這是因為，

---

71 此上對「pratibhāsa」、「pariṇāma」二語之漢譯的簡述，參自吳汝鈞：
　《純粹力動現象學》，頁 107。

72 「幻有」的說法散見於佛典，如《成唯識論》云：「然諸蘊相，從緣生
　故，是如幻有。」見〔唐〕玄奘譯，韓廷傑校釋：《成唯識論校釋》
　（北京：中華書局，2011 年 10 月），頁 16；又如《法華玄義》云：
　「一者實有為俗，實有滅為真。二者幻有為俗，幻有空為真。三者幻有
　為俗，即幻有空不空，共為真……」〔唐〕智顗撰：《法華玄義》，收
　入中華大藏經編輯局編：《中華大藏經》第 93 冊（北京：中華書局，
　1995 年 10 月），頁 33-34。

純粹力動正是通過這種活動——更具體的說，是通過這種活動所變現出來的宇宙萬物來呈顯其自己，從這點來看，「詐現」毋寧應是一種具有正面價值義的說法。實則，若單就術語的使用來看，「詐現」之「詐」既主要是指點純粹力動所變現之宇宙萬物的真實性質，則其本是一種單純的描述用語，意義色彩上原屬中性，然，若考量在「力動論」哲學中，「詐現」即是純粹力動作為一超越活動的所謂的「活動」的一個面向——筆者的意思是：所謂超越的活動，具體的說，即是包含了使純粹力動自身經驗化的「詐現」活動在內——則這「詐現」活動本就是從形而上的終極原理的層次來講的，因而吳氏以之實具有正面價值義的論斷，在「力動論」哲學的架構中，應是無庸置疑的。

在此需進一步說明的是：純粹力動之自我凝聚、下墮與分化——也就是自我詐現為宇宙萬物，在吳氏的構想中，基本上是一種「自我否定」，其言：

> 從形而上學特別是宇宙論方面來說，一切個別性、差別性、具體性都必依於分化。……一切分化，都必依靠否定，更正確地說是自我否定：否定自己原本的渾然一體的純一狀態。這種分化的力量，亦應是內在於純粹力動自身，它是具有自由與自主去作自我分化的。分化的結果，必然是相對反的兩個面相。倘若分化出來的面相是相同性格的，則不能說為分化。這兩個面相，通常以心、物名之。[73]

---

[73] 吳汝鈞：《純粹力動現象學》，頁 109。

它的凝聚、下墮與分化，特別是分化，實在是它要實現自我顯現、自我透顯這一目標進行的活動或作用。為了要自我分化，它需要自我否定來配合。否定了自己原來的性格，便不能不開展出與原來的性格不同甚至相對反的性格。同時，它否定自己原來的性格，並不表示這原來的性格消失了，甚至永遠失去了。它只會讓原來的性格減輕自己的勢用、動勢，收窄自己原來活動的範圍。這樣，它一方面通過自我否定而開展出與原來的力動相對反的性格，同時還在某一程度上保留原來的力動性格。於是，分化的結果是原來動進的性格與由於自我否定而成就的新的退墮的性格。心與物、自我與世界、主體與客體等便分別相應於動進的性格與退墮的性格而出現了。雙方繼續分化，便形成種種不同的心靈現象、心靈狀態和多采多姿的現象世界的事物了。[74]

箇中可見，依吳氏的意思，純粹力動之詐現宇宙萬物，基本上是一種「自我否定」的活動，否定自身的普遍性而詐現為個別性、特殊性；否定自身的整一性而詐現為多樣性、多元性；否定自身的抽象性而詐現為具體性，甚至是——否定自身的真實性、永恆性而詐現為虛構性、暫時性。而純粹力動這種種方面的「自我否定」，總的說來即是否定自身的動進性而詐現為退墮性。因之，「自我否定」實可說是純粹力動變現宇宙萬物的一種創造性原理，而其具體的表現，便是純粹力動自身無時或止的「詐現」宇

---

[74]　吳汝鈞：《純粹力動現象學》，頁111。

宙萬物的活動。箇中須注意的是，純粹力動雖通過「自我否定」
而詐現為——具有個別性、具體性、虛構性、暫時性等——也就
是總的說來具有退墮性格的宇宙萬物，但並不表示純粹力動原自
具有的普遍性、整一性、真實性、永恆性等——也就是總的說來
可以「動進性」名之的自身的基本體性便就此消失了，因為，那
些被純粹力動詐現出來的宇宙萬物所展現的各種退墮性格，皆與
其寄寓的宇宙萬物相同，只是純粹力動詐現而來的暫時性存在，
真實且恆存、恆在的，只有與真實且恆存、恆在的純粹力動同一
而共在的動進性格。[75] 吳氏甚至認為，在純粹力動通過「自我否
定」所詐現而來的宇宙萬物中，也寄寓了純粹力動之動進性格
的，基本上便是各種「心靈現象」（心）——也就是精神與主
體；至於寄寓了純粹力動自我否定而出的退墮性格的，則是品彙
萬端的各種「物理現象」（物）。

　　經由以上分析，我們可知，在吳氏的構想中，純粹力動的
「自我呈顯」，根本上即是一個純粹力動恆時的、不輟的通過
「自我否定」，以自我凝聚、下墮、分化，也就是——自我詐現
出宇宙中各種繁然無以計數之「心」、「物」現象的經驗化活
動。依據筆者的觀察，吳氏在這方面的構想，至少受到以下三種

[75] 對此，李慧琪便指出：「從『下墮』、『收斂』、『委屈』、『曲
折』、『詐現』等字眼，可看出『自我否定』是純粹力動分化為種種心
物現象的重要關鍵。由此可見，純粹力動具有一種辯證性，在分化的過
程中，一方面保留自己原有的動感性格，一方面又自我否定發展出另一
種相反的退墮的性格，而形成各式各樣、千變萬化的心靈表現和現實事
物了。」見李慧琪：〈吳汝鈞「純粹力動」與羅近溪「流行之體」的比
較〉，頁 220。李慧琪的這番詮釋，可說是精準的掌握到吳氏這層構想
的實義。

哲學的啟發。其一是西田哲學中關於「絕對無」——也就是「純粹經驗」——之「自我限定」以開出經驗之主、客體的思想。對西田哲學的這方面內容，吳氏曾有如下的相關評述：

> 無或絕對無作為一終極原理，是一種無主無客的純粹的、超越的活動，主體性、客體性以至一切具體的、立體的現象物或實體，都由這絕對無的活動開拓出來、轉生出來。[76]

> 絕對無或場所的限定有時又作「無的限定」。它指具有辯證性的普遍者的自我限定，也稱為「絕對矛盾的自我同一」。這種限定基本上是在存有論的脈絡下說，即是，作為終極原理的絕對無需要在經驗的（empirisch）、現象的（phänomenal）層面上顯現自己，因此進行分化（differentiation），襲取形相，而成為個體物。存在世界便因此而成立。[77]

> 西田說限定，有絕對無的限定、場所的限定、事物或個體物的相互限定和普遍者的限定。此中的「限定」有多種意思，這些意思相互間有關連，甚至重疊的情況。最適合拿來解讀西田所言的限定的，應該是分化（differentiation）、分裂（split，西田自身便使用過世界的「自己分裂」字眼，後面會探討這點）和佛教所常用的詐現。……限定的另一

---

[76] 吳汝鈞：《絕對無詮釋學：京都學派的批判性研究》，頁 15。
[77] 吳汝鈞：《絕對無詮釋學：京都學派的批判性研究》，頁 23。

> 意思是否定，特別是普遍者的自我否定。在具有辯證性格
> 的普遍者的自我否定中，普遍者自身的內容個體化、個體
> 物化，形成種種個體物。這種限定的解讀方式，比較多出
> 現在西田的《哲學の根本問題》的續編《辯證法的世界》
> 中……。[78]

與上述文段意思相近的闡述，在吳氏評析西田哲學中關於「絕對
無的限定」與「絕對矛盾的自我同一」的相關思想時層出不窮，
筆者在此不作細舉，但僅經由以上幾段徵引，我們便可明確窺
見，對於西田哲學中之相關思想的理解，對吳氏致思自家純粹力
動的「自我呈顯」問題乃至建構整體純粹力動的宇宙論，確實有
著明確的影響。

　　第二個影響此方面構想的哲學，則是胡塞爾現象學中有關意
識與意向對象的相關思想。吳氏本就曾自述純粹力動的自我分化
為各種「心」、「物」現象，在胡塞爾現象學那裏，也有清楚的
表述，其言：

> 依胡塞爾，意識（Bewußtsein）有其意向性（Intentionalität），
> 可分化為二分：能意（Noesis）與所意（Noema），分別
> 開出自我世界與物理世界。[79]

---

[78] 吳汝鈞：《絕對無詮釋學：京都學派的批判性研究》，頁 24。

[79] 吳汝鈞：《純粹力動現象學》，頁 110。吳氏對胡塞爾此部分思想的理
解，意者可參吳汝鈞：《胡塞爾現象學解析》（臺北：臺灣商務印書
館，2001 年 2 月）頁 90-101。

自然，胡塞爾所謂能分化為能意與所意，進一步開出自我（主
體）世界與物理（客體）世界的意識，是「絕對意識」
（Absolutes Bewußtsein），「絕對意識」自不可與吳氏建構的純
粹力動等同，但吳氏借鑑胡塞爾現象學的有關構想，卻是可以從
中見及的；至於第三個影響吳氏此方面構想的哲學，則是佛教哲
學——特別是吳氏頗著意研究的護法唯識學，其曾自云：

> 純粹力動分化成心與物，在原始佛教中有其淵源，這即是
> 十二因緣（pratītya-samutpāda）中的識（vijñāna）分化而
> 成名（nāma）與色（rūpa）。……這兩者分別指名稱與型
> 態或泛說的精神與物質、心與物。這種對識的分化方式，
> 在護法（Dharmapāla）的唯識學中被繼承過來，名被發展
> 成見分（dṛṣṭi），色被發展成相分（nimitta），分別開展
> 出心靈世界與物質世界。[80]

在護法唯識學中，能分化出「見分」與「相分」的，自然即是
「識」。這種關乎現象世界何以能成立的唯識學構想——特別是
護法的構想，吳氏曾評述到：

> 根據護法的理解，在某一個剎那，心識產生變現的作用，
> 生起相分和見分……識轉變就是指識本身的分化
> （differentiation），由這種分化生起相分和見分。這個相
> 分屬於客觀的對境方面；而見分屬於主觀的自我方面。照

---

[80]　吳汝鈞：《純粹力動現象學》，頁110。

> 護法的理解，識轉變就是心識本身的分化作用，這種分化
> 形成相分和見分，從而安立客觀方面的現象世界和主觀方
> 面的自我。識轉變的這種理解牽涉到相分和見分，並引伸
> 至客觀世界的成立。照這種理解，我們所面對的現象世
> 界，都可以由相分所概括。[81]

同樣的，唯識學中的心識未必能等同於純粹力動，然而「識轉
變」理論中的「心識」自我分化出「見分」、「相分」以架構出
主體心靈（識）暨客觀世界（境）的思維模式，對吳氏定義純粹
力動能自我分化出各種「心」、「物」現象的思考，自然是有所
影響的。

　　以上所論，乃吳氏構思純粹力動如何變現宇宙萬物的若干基
本原理，也概略爬梳了影響吳氏在此方面之基本思考的各家哲
學。然而，終究在「力動論」哲學中，純粹力動之詐現宇宙萬物
的活動，有何較具體的進行方式？下文將有所討論。

三、純粹力動詐現為客體世界：詐現的兩個步驟

　　上文述及，在吳氏的「力動論」哲學中，純粹力動基本上乃
依於一種「自我否定」的活動來變現宇宙萬物，而這種活動，具
體來說，即是所謂的「詐現」活動。進一步的，吳氏針對純粹力
動所進行的宇宙論構設，便主要集中在對「詐現」活動的環節、
步驟與「詐現」後總的出現的「心」、「物」現象的根本性質進

81　吳汝鈞：《唯識現象學（一）：世親與護法》（臺北：臺灣學生書局，
　　　2012年8月），頁13。

行說明。吳氏本曾直言：

> 詐現是一個內容頗為複雜的宇宙論觀念，它不是體用關
> 係、體用論中的用，而是純粹力動施設性地自我氣化，由
> 氣化而再行分化成立體的、具體的物體。氣化與分化都是
> 詐現活動，都是純粹力動的詐現。[82]

箇中申言「詐現」是一種宇宙論觀念，但不是體用關係、體用論
中的「用」，引申地說，仍是在強調，「詐現」宇宙萬物乃是純
粹力動作為一「超越的活動」當體的一種呈現，「詐現」與詐現
而出的宇宙萬物與純粹力動並非相互割離，而是彼我為一的、同
居於「體」之層次的一體存在。另，純粹力動「詐現」為宇宙萬
物的活動，蓋有一個先詐現為「氣」的步驟在其中，先詐現為
「氣」，再進一步分化出宇宙萬物，所以吳氏明言：「詐現分兩
個步驟：流行的氣與固結的、膠著的物體。」[83]至於這兩個步驟
較具體的進展情形為何？且看以下這些說法：

> 這純粹力動是一個超越的活動……這力動有一個目標：呈
> 顯。於是減低它的流動的、活動的速度，逐漸聚合起來，
> 而成一力動中心。即是說，力動從輕盈的、活現的
> （lebendig）狀態趨而為凝滯的、沉澱的狀態，其流行的
> 方向、狀態是由升揚轉而為下墮，由散開轉而為聚斂，由

---

[82]　吳汝鈞：《純粹力動現象學續篇》，頁 307。
[83]　吳汝鈞：《純粹力動現象學續篇》，頁 308。

清虛轉而為混濁，最後詐現為氣。[84]

純粹力動能詐現為氣，而開拓出整個世界、整個宇宙。氣可以隨順純粹力動的指引而活動，它可以在某個程度上容納純粹力動，受後者影響，而不是與相應於理的純粹力動完全分開來而不發生關係的。特別重要的是，純粹力動的殊勝性格，如流行、輕盈、跳脫、集中、凝聚、多面的流向，都隨著氣的詐現而貫注到氣之中，讓氣也能在某一程度上承受、分享這些性格。此中最明顯的，莫如流行性、流動性……氣是純粹力動現象學能開拓出宇宙論的一個挺重要的因素。[85]

純粹力動是一種超越的活動，以一種渾然一體的狀態而存在。它要實現，便得作自我分化為客體與主體。先說客體方面。此中的發展軌跡或歷程是力動的客體凝聚、下墮，詐現為氣，為宇宙論的初階。再由氣分化，而詐現種種事物、存在。純粹力動分化為客體與主體，其自身的存在性亦跟著貫注於客體與主體之中。在客體方面，這種力動由分散的狀態凝聚起來，慢慢合攏，形成一種強勁的力動。力動強勁，不免有下墮的傾向。下墮的結果，宛然有固結而成為材質性格的氣團。雖有固結傾向，但氣團仍能活動、流行，這有類於張橫渠所說的野馬、絪縕（《張子正

84　吳汝鈞：《純粹力動現象學續篇》，頁 308-309。
85　吳汝鈞：《純粹力動現象學續篇》，頁 311。

蒙》，頁 86）之狀的東西。這種好像野馬、絪縕等流動的、流行的氣團，我稱之為「蘊聚」……這種氣有純粹力動的性格貫注於其中，基於力動本身的動感，這種蘊聚仍不易真正物化，而成為立體性、具體性的東西。即是說，純粹力動仍可遍運於蘊聚之中，而作為後者的內容、本質……由於純粹力動一氣下貫而為蘊聚的本質，則這蘊聚仍能有規律地、有律動地作一種或聚斂或消散的活動。前者是力量集合，後者是力量散開。力量集合會有凝滯而固結成物體存在的傾向，力量散開則對這種凝滯而固結的活動有解構作用，以阻止蘊聚的進一步固結而成為物體的存在。此中保持一個介乎蘊聚與物體存在之間的平衡關係。[86]

蘊聚自身有其相互對反的性格，例如善惡、染淨、動靜、性命、神化、虛實、平和緊張、天人等等。這些蘊聚自身所包含的性格相互向對方蕩奪、傾軋，最後成就了勝者的性格的蘊聚。同時，蘊聚與蘊聚之間，性格不同的蘊聚，也起互動與相互摩盪。這兩種互動與相互摩盪的結果是物化或物體生成的傾向。而在物體的生成之間相互間性格相同的或傾向相同的物體會相互排斥而分開，相互間性格相異的或傾向相異的物體會相互吸納，結果分別、依序生起性格單純的物體和性格複雜的物體。[87]

---

[86] 吳汝鈞：《純粹力動現象學續篇》，頁 323。

[87] 吳汝鈞：《純粹力動現象學續篇》，頁 325。

箇中可見，在吳氏的構想中，純粹力動作為一超越的活動，其為了「呈顯」自己的目的，必然會從事詐現活動，而詐現活動主要就是自我分化出主體心靈與客體世界。然此上所述，主要集中在說明純粹力動如何詐現出客體世界。純粹力動的詐現過程，首先是從自身當體活動的減速與整體力量的凝聚開始的。由於活動的減速與力量的凝聚，使其當體的活動態勢從輕盈、靈活、升揚、散開、清虛等轉而為凝滯、沉澱、下墮、聚斂、混濁，從而達致第一步驟的詐現，也就是：詐現為「氣」。此中，「氣」既為純粹力動所詐現，自身便貫注了純粹力動的諸般體性於其中，如吳氏所例舉的「流行」、「輕盈」、「跳脫」、「凝聚」、「多面的流向」等體性皆是，且依吳氏的主張，其中最重要的，又當屬純粹力動的「流行性」、「流動性」。[88]實則，吳氏此處所強調的「流行性」、「流動性」，依筆者的理解，亦直可說是純粹力動的「動感性」、「活動性」。吳氏之構想純粹力動詐現為「氣」之後，純粹力動自身的諸般體性亦隨之能貫注於「氣」之中，在其整體的造論思路中，原是必需的。因為不如此，吳氏便無以堅持其整體形而上學構想，能確實避開「現象」與「本質」或「物自身」相割裂的傳統窠臼，亦不能堅持其必欲在終極原理的建構層次上捨離「體用」關係論——或者說：全然合「體」、

---

[88] 必需指出：在吳氏的構想中，「純粹力動」所貫注於「氣」之中的體性，乃以「流行性」、「流動性」為最重要，這當不僅是出於吳氏的憑空構劃，而毋寧是與一般人對「氣」之為物的、在存在樣態上的通識有關。這是說，「氣」之能「流行」、能「流動」，在人的自然觀察中，本是一種無庸置疑的事實，吳氏在此方面的構想，毋寧是吻合於（或說：兼顧了）這點通識的思維結果。

「用」為一的思路。進一步的，吳氏言純粹力動詐現為「氣」之後，實則會再分化為一一不同的「氣團」，並將這類氣團名之為：「蘊聚」。同樣的，「蘊聚」既是由「氣」所分化而來，「蘊聚」之中便自然也有純粹力動的性格貫注於其中。一但到達由「氣」分化至「蘊聚」這個詐現階段，便進入了正式的、足以固結出一一組構出客體世界的立體的或具體的存在物的階段，依中國哲學的傳統說法，便是進入了「物化」的階段。那麼，立體的、具體的存在物是如何變現出來的呢？吳氏的定義是「蘊聚」自身內具不同的性格，而此不同的性格在「蘊聚」之中會自為摩蕩、傾軋，直至某種性格勝出，而使此一「蘊聚」成為一具有特殊性格的「蘊聚」；其次，一一具有特殊性格的「蘊聚」，又會彼此相互摩蕩、傾軋，便是因於這種「蘊聚」與「蘊聚」間的相互摩蕩，才結構出一一各種不同的立體物、具體物。必需注意的是，一一「蘊聚」亦是會活動的，這在吳氏的哲學構想中也本該是應有之義，因為言「氣」、言「蘊聚」，在「力動論」哲學中，本皆是一種純粹力動的「活動」，只是這種「活動」，吳氏名之為「詐現」。「蘊聚」的活動主要表現為兩種矢向不同的活動態勢，一種是「聚斂」，也就是力量的集合；一種是「消散」，也就是力量的「散開」。「聚斂」的活動，是一種力量的集合，通向一種能固結出具體物的傾向，簡單說，即是「物化」的傾向；「消散」的活動則相反，是一種力量的散開，通向一種對固結、凝滯之傾向的解構，簡單說，即是一種「防止（永久）物化」的活動傾向，或者引申的說——是一種「終止（永久）物化」的活動傾向。筆者以為，吳氏的這點構想極其細膩，並且其雖未明言，但這點構想卻能從根本上保證純粹力動必然能詐現出

宇宙萬物,這是因為純粹力動所詐現出的「蘊聚」內具著「聚斂」以固結、凝滯出一一具體存在物的功用;而相反的,「蘊聚」也內具著「消散」以解構一一具體存在物之固結、凝滯狀態的功用,由此而能保證純粹力動所詐現出的宇宙萬物,皆只是短暫的、一時的保有其固結、凝滯而出的外在的具體樣態與內在的諸般質性,從而能避開吳氏所必欲避免的「質體性」與必欲保證的「空」性。因為正如上文已論及的,不能避免事物的「質體性」、不能保證事物的「空」性,在吳氏的省察中,便通向一方面無以談論一切事物的變化,包含「人」之各類品質在不同意義下的轉化,特別是「人」的宗教義的轉化與救贖,另一方面也難以交代事物與事物間彼此交感暨相互影響的問題。

以上所論,乃概述吳氏對於純粹力動如何詐現出客體世界暨其中之一一具體存在物的構想,至於純粹力動如何自我分化為主體心靈?以及純粹力動分化出的主體心靈將有何性格上的表現?此見下文討論。

四、純粹力動自我分化為主體心靈: 兩層主體與兩層存有

關於純粹力動之自我分化為主體心靈,吳氏有以下概括的闡述:

> 力動的作用始於分化為主體與客體兩面……在主體方面,力動有兩個矢向:它一方面可直接下貫下來而為超越主體,這相當於康德所說的睿智的直覺(intellektuelle Anschauung);另一方面也可從睿智的直覺往下屈折而成

為知性（Verstand，這知性也包含感覺直覺（Sinnlichkeit）在內）。這兩種機能都有認識的作用，但所認識的對象不同：知性認識對象的現象性，把對象當作現象（Phänomen）來認識；睿智的直覺則認識對象的自身，或物自身（Ding an sich）。[89]

睿智的直覺是超越的主體，不涉經驗內容。感性直覺與知性則合成經驗的主體，其對象是經驗的、感性的東西。[90]

純粹力動是一超越的活動或力動，它表現在個體生命中便成為個體生命的睿智的直覺。但由於分化的原因，對象由自己分化而成立，自身亦相應地成為主體，特別是認知主體。在這種主客關係中，主體認識對象，同時亦執持對象，以對象為一種有獨立性的存在性、自性。這便成就了有執的存有論。這種對對象自性的認識與執持，以之為具有獨立的存在性，自然不具有存有論上的依據。不過，這種執持，亦成就了我們對對象方面的知識，也促使我們對知識問題的反思，而建立知識論（Erkenntnistheorie）。知識論無疑讓我們建立了對客觀事物進行有效的、可靠的認識的理論，但它畢竟是屬於現象論層次……人生不能止於此，人生應該向更高的理想或目標進發。這便有要突破

89　吳汝鈞：《純粹力動現象學續篇》，頁 331。
90　吳汝鈞：《純粹力動現象學續篇》，頁 334。

知識論，轉有執的存有論為無執的存有論的要求。[91]

純粹力動的顯現，是先分化、分裂出客體，自身則以主體的身分下貫，而成為睿智的直覺。這睿智的直覺具有一種本質的明覺，能滲透到存在方面去，去理解它們的本質、本性。而為它所理解的，其實即是力動依自身分化、分裂而推將出去的客體。這客體通過凝聚、下墮而詐現為氣，再由氣分化而成蘊聚，再由蘊聚而詐現出具體的、立體的存在、物體。睿智的直覺即如如地理解這些存在、物體，了知它們的詐現性格……睿智的直覺能如實地理解到存在世界的事物的雙重詐現性，知道宛如有這樣的存在，這樣的詐現而成的存在，這便是存在的本質、本性。存在由於是詐現性格，不是真有內在的獨自存在的內容、實體，在睿智的直覺的理解下，便成為真理的世界，沒有被執取為具有實體的世界，由此可以成就無執的存有論。而由純粹力動下貫而成的主體，則是超越的主體，他所認識的存在，正是那沒有被執著的沒有實體的世界，這便是超越的客體。超越的主體這樣地認識超越的客體，就純粹力動自身而言，實際上是力動自身內部的作用，故這種認識不是對外物的認識，只是自己對自己的認識，而為「自我認識」。[92]

---

[91] 吳汝鈞：《純粹力動現象學》，頁 114。

[92] 吳汝鈞：《純粹力動現象學續篇》，頁 332-333。

......睿智的直覺如如地理解存有的真相：它們是純粹力動
經分化作用而貫注於其中以提供它們存在內涵的東西，沒
有所謂獨立的、常住不滅的自性可言。這樣，自我或主體
不再執取存有，同時亦不消棄存有，把它們投入虛無的深
淵中，如小乘要析離諸法那樣。這樣便能保住存有，但又
不黏滯於其中，對存有作一廂情願地執取。這種正確地對
待存有，便能成就一種無執的存有論。在這種存有論下，
一切存有都不以對象、現象的形式出現，而以存有的物自
身的形式出現，而與它相對待（其實不是主客關係的對
待）的主體亦由認識主體上提而為原來的睿智的直覺，它
能悟知自身與存有都不過是純粹力動分化於具體生命與存
在世界的示現而已，其根源都是在純粹力動本身，因而並
無獨立自在的自性可言。[93]

從這些陳述中，我們可以解讀出如下意涵：

（一）吳氏定義純粹力動詐現客體世界時，也同時分化出主
體心靈（自我），這主體首先是一種「睿智的直覺」，它是一種
「超越的主體」。箇中須注意，吳氏是以純粹力動自身下貫為
「睿智的直覺」，如其言「力動有兩個矢向：它一方面可直接下
貫下來而為超越主體，這相當於康德所說的睿智的直覺
（intellektuelle Anschauung）」、「純粹力動的顯現，是先分
化、分裂出客體，自身則以主體的身分下貫，而成為睿智的直
覺」，此種陳述說明了在整體「力動論」哲學中，「睿智的直

93　吳汝鈞：《純粹力動現象學》，頁 115。

覺」作為主體心靈，它即是作為終極原理的純粹力動本身。進一步的，「睿智的直覺」作為一「超越的主體」，其所認識的對象是「物自身」，是純粹力動所詐現的客體世界（存在世界）中之一一具體存在物的本質、本性。那麼，這本質、本性是什麼呢？便是客體世界（存在世界）暨其中之一一具體存在物，原皆是純粹力動通過「雙重詐現」的步驟所詐現而出的短暫物事，他們並不具有獨立的、常住不滅的自性，它們的存在性乃全由純粹力動所給予，若真要說它們具有什麼性格，那唯一可說的，即是：「詐現性」，這是說，這些存在物的本質、本性或內涵，唯是純粹力動的詐現而已。因而，由這些不具有獨立的、常住不變之自性的存在物所組構的客體世界，在「睿智的直覺」的認識中，便可說是一個「沒有實體的世界」。但這樣的對世界的認識，在「力動論」哲學中，是有存有論依據的，也方吻合於世界的實相，因而在「睿智的直覺」觀照下的世界，便是一個「真理的世界」；但作為「超越的主體」的「睿智的直覺」，還會——也需要——進一步屈折為「知性」（含「感覺直覺」），「知性」的認識對象，即是經驗世界（客體世界）中的一切具體存在物，故而知性是一種「經驗的主體」。這種「經驗的主體」的認識活動，是將對象視之為具有獨立存在性的存在來認識，無法進一步洞悉對象的物自身，知曉對象的作為一具體存在的本質、本性，但卻可以架構出對於對象與經驗世界的知識，成就知識論與科學知識。總之，在「力動論」哲學中，由純粹力動直接下貫而成的主體，便是既能以「超越的主體」——也就是「睿智的直覺」——的姿態，掌握純粹力動所詐現的客體世界的真實相狀，又能以「經驗的主體」——也就是「知性」（含「感覺直覺」）——

的姿態，對純粹力動所詐現的——具體存在有所獨立的、也是別異彼此的認識，從而成就知識論與科學知識。

　　（二）由「睿智的直覺」——也就是純粹力動自身——所屈折而出的「知性」（含「感覺直覺」），會執持所認識的對象，以純粹力動詐現出的——具體存在物為具有獨立之存在性、具有自性的存在，並對之生起執著，因而在其觀照下，便會成就一種「有執的存有論」；而「睿智的直覺」能洞悉對象的物自身，知曉對象作為一具體存在的本質、本性，也就是——具體存在俱乃純粹力動詐現而來，故而便不會對——對象有所執著，在其觀照下，便會成就一種「無執的存有論」。吳氏自然肯定主體應從「知性」（含「感覺直覺」）上提而為「睿智的直覺」，俾使人們成就一種「無執的存有論」，但所謂「無執」，只是不執著對象（或經驗世界）為有獨立存在性、有自性的存在，從而不對之生起執著，而不是要從根本上否定對象（或經驗世界）的存在。質而言之，在吳氏的構想中，成就「無執的存有論」，便是要一方面保住存有，一方面又不對存有有所執著。這也反映在吳氏對依於「經驗主體」——也就是「知性」（含「感覺直覺」）——所能建構的知識論與科學知識，並沒有加以貶抑、沒有在價值判斷上予以低估的意思。並認可「睿智的直覺」之屈折為「知性」（含「感覺直覺」）乃有其必要性。[94]

---

[94] 吳氏曾對此申論到：「睿智的直覺認識存在，知道它們的詐現性格，因而即就詐現的、施設性的諸法來認識它們……這種認識可以成就無執的存有論。如上面所說。但這種認識的結果，是建立對存在的本質、本性的認識，這知識內容是純粹力動的詐現而已。這是一切存在的共同性格，這沒有問題。但在我們的日常生活中，只有對存在的這種共同的知

　　（三）吳氏將「睿智的直覺」那種將純粹力動所詐現的客體世界認知為一個「沒有實體的世界」、進而開出一種「無執的存有論」的認識活動，定義為是「力動自身內部的作用」，不是一種力動對外部對象的認識，而是一種「自我認識」。筆者以為，這在「力動論」哲學的主體方面的構想上，是必然要推導出的意涵。這從吳氏將「睿智的直覺」定義為是純粹力動直接的下貫，又將客體世界暨其中的一一具體存在物定義為純粹力動的詐現便可知。這是說，在「力動論」哲學中，純粹力動之自我詐現為客體世界與自我分化為主體，原是出於一種「自我呈顯」的目的，「呈顯」自需有呈顯者；而有呈顯者亦必需有見及或觀照到呈顯者的觀照者。在「力動論」哲學中，純粹力動之「自我呈顯」，即是一方面詐現為呈顯者——也就是客體世界，一方面又自我下貫為觀照者——也就是「睿智的直覺」，暨其所進一步屈折而成的「知性」（含「感覺直覺」），於是整個純粹力動的「自我呈顯」活動，便即是一同時涵蓋了、也是開展了「自我呈顯」與

識，顯然是不足夠的。例如我讓你去買牛肉，你卻買了豬肉回來，並說這兩種都是詐現性格，買豬肉沒有錯。但這樣是不成的，牛肉與豬肉畢竟是不同的肉，雖然它們都是詐現性格。因此，我們除了要知道牛肉與豬肉都是詐現的普遍性格外，還要知道在這普遍的性格的前提下，雙方還有什麼不同，或雙方的特殊的、個別的性格是什麼，以避免把兩種肉混在一起。這便需要對於存在或物類有特殊的知識了。即是說，我們需要一種有關存在或物類的特性的知識，有了這些知識，我們便能辨別事物的相互不同，這些知識在我們日常生活很有用，甚至在語言溝通上是不可或缺的。這些知識是作為現象看的對象的知識。要建立這種知識系統，需要在睿智的直覺之外的感性直覺，特別需要作思考用的知性。這些都要依仗睿智的直覺作另外的活動才可能。」見吳汝鈞：《純粹力動現象學續篇》，頁 333-334。

「自我觀照」兩個面向的活動，從而可總的被視為：「純粹力動的自己呈顯自己也自己認識自己」（或簡要地說為：「純粹力動的自呈顯也自證知」）。

　　此上所述，即是「力動論」哲學對純粹力動所分化之主體心靈所進行的理論構設，就筆者的觀察，與吳氏此方面的構想較相關的淵源思想，大抵有以下：其一是康德知識論中有關「睿智的直覺」與「知性」兩種認知主體的區分，暨其相應的不同認識對象——也就是：「知性」認識「現象」，「睿智的直覺」認識「物自身」——的架構區分，吳氏蓋曾自承，在這方面的思考上，其參考了康德《純粹理性批判》一書的知識論思想；[95]其二是牟宗三先生的「兩層存有論」。牟先生以人的主體心靈可區分為兩層，一為「智的直覺」，相應於西方哲學中的「睿智的直覺」，以及中國哲學中佛教的「智心」和「如來藏心」、道家的「道心」與「玄智之明」、儒家的「本心」與「良知明覺」。此層主體無執著性，又可稱之為「無執的無限心」，其所對與所認識，乃「物之在其自己」（物自身），在此層主體的觀照下，物物事事皆如如的存在，無時空性、無生滅相，其自身既有限又可無限。因此，在此一「無執的無限心」的朗照下，能實現（或說：創造）一「無執的存有論」；另一層主體則為「知性」（牟先生亦常稱其為「識心」），相應於西方哲學中的「知性」、「感性」，以及中國哲學中佛教的「識心」、道家的「成心」、儒家的「氣之靈之心」。此層主體有執著性，其認識作用的本身即是一種執，並且是一執執到底的，牟宗三先生慣以「識心之

95　吳汝鈞：《純粹力動現象學》，頁114-115。

執」、「知性之執」加以形容。其認識作用的運作,乃先執持自我(「識心」作為主體自身)為認知主體,再進一步執著「物自身」作為對象加以認識,由此執成出一一現象。因此,此層主體又可稱之為「有執的有限心」,因於此層主體而成立的,並且也是被此層主體所認識的,即是現象界中的一一現象,它們有時空性、有生滅相,只能是有限的存在。因此,在此一「有執的有限心」的觀照下,所能實現的是「現象界的存有論」,又可名之為「執的存有論」。[96]熟悉牟宗三哲學者,亦應知此種哲學創構,是牟先生對佛教《大乘起信論》中「一心開二門」之思維的吸納與轉化。什麼是「一心開二門」的思維呢?正如學者李存山在述評牟先生的此部分哲學創構時所概括的:

> 「一心二門」的「一心」源於佛教一切眾生皆有「自性清淨心」和「萬法唯識」的思想,「二門」則包括了瑜伽行派的「染淨」說和中觀學派的真俗二諦說。「一心二門」的完整表述出於佛典《大乘起信論》(此論舊題「馬鳴菩薩造」,有梁、唐兩個譯本,近人多疑其是中國僧人所偽托),其云:「依一心法有二種門。云何為二?一者心真如門,二者心生滅門。是二種門皆各總攝一切法。」所謂

---

96 以上對牟先生提揭之「兩層存有論」的內涵的概述,參自牟宗三:《現象與物自身》(臺北:臺灣學生書局,2004 年 9 月),〈序〉頁 1-17、〈第一章〉頁 1-17。且個人的這番概述,已曾發表於拙作〈辨析「氣」概念在《莊子》哲學中的意涵面向〉一文中,見顏銘俊:〈辨析「氣」概念在《莊子》哲學中的意涵面向〉,《彰化師大國文學誌》第30 期,2015 年 6 月,頁 139-140。

「心真如」，是指心本體自身，它「不生不滅」，「離言
說相，離名字相，離心緣相」；它有「如實空」和「如實
不空」二義。「如實空」是說它無染、無念、無言、無
動，顯示其清淨本然的真如自體；「如實不空」是說它具
足清淨功德，含藏一切善法，因而又稱「如來藏」。所謂
「心生滅」，是指心本體變現為有生有滅的狀態，「依如
來藏故有生滅心」，它是動與靜、染與淨的和合，「名為
阿賴耶識」。它有「覺」和「不覺」二義，由「覺」而
「不覺」即所謂「無明風動」而派生出世間一切現象
（「染法」），由「不覺」而「覺」則「心體離念」，出
離世間，返歸清淨真如本體。[97]

總之，牟先生即是吸納了《大乘起信論》中此種「一心開二門」
的思維，認為人之主體——亦即是「心」之本體——即是一「無
執的無限心」，也就是「智的直覺」，可照見及把握事物的「物
自身」，並且對事物不起執著，故而成就「無執的存有論」；但
「無執的無限心」又可進一步坎陷為「有執的有陷心」，也就是
「知性」，以認識一切現象，並對現象起執，故而成就「現象界
的存有論」——也就是「有執的存有論」。比較牟、吳二家的相
關陳述，則吳氏對牟先生之「兩層存有論」的繼承與運用，便是
很明顯的了；其三則是佛教唯識學中關於「心識」的「自證」
（svasaṃvedana, svasaṃvitti）——或者說：「識」的自證知——

---

[97] 李存山：〈「一心二門」與「一本多極」〉，收入鄭家棟、葉海煙主
　　編：《新儒家評論》第 1 輯（北京：中國廣播電視出版社，1994 年 8
　　月），頁 104-105。

的知識論構想，這啟發了「力動論」哲學中「純粹力動乃自己認識自己」的哲理構作。在佛教唯識學中，如陳那、護法的知識論，都有涉及到關於「自證分」的義理論證，便是直接與「識」的「自證」理論相關的義理詮構，[98]吳氏亦曾闡述陳那的相關思想說：

> 陳那說：「svasaṃvittiḥ phalaṃ cātra.（PVBh, p.349.7）」即是：自己認識或認識活動認識自己是認識活動的結果。這便是識的「自己認識」（svasaṃvitti）。由於沒有外界對象可言，心識的認識對象只能是自己內部的內境或內色，或由這些東西所提供。[99]

可以見得，吳氏對唯識學中關於「識」的「自證」的知識論主張，本有深入的研究；甚至於在其闡述有關純粹力動的「自我認識」的構想時，也曾援引唯識學方面的相關思想成績，來輔助說明自己的構想，[100]可見「心識」的「自證」思想，確實被吳氏

---

[98] 參茅宇凡：〈唯識學「自證」（svasaṃvitti）理論之研究——以《成唯識論》為中心〉，《中華佛學研究》第 11 期，2010 年 12 月，頁 141-465；趙東明：〈陳那「自證」理論探析——兼論《成唯識論》及窺基《成唯識論述記》的觀點〉，《圓光佛學學報》第 10 期，2006 年 4 月，頁 66-108。

[99] 吳汝鈞：《佛教的當代判釋》（臺北：臺灣學生書局，2011 年 3 月），頁 338。

[100] 如吳氏在申言純粹力動的「自我認識」時，便舉唯識學的相關思考輔助說明到：「佛教唯識學中，發展到中後期，不管是有相（sākāra）唯識說抑是無相（nirākāra）唯識說，都強調心識所認識的對象，不離心識

所吸納，並援以構設自家的知識論主張。

　　本節以上，集中論析了「力動論」哲學在宇宙論方面的開拓，箇中也已論及，在吳氏的觀點中，宇宙論的構設關係到人們如何有效地去認識與把握終極原理的整體內涵與表現，與工夫論也有內在的關聯，因而，下一節便進入在「力動論」哲學中，與工夫、實踐方面較有密切關聯的、吳氏在自家「力動論」哲學的義理脈絡下，對「空」與「物自身」觀念的意涵轉化。

第四節　「力動論」哲學中的「空」義與「物自身」義──「化存有歸活動」之思維導向的貫徹

　　上節集中析論了「力動論」哲學的宇宙論構設，也就是純粹力動如何自我分化出主體與客體世界的原理與有關步驟，其中已論及，純粹力動所下貫於人身以成的，即是由純粹力動當體所成的主體心靈，也就是「睿智的直覺」，而這「睿智的直覺」所認識、照見的對象與世界，與其再進一步屈折而成的「知性」所認識、照見的對象與世界，是有本質區別的。大抵來說，「睿智的直覺」所認識的是「物自身」，而其所照見、所成就的則是「無執的存有論」。必須進一步說明的是，吳氏此處所論，雖是一種知識論的架構，但從根本上也關聯著對人之價值實踐的祈嚮與指引，與「力動論」哲學的實踐論開拓是緊密相關的。此中最明顯的，是與所謂「無執的存有論」相關的、對佛教「空」義的融

　　自身。這種認識被稱為『自我認識』（svasamvedana）。」見吳汝鈞：《純粹力動現象學續篇》，頁 333。

攝，以及對康德哲學中之「物自身」概念的吸納與轉化。

一、「純粹力動」與「空」：
「動感」性與「空」性的結合

關於「力動論」哲學如何融攝佛教的「空」義，吳氏有如下說法：

> 純粹力動詐現、屈折而成物、心現象，自己即整全地（不是部分地，或分流地，因為純粹力動是一個絕對的整一力動，無所謂部分）貫徹或灌注到物、心現象中去，以成就它們的內涵。物、心內涵即是純粹力動，則由於這力動是在恆常地動轉狀態中的，而不是常住不變的本體、實體或自性，故物、心是可以變動的，不是恆常不變。這樣，不管是物理現象抑是心靈現象，都是可被轉化的。便是由這種可被轉化性（changeability），才可以說宗教上的救贖。物理現象可由汙染的狀態轉成清淨狀態，像佛教所謂的清淨國土。心靈現象或心靈自身亦可由迷失的、虛妄的狀態轉成覺悟的、真實的狀態……這點與佛教所說的空義、緣起義非常相近。依佛教，一切法都是因緣和合而成，沒有常住不變的自性（svabhāva），因而是空（śūnya）的。便是由於這空的性格（śūnyatā），因而是可轉變的，這包括自我在內。只有這樣，才能說自我轉化，而得覺悟，得解脫。[101]

---

[101] 吳汝鈞：《純粹力動現象學》，頁 137-138。

佛教中最精彩的義理，便是一切法是緣起因而是性空的說法。它之能說理想，說宗教導向，純是這點使然。純粹力動現象學或力動宇宙論在很多方面都與佛教不同，但在力動是一種活動，不停地運轉，因而變化是可能的這一點上，嚴格守住佛教在這方面的立場，不能改變。宇宙萬物的終極原理不能是實體（Substanz），不能說常住不變性，不能走實體主義的路向，其理由正是在這裡。[102]

事物之所以可能變化，或被轉化，其基礎在於它是由純粹力動所貫徹於其中。既是貫徹於其中，則事物的存在性亦即是純粹力動的存在性。這是一種活動，無有一刹那不在運轉、運動之中。事物的內涵、存在性既恆時是在動轉狀態，則不可能有完全固定不移的性格，其變化是必然的。它如何變化，如何向一個有價值的、有理想義的方位轉進，則是價值論、倫理學的問題……。[103]

通觀這些說法，首先可見吳氏對佛教「空」義的肯定，及其亟欲在自家「力動論」哲學的體系中加以吸納、從哲理架構上予以保障的立場。這自然還得回到上文已不只一次提到的，吳氏建構「力動論」哲學，本有從理論上回應自熊氏建構「體用論」哲學時便已揭櫫的、那佛教哲理的根本問題的用心，因而，「力動論」哲學之涉及「空」義、融攝「空」義，甚至是轉化「空」

---

[102] 吳汝鈞：《純粹力動現象學》，頁 138。
[103] 吳汝鈞：《純粹力動現象學》，頁 139。

義，原是吳氏的造論工程中必不可缺的一項思維工作；其次，吳氏吸收佛教「空」義，即是從「緣起性空」的基本義理入手，亦即：所謂萬法皆「空」，即是說世間諸法皆是緣起性格，因而沒有常住、不變的自性。立足於此點，吳氏吸收「空」義、保障在「力動論」哲學的架構中仍能安立「空」義，即是從事物的「恆變」性入手。那麼，在「力動論」的架構中，「恆變」如何能說呢？即是從：第一，「純粹力動」當體即是一超越的、恆時不止的活動、力動，而既是恆時不止的活動、力動，便當體有著恆時不止的變化、轉變；第二，在「力動論」哲學中，宇宙萬物──也就是：世間諸法──皆是純粹力動自我詐現、分化而來，各種不同表現的「主體」心靈如是，紛繁萬端的「客體」現象亦然，且更重要的是，純粹力動自身的體性，也同時下貫於其所詐現、分化的「主體」、「客體」諸現象之中，其中與「空」義最相關的，便是純粹力動自身之動感性、活動性的下貫。這是說，純粹力動所詐現、分化的「主體」、「客體」諸現象中，皆涵具了純粹力動所下貫的動感性、活動性，因而，便都是恆時在變化中、轉變中的。由此，吳氏保證了在「力動論」哲學的架構中，由純粹力動詐現、分化而出的世間諸法所具有的「空」性，因為，純粹力動所詐現、分化而出的世間諸法，都因具有活動性、動感性而無時不在變化中、轉變中，因而不具有常住不變的自性，故而可云為具有「空」性。從而我們亦可說，在「力動論」哲學的架構下，動感性、活動性即保障了「空」性、支撐了「空」性。

但由此吾人又可進一步追問一個問題，那就是：究竟「力動論」哲學中的「空」義與佛教哲學中的「空」義有否內涵上的區別？這問題的另一個提法是：吳氏之吸收佛教「空」義，是僅單

純的架接，抑是在思維上有所進一步的轉進？對於這個問題，我們且看以下說法：

> 由純粹力動作為一抽象的終極原理，它必然依力動的動進、發展之義而凝聚、下墮、分化而詐現物、心現象，我們因而可說純粹力動只能存在且必然存在於它所詐現而貫徹於其中的物、心現象中。這點便保障了存在物或存有在現實上的必然性。存在物或存有既然有了必然的（亦可說是實然的）保障，則我們便不必憂慮宇宙有一天會毀滅，變得一無所有，虛空一片。這亦阻斷了虛無主義或斷滅論的存在空間。我們可以說，這種對存在物或存有的必然性的保障，具有理性的、義理上的基礎……。[104]

> ……空不能說存在性：它既不是存有，也不是活動。它表示事物的無自性的真理狀態，因而是表示現象諸法的真實情況的義理；它與現象諸法維持一種邏輯的關係：現象諸法依於如此的空義，而成為如此的現象諸法，亦即是緣起無自性的現象諸法。這正是龍樹《中論》的「以有空義故，一切法得成」的確切意思。故說空義貫徹於現象諸法中的「貫徹」，只是虛說，並非指有某種存在性（不管是存有抑是活動）的東西在貫徹。這裡更完全沒有宇宙論的意味，「空」不是一種宇宙論的概念。純粹力動自我分化、詐現現象諸法而貫徹於其中的情況則很是不同。力動

---

[104] 吳汝鈞：《純粹力動現象學》，頁139。

> 雖不是存有（Sein），但是活動（Aktivität），它可言存在
> 性，而且是宇宙論意義的存在性。它是以自身的存在性貫
> 徹於現象諸法中，而成就後者的存在性。這是一種宇宙論
> 的作用……故力動與現象諸法的關係不是邏輯的關係，而
> 是宇宙論的關係。它決定了現象諸法的生成與變化。[105]

依筆者的理解，吳氏的這類表述，蓋在指出：佛教雖以諸法的
「緣起」性格談「空」性，但所謂「空」，原非指謂一種肇生世
間諸法的來源性存在，亦即：不是有一個確實存在的終極原理，
如基督教的「上帝」、道家的「道」或儒家的「天道」、「天
理」、「誠體」、「易體」等，可實際變現出宇宙萬物的本源概
念，而只是描述「世間萬物恆時處於變化中，因而並不具備常住
不變的自性」這樣的真理狀態（或說：事實狀態）。說到底，
「空」並不是一種「存在」，因而「空」並不具備「存在性」，
但緣起而生的世間諸法，雖不具備常住不變的自性，卻仍是種短
暫的「存在」，在其短暫存在的時間中，終究有其「存在性」，
因而，在佛教哲學中，世間諸法的存在性並不是由「空」性而
來，也因此吳氏直言「空」與世間諸法的關係，只能說為一種邏
輯關係。但在「力動論」哲學的架構下便不是如此。在「力動
論」哲學中，「空」自然也仍指謂著「世間萬物恆時處於變化
中，因而並不具備常住不變的自性」這樣的、承自佛教哲學的原
始意涵，但這「空」基本上更是由「純粹力動」的動感性、活動
性所保障的，因為純粹力動本身必是恆時不輟的活動、恆時不輟

---

[105] 吳汝鈞：《純粹力動現象學》，頁 142-143。

地在展現變化，從而純粹力動所詐現、分化的世間諸法也因具涵純粹力動的動感性、活動性，而恆時不輟地變化著；且更進一步的，因為純粹力動的恆時不輟的活動與變化，保障著世間諸法恆時不輟地被詐現、分化出來，故而，在「力動論」哲學的架構下，關聯著純粹力動之必在、恆在且必詐現分化、恆詐現分化而出世間諸法的「空」性，便進一步的關聯著純粹力動所詐現、分化之世間諸法的存在性了。從而，筆者要進一步指出的就是：吳氏雖僅明言在「力動論」哲學中，純粹力動與世間諸法的關係是宇宙論的關係，與佛教哲學中「空」與世間諸法的關係僅是一種邏輯關係的狀況，兩者並不相同，但我們卻亦可從中見及，在吳氏的構想中，真正圓融的「空」義，應該便是不僅指謂著「世間萬物恆時處於變化中，因而並不具備常住不變的自性」這樣的真理狀態，還應該能同時保障世間諸法的被創造以及世間諸法的存在性，也就是──應該與世間諸法有著宇宙論的關係。因為若不是如此，世間諸法的緣起而生，能從哪裡得到保障呢？進一步的，識者也當可從中見及，吳氏的這種構想，自然與其想解決熊氏揭櫫的那「佛教不能肯定實體，而持空的立場，沒有實體如何能起用？」的問題是相關聯的。而「空」義之與世間諸法有著宇宙論的關係，也正能從根本上避免「空」的哲理淪於虛無主義與斷滅論。在此，吳氏的構想及其用心所在，是應該被肯定的。

此上所述，乃吳氏將佛教「空」義吸納進自家「力動論」哲學的基本思維狀況。但吳氏的構想不僅如此，他進一步提出一種將「空」義的把握從靜態理解轉趨動態理解的期許，其言：

　　我以為，在純粹力動作為終極原理這一義理體系下，我們

可以提升和拓展空義的內涵。即是，空可以從力動對現象諸法的如實理解因而對它們無所執著的活動中說，如空卻對現象諸法的自性的執著，也空卻一切邪見。我們實不必如般若思想和中觀學那樣，就現象諸法是緣起因而無自性可得而以事物的真正的、如其所如的狀態說空。相應於就無自性因而不起執著這樣的理解空的導向，我們可以把空義從作為無自性的靜態的理解提升到作為不起執著（執著自性）的具有動態意味的理解。這樣，空義可以從對現象諸法無自性的認識轉化為對現象諸法的不執著（不執著其自性）的活動；這樣，我們的思維導向，便轉向「化存有歸活動」這種旨趣……「化存有」是不把空視為一種表示存在物或現象諸法無自性的靜態的狀態，不以靜態義的無自性的狀態（Zustand）來理解空。「歸活動」是從力動不對現象諸法起執（執為具有自性）一點上說空，從力動的「無執著」的活動來說空。這樣，便能把空義活轉過來。這自然亦有真理應從活動看，而不是一種狀態，那怕它是一種對現象諸法有所表述的真確的狀態（無自性的狀態）。[106]

簡中言「空可以從力動對現象諸法的如實理解因而對它們無所執著的活動中說」，在此，吳氏所謂「力動」去理解、去採取無所執著的活動的提法，即是說，認識主體與行動主體都是純粹力動，這在吳氏的認識論與實踐論構想中，都是思理一貫、前後無

---

[106] 吳汝鈞：《純粹力動現象學》，頁143。

有矛盾的哲學表述，只因：現象諸法中，一一主體心靈的出現，原皆是純粹力動的當體下貫，所謂能了解現象諸法之「空」性的「睿智的直覺」，原即是純粹力動，這也即上節已申論過的「純粹力動的自己認識自己」的意思；進一步的，吳氏認為，在「力動論」哲學的義理中，可以將「空」義的內容有所拓展，從原先僅明確指涉「現象諸法是緣起因而無自性可得」的一種屬於靜態的真理狀態，到進一步指涉一種由洞悉這種真理的主體——也就是純粹力動自身、也就是「睿智的直覺」——所採取的無執著的行動，依吳氏的意思，這種無執著的行動直可說為一種「空」的行動。從而，在「力動論」哲學中，談及「空」，便不僅僅是真理意義的「空」，更別有一種行動意義的「空」。此所以吳氏自言，其所採取的，是一種「化存有歸活動」的思維導向。依筆者所見，「化存有歸活動」的思維導向，不僅在吳氏融攝佛教「空」義、轉化康德「物自身」觀念的思維工程中有其指導意義，實際上，在「力動論」哲學的整體構作上，吳氏的整體思維特色，便可以「化存有歸活動」來加以概括。

然則，吳氏所謂「無執著的行動」——或者說：「空」的動態義、行動意義的「空」——具體一點，應是什麼樣的一種行動呢？京都學派哲學家阿部正雄所提出的「動感的空」的思想，有助於我們更加理解吳氏的思考。吳氏曾指出：

> 京都哲學家阿部正雄對於佛教的空的詮釋，和我在這裡提出的對於空義的提升和拓展，有相通之處。他所理解的空義，基本上是由龍樹的中觀學而來；但他對空義的闡發，顯然超出了龍樹空義的範限。他提出「動感的空」

（dynamic śūnyat）一觀念。其中的動感（dynamic），表示空不是靜態的、不活動的，卻是具有能動性的、能活動的……阿部很強調空的無界限的開放性。他把空視為與西田幾多郎的場所相似的場域，在其中，事物沒有主宰〜服從的那種固定的關係，而是處於動感的、互轉的（請注意此意）君臨〜從屬的關係。即是，任何東西都可作為主體來君臨於其他東西之上，同時也統屬於其他東西之下。[107]

阿部又以他的動感的空思想來解讀《心經》的色空相即的問題。他視色空相即表示空與世界的關係（色表示現象世界）。他認為，空與色有一種動感的同一關係。但這種關係不是在思想、理論的脈絡中理解的，而是要在實踐的脈絡中理解的。即是說，在對空的體證中，世界的形相不停地被空卻，而轉成沒有形相的空。而沒有形相的空也不停地被空卻，因而總是能自由自在的襲取形相，這是空的。這是空的完全的動感的運作，這表示空與形相並不對立，空有無盡的包容性，能不停地襲取形相，以完成其妙用。[108]

……這種哲學很重視緣起的義理，強調事物的緣起性格，在緣起的大前提下建立事物與事物之間的相對相關的有機的關係。倘若事物有自性，則各自獨立，像萊布尼茲的單子（Monad）那樣，互不相通，有機的、互轉（從屬關係

---

[107] 吳汝鈞：《純粹力動現象學》，頁 144。
[108] 吳汝鈞：《純粹力動現象學》，頁 145。

的互轉）的關係便無從說起。這種關係是非實體主義哲學
的特色。因此阿部強調，在空的位序中，事物的善與惡、
美與醜、對與錯，以及一切價值判斷，都沒有固定的次序，
都是可相互滲透，交相轉化，而不會喪失其特異性、個別
性。在這種情況下，道德與宗教才能顯出其精彩。[109]

阿部正雄所提出的「動感的空」的思想，對吳氏在「力動論」架
構下融攝「空」義、拓展「空」義的思維，自然是有所啟發的。
吳氏對阿部正雄所提出的「動感的空」的五種意涵也本自有所精
研，[110]此上所徵引，僅是吳氏自云與其所提出的對「空」義的
提升和拓展較直接相關的部分。從中可見，在「力動論」哲學的
架構下，「空」的行動意義應該至少有以下兩個面向：其一，
「空卻世間諸法的形相」。這本是從佛教哲學基本的「空」義延
伸而來，也就是主體能認識到世間諸法的一切形相皆是暫有而不
常住的，無所謂常住不變的自性，進一步的，便能對世間諸法的
短暫形相和性質不起執著。而與「空卻世間諸法的形相」相關聯
的是，不只要能「空卻世間諸法的形相」，又要能空卻對世間諸
法皆無常住不變之自性的認識，從而「自由自在的襲取形相」。
這是說，雖能認識到世間諸法皆無常住不變之自性而為「空」，
卻又能不執著於這種「空」的真實認識，回頭照見世間諸法確實
皆有形相，但卻不對之生起執著；其二，由於世間諸法的形相皆
是暫有而不常住，從而，由諸法之間彼、我相待所成的各種關

---

[109] 吳汝鈞：《純粹力動現象學》，頁 145。
[110] 關於「動感的空」的五種涵義，可參吳汝鈞：《京都學派哲學七講》，
頁 177-188。

係，也皆是暫有而不常住的，在一相對、相關的關係網絡中是這一種為君臨、為從屬的關係，在另一相對相關的關係中，可以是另一種為君臨、為從屬的關係。從而，在世間諸法所共構的、基本上乃為「空」之真理所寄寓、所顯現的世界裡，主體所能採取的正確的行動，便是識清這種絕對無窮之相對、相關的關係網絡的恆變性，從而不對各種關係生起執著，優游在關係網絡的無時不止的相互置換與滲透之中。且須注意的是，雖然我們在此是從實踐的、行動的角度，說明在「力動論」的哲理架構中，認識主體與行動主體如何採取無執著的行動——也就是：「空」的行動，但在「力動論」哲學的架構下，認識主體、行動主體之所以能如此認識世間諸法、在世間諸法共構的這世界中如此採取行動，皆是因為：純粹力動本就宇宙論的詐現、分化了具有「空」性的世間諸法，進一步的，也正是宇宙論的結成了由世間諸法所共構的絕對無窮之相對、相關的關係網絡，而那樣的關係網絡，依筆者的理解，亦可總的說為是一種「空」的關係網絡；且吳氏的這種構想，也正與其進一步的「動場」的理論是緊密相關的。

關於「力動論」哲學的「動場」理論，本書下節將專文討論，在此不繼續贅文，筆者最後僅要指出，此上所述的、吳氏對佛教「空」義的融攝與拓展，實則都與純粹力動所詐現、分化的世間諸法的真實本質有關，換言之，即是與純粹力動所詐現、分化的各種「心」、「物」現象的「物自身」有關，因而，在「力動論」哲學的架構中，吳氏對「物自身」概念的吸納與轉化，自然也與其對「空」義的融攝和轉化是有關連的，兩兩對照，將有助於識者更加理解吳氏在這兩個面向上的義理構設。此見下文討論。

二、「純粹力動」與「物自身」：
「物自身」的行動轉向

「物自身」原是康德哲學的重點概念，在康德那裏，最根本的，是作為一個預設（Postulat）、作為知識論上的界限概念而被提出的。它明確規限了人們的認識對象只能及於「現象」這個範圍，至於居於「現象」背後的、支撐「現象」得如此如此存在的「物自身」，人們不能對它有所認識。這是說，人們只能認識屬於經驗界的「現象」，卻無法認識居於本體界的「物自身」。進一步的，雖然「物自身」是作為「現象」的基礎而被預設的，但因為它只是一個預設、一個設想，因此「現象」與「物自身」間也並不真的具有存有論的聯繫。[111]在「力動論」哲學中，吳氏雖然吸納了康德的這種構想，認為純粹力動在宇宙論地自我詐現、分化出各種主體、客體存在的活動之中，自身即當體地下貫為「睿智的直覺」，且此一「睿智的直覺」自身能再進一步自我屈折成「知性」，由此在「力動論」哲學的架構下，亦成立了「睿智的直覺」所對、所認識為「物自身」，而「知性」所對、所認識為「現象」的知識論架構，但「力動論」哲學中的「物自身」，意義與康德哲學中的「物自身」卻有所不同。依筆者的研究，這基本表現在兩個方面，其一，在「力動論」哲學中，「物自身」是一種意義；其二，「物自身」是一種意義，但同時也指向一種有價值意味的行動。以下分別申論之。

關於「物自身」是一種意義，吳氏指出：

---

[111] 參吳汝鈞：《西方哲學的知識論》（臺北：臺灣商務印書館，2009 年 10 月），頁 89-90。吳汝鈞：《純粹力動現象學》，頁 156。

物自身是純粹力動在顯現自身的歷程（process）中向外投射（projection）的結果。它不是一個質體（entity）、不是一個對象（Gegenstand）而是一種指涉真理的「意義」：純粹力動詐現為現象這樣的意義。因此，物自身不是與現象物一一對應的。即不是對應於一個現象物，有一個物自身。完全不是這樣。物自身是一個原理，一種關於事物的真相的知識或洞見（Einsicht）：事物並無背後的實體性的自體，它只是純粹力動所詐現的現象。純粹力動詐現為現象，後者的宇宙生成論的基礎是前者，而不是經邏輯推理程序或存有論的決定（特別是前者）弄出來的「物自身」。所謂「邏輯推理」是形式地以為現象背後應有它的實際的、實質性的自己作為它的基底，像亞里斯多德（Aristotle）所說的 Substratum。存有論的決定則是以為現象只是事物的表面存在，它應在存有論方面有其存在的根源，或存在之理。我們不應對物自身的性格有實體主義的構想，以為它是實體，應從現象的詐現性格，當體識取物自身作為實體的虛構性。……很明顯的，我們對物自身不能有感性的直覺。但對於這樣的物自身，我們能否對它說睿智的直覺呢？能否以睿智的直覺去認識物自身呢？睿智的直覺可以接觸事物的真相，但在純粹力動現象學的脈絡下，這真相不是與事物各各相應的事物自己，或物自身，不是隱藏在事物（作為現象看的事物）背後而支持事物現象的那個實體性的事物自己，而是事物的詐現性格、虛構性格、現象性格而已。這物自身便是事物的這樣的真相，故它是虛、是空（沒有實在性、實體性）的。它只是

　　「現象是純粹力動詐現的結果」這樣一個「訊息」而已。
故初步看，我們可以說物自身是一種訊息、一種意義。[112]

箇中可見，首先，在「力動論」哲學中，「物自身」並不是居於
一個「現象」背後，作為一支撐該現象之真實存在的實體，所以
吳氏強調，「物自身」並非一個「對象」、也不是一個「質
體」，更強調「不是對應於一個現象物，有一個物自身」，從而
我們也可以說，「物自身」不是一種存在，也沒有存在性；其
次，吳氏申論到「物自身」乃「不是經邏輯推理程序或存有論的
決定（特別是前者）弄出來的」，這正明顯表現了「力動論」哲
學與康德哲學在「物自身」概念上的思維差異，因為在康德哲學
中，「物自身」概念的懸擬，正是基於對經驗事物之存有性格的
考量，從而邏輯地預設了——現象背後，皆需有一個作為現象背
後之真實自體的「物自身」存在。所以吳氏總的強調，在思考
「物自身」時，不應認為「物自身」乃是一種具有實體主義性格
的存在，筆者以為，這是吾人在理解「力動論」哲學中的「物自
身」概念時，必須確實把握到的重點。蓋吳氏構思「力動論」、
從根本上構想一個既綜合又超越實體主義與非實體主義的終極原
理——也就是純粹力動，正如上文已述及的，箇中本抱有一種對
實體主義之終極原理的最大疑慮，那就是：實體主義性格的終極
原理，難以從根本上避免質體性，從而，經由此種終極原理所肇
生而出的宇宙萬物，也就難以避免質體性，於是便難以談事物的
變化與彼、我交感的問題；其次，同時也是照顧及上述這種疑

---

[112] 吳汝鈞：《純粹力動現象學》，頁 174-176。

慮,在「力動論」哲學中,宇宙萬物皆是純粹力動自我詐現、分化而來,吳氏從佛教哲學中援用了「詐現」這樣的字眼,便是要強調純粹力動所詐現之宇宙萬物的虛構性,那麼為何要強調這種虛構性呢?依筆者的理解,箇中自然也有欲從宇宙萬物的基本性質上,最大程度的汰濾掉質體性,從而為宇宙萬物之自我變化與彼、我間的交感互涉,保留最大程度之理論彈性的思維用心。而既然宇宙萬物皆只是純粹力動的一種「詐現」,其所詐現的事物亦如吳氏所一貫強調的,並不具有常住不變的自性,則在這些被一一詐現而出的宇宙萬物背後,本就不需再預設其背後皆一一有著一個相對應的真實自體了。從而,吳氏便將「物自身」概念,轉換為一種指涉宇宙萬物之存在真相的真理概念,也就是「現象是純粹力動詐現的結果」這樣的一種真理,因而吳氏定位到:「物自身」就是一種意義,一種指涉真理的意義。筆者以為,針對「物自身」概念所採取的這種思維,實有著如佛教哲學中「空」義原是指涉著「世間諸法皆乃緣起而無自性」這樣的真理狀態的思考路數。

　　至於「物自身」也指向一種有價值意味的活動這一點,則與吳氏提出的另一層見解有關,那就是「物自身」的行動轉向。吳氏指出:

　　　　在純粹力動現象學中,物自身是一種意義,表示一切現象性格的事物都是純粹力動詐現的結果。但這是不足夠的。意義指向和構架行為、行動,如胡塞爾現象學中的意向性指向和構架對象那樣。意義與行動應該是一致的,兩者甚至是一體性。即是,意義表現在行動中;更徹底地說,意

義存在於行動之中，離開行動，意義便無實質性的所指，沒有實質性的內容可說。[113]

在意義方面當一個人知道現象是純粹力動詐現而成，它詐現現象，自身即貫徹、貫注於其中。重要的是，有什麼意義、所知，便有相應的行動。因此，他不會對現象起虛妄、分別，視之為具有常住不變的實體而加以執取。現象歸現象，實體歸實體，物各付物，各如其分，如此而已。不執取便無所求，無所求便心安理得，生命當下自足現成。[114]

純粹力動既詐現事物而貫徹、貫注於其中，睿智的直覺即就詐現、貫徹、貫注而知事物沒有常住的實體，因而對它不起執著。這在宗教方面來說，其實是一種功德（guṇa），一種正見。更是一種具有轉化義的、現象學義的行動。很明顯，對於這樣的行動，我們不應以一般的現象來看它，應視為物自身。[115]

我以為，對於物自身，我們應該以一種活轉的眼光來看，把它所涵有的富有行動性格的救贖意味發掘出來。物自身是本體的境界或層次，不能不涉及終極真理及解脫、救贖的行為，我作這樣的理解，只是還它一個原來的面目而

---

[113] 吳汝鈞：《純粹力動現象學》，頁 180-181。
[114] 吳汝鈞：《純粹力動現象學》，頁 181。
[115] 吳汝鈞：《純粹力動現象學》，頁 185。

已。我們實不應僵滯於「物」（Ding）一字眼，以為它只
涉及物體，是與現象相對反的本體義的物體。「物體」是
現象層面的概念，在本體的、終極的世界，根本不可能有
物體。這便是我所說的物自身的行動轉向的救贖義。[116]

從中我們應特別注意到以下幾點：

（一）吳氏認為，由於純粹力動詐現事物後，自身即貫注於
事物之中，一方面是事物因具涵純粹力動恆時活動、轉變的性格
而不會、也不是一種常住不變的實體，一方面純粹力動當體也下
貫為睿智的直覺，並由此能洞悉事物的真實性格，也就是「事物
唯是純粹力動的詐現」，因而不具有常住不變的實體、因而是
「空」這樣的真實性格。但睿智的直覺之認識此真實性格，不會
僅僅停留於「知」這樣的認識層面，而是基於這種認識，會發為
一種相應的行動，那就是不對現前的任何紛繁的現象起虛妄分
別，也就是執著於任一現前的紛繁現象，從而肇生出各種執迷、
錯謬的心理與行為。若我們以佛家式的話頭來對這種行動加以詮
釋，那就是：在證「空」、悟「空」的當下，便當即能在世間採
取一種吻合於「諸法皆空」之真實認識的行動，或許，我們可逕
名之為：採取一種「空」的行動。吳氏在闡述自己的這層想法
時，便援王陽明的「知行合一」說補充自己的構想，其言：

> 關於意義與行動的一體的性格或關係，王陽明的「知行合
> 一」說中的知與行（知識與行為，道德自覺與道德行為）

---

[116] 吳汝鈞：《純粹力動現象學》，頁182。

的關係可以幫助理解。所謂知行合一，是指我的心靈有一
種自動性（Spontaneität），當它有某種道德自覺時，它即
時（時不是時間義）便表現與這道德自覺相應的道德行
為。說「相應」不是很好，這不是最恰當的字眼。我們毋
寧說，道德自覺與道德行為是同一事體（event）的不同
表述。王陽明四句教中的後兩句「知善知惡是良知，為善
去惡是格物」。很能表示這個意思。人的良知或道德主體
有善惡的自覺，當下即有為善去惡的道德行為。故知善知
惡與為善去惡是同步推進的。[117]

筆者以為，吳氏對王陽明之「知行合一」說的闡述，自然是的當
之論，而從其詮釋中我們更可進一步見及：在「力動論」哲學
中，所謂「物自身」是一種意義與「物自身」是一種行動，並不
表示在「力動論」哲學中有兩種意涵不同的「物自身」，而是
說，當「睿智的直覺」洞悉到這由「純粹力動」（亦可說是「睿
智的直覺」自身）所詐現的宇宙萬物的「物自身」只是一種意義
的當下，便當即會在這純粹力動所詐現並貫注於其中的世界裡，
採取一種洞悉到這種意義的行動。我們甚至可以說，「睿智的直
覺」確實認識到「物自身」所指涉的那一種意義，便必然會採取
到那一種相應的行動；若否，則便表示「物自身」所指涉的那一
種意義，並未真正的被認識與把握。因而，「物自身」指涉的那
一種意義與「物自身」所指涉的那一種行動，基本上只是對「物
自身」這同一事體的不同表述而已。

---

[117] 吳汝鈞：《純粹力動現象學》，頁 181。

（二）吳氏強調，我們在思考「物自身」時「不應僵滯於『物』（Ding）一字眼，以為它只涉及物體，是與現象相對反的本體義的物體」，甚至認為：「物體」是現象層面的概念，在本體的、終極的世界，根本不可能有物體。此中，吳氏雖未明言，但筆者還是要強調，這種認為「物自身」不應僵滯於「物」或「物體」的層面，甚至認為在本體界的層面根本無所謂「物體」的構想，是與其對終極原理的體性構想，以及對宇宙萬物如何肇現而出的宇宙論構設相一致的：那就是，在吳氏的認定中，純粹力動作為終極原理，完全不是一種實體，完全能從根本上泯除質體性，其詐現而出的宇宙萬物，也基本上只是現似為物體，其背後不可能有作為一真實本體的「物體」存在。就此我們也可以說，吳氏之吸收康德的「物自身」概念又將之加以轉化為一種意義、一種行動，原是在其建構「力動論」哲學的思維工程中，一種思理一貫的必然表現。

（三）吳氏強調，「物自身」所指涉的那一種行動，是具有轉化義，或者說：宗教上的救贖義的。這所謂轉化義、救贖義，較簡明的理解，即是筆者於上文已反覆徵引、闡明的「睿智的直覺」在認識與把握到「物自身」所指涉的、「事物皆是純粹力動詐現而來」，從而不具有常住不變的自性這一意義當下，便不會對現前的紛繁事物有所執著，並生起因執著而有的各種虛妄、分別以及相應而有的執迷、錯謬的心理與行為。這種行動之所以能說是轉化、是救贖，正是與在未經由「睿智的直覺」認識到「物自身」之前，僅通過「知性」去照見現前的紛繁事物，因未能體知「物自身」的真實意涵，從而對現前的紛繁事物生起執著暨相應而有的各種執迷、錯謬的心理與行為相比較而來的。也就是

說，從未能體知「物自身」因而對現象界、經驗界的物事有所執
著，到已體知「物自身」因而不對現象界、經驗界的物事有所執
著，便通向了一種行動意義（或說：行為品質）上的轉化與救
贖。但究竟這種具有轉化義、救贖義的行動，應是哪種、哪些行
動呢？吳氏有過以下較概括的點示：

> 物體的現象可以轉化為物體的物自身，行動的現象是否也
> 可相應地轉化成行動的物自身呢？換一個角度說，有一些
> 行動的性質，顯然與我們在日常生活所做的事，所表現的
> 行為不同的，甚至於對這些事、這些行為的進行造成障礙
> 的，造成損傷的，但有些人仍然堅持進行這些行動，一次
> 一次的失敗都不會讓他們氣餒，反而增強了他們的意志，
> 更堅決地去做，務求成功。即使不能成功，最後生命也丟
> 掉了，他們也不後悔，還有很多人前仆後繼地接力來做。
> 對於這樣的行動，我們應該怎麼去理解呢？是否也理解為
> 一般的生活現象，如吃飯睡覺那樣呢？……這種行動，通
> 常都涉及真理的問題。具體的說，是涉及對終極真理的達
> 致（attainment）的問題，這終極真理通常都有濃厚的宗
> 教意義，關乎人的生命的救贖。最低限度，這些行動都總
> 是涉及一種理想的追求，這種理想可以是科學上的、知識
> 上的真，或是藝術欣趣上的美，或是道德倫理上的善。對
> 於這種真理或終極真理的追求或達致，當事人往往是全力
> 以赴的，甚至忘卻了個人的安危，即捨己忘軀亦在所不計
> 的。這樣性質的行動，顯然是與作為現象的生活情節的方
> 向相悖離。就生命現象的導向來說，人總是要求長生的，

求延續生命的。一切行動，通常總有要營養自己的身體，
俾能更強健、活得更長久這樣的目標在內。「殺身成仁，
捨身取義」這樣的道德的、宗教的行動顯然與營養身體的
目標背道而馳。但人們往往可以為了一個道德的、宗教的
理想的實現，而不惜犧牲自己的生命……這樣的行動，同
時具有超越性（Transzendenz）與內在性（Immanenz）。
它超越時間、空間、物質享受、權力、地位、名譽，以至個
人的生命。它也是為了他人的福祉，利益他人，內在於他
人的生命中，成為他人的人格典範（archetype, Archetyp,
Urfassung），鼓舞著千千萬萬人的意志，而矢志效法，
讓自己活得有意義。這樣的行動，肯定是超越一般現象
的。[118]

從中可見，吳氏所主張的具有轉化義與救贖義的活動，最主要應
是指道德實踐與宗教方面的對人們的教化或渡化（含自渡與渡
人）的實踐，但屬於科學方面的求真與屬於藝術方面的求美的實
踐，在吳氏的構想中，同樣可以歸類為這種具有轉化義與救贖義
的活動。蓋吳氏是認為，無論是道德的、宗教的、科學的或藝術
的實踐，都涉及人們對一特定領域之真理的追求，且當人們從事
這種追求時，通常願意廢寢忘食甚至捨身忘死，這自然與一般人
們的求生本能與享樂之欲是有所背離的，因而吳氏認為，這類行
動無論如何不應被歸類為只居於一般現象層面的行動，而應該被
視為一種「物自身」層面的行動。而在筆者的理解中，無論是道

---

[118] 吳汝鈞：《純粹力動現象學》，頁 171-172。

德的求善、科學的求真、藝術的求美抑或宗教的求救贖、求渡脫，實則都是一種具有價值意味的行動，因而吳氏所構想的、「物自身」的行動轉向，實可被理解為是將原先較屬於「物體」義的「物自身」，轉化為一種具有價值意味的行動義的「物自身」。這與吳氏對佛教「空」義的吸納與轉化一樣，基本上都是一種由「化存有歸活動」的思維導向所引導的思維結果。

　　最後筆者也要指出，將原先較屬於物體義的「物自身」轉化為一種具有價值意味的行動義的「物自身」，在「力動論」哲學中自然發揮甚詳，可以說是吳氏整體造論工程中極為重要的一個理論環節，然而此種構想除了是對康德哲學的創造性的轉化以外，亦應是繼承並發揮了牟宗三先生的構想。熟悉牟先生之哲學的人，多半知曉：在牟先生吸收康德哲學中關於「物自身」的學說時，便同時有了對康德之相關構想的批判。其中，不只是「物」，即便是「行動」也應該有所謂「物自身」的主張，便已被牟先生揭櫫出來了。我們且看牟先生的如下闡述：

> 依照康德哲學，「自由」、「靈魂」、「上帝」等理念，在實踐理性中雖有其實在性，然卻仍只是「設準」（postulate），我們的知識是無法達到它們的，其實在性仍只是實踐的，而非知解的。因為我們對於這些理念，沒有直覺（intuition），所以無法令這些理念「呈現」。康德的問題，在於他雖強調人的實踐理性，卻未肯定人有智的直覺，他不承認人具有大乘起信論所肯定的如來藏自性清淨心，或如王陽明所肯定的良知意義的心，甚至如陸象山根據孟子所說的「本心」。正因為康德不承認人有真常

心,所以他所說的「自由」等理念只是個「設準」,是無法具體呈現的。但他在實踐理性中,又將「自由」歸屬於「智思界」(Intelligible world),而依照自由或自律的法則所發動的行動(action)則屬於「感觸界」(sensible world)。可見他亦承認感觸界中的行動,其原因是屬於智思界,而此兩世界是分開為二的。這可類比於大乘起信論中的阿賴耶識,因為阿賴耶識是「不生不滅與生滅和合,非一非異」所形成的,所以它具有超越的與現實的雙重性,而也因為這雙重性,所以才得以由一心開出二門。照理,依康德哲學的體系,儘管他所說的「自由」只是個設準,也應當可以開出二門的。因為康德雖然說行動(或結果)是屬於感觸界,需服從自然因果性(natural causality),依佛教即是屬於生滅門;但是行動之「原因」則是屬於智思界。既然如此,則行動本身亦當該可以上通清淨門,但此層意思康德卻漏掉了。[119]

物自身是一物之在其自己,不是一物所由以被產生的那超越的根據。一行動若有物自身的意義,此亦便是此行動的清淨相、如相,而不是此行動所由以被產生的那超越根據。……事實上,行為本身既是個「物」(thing),則理當有其為「物自身」(thing in itself)的身分。假定,針對抽烟這個行動,你意識到抽烟本身不只是一個現象,

---

[119] 牟宗三:《中國哲學十九講:中國哲學之簡述及其所涵蘊之問題》(臺北:臺灣學生書局,2002 年 8 月),頁 299-300。

同時也有物自身的意義，則佛教所說的「一心開二門」的
格局在此便可被開出來。依照中國哲學，不論是儒家（從
孟子下貫至王陽明的心學）或佛家或道家，都不把事事物
物只當現象看，因為一草一木既是物，自然就有其為物自
身的意義；那麼我們對於眼前的行動，不但可以視其為現
象（對著我們的感性或知性，它即是現象），同時亦可將
其當作物自身看待。因為，不只是物理世界的現象物或山
河大地，即使是行動本身亦可以視作感觸直覺（sensible
intuition）的對象即現象。既可視作現象，自亦可視作物
自身。……依佛教看，行動對著什麼樣的主體，才有物自
身的意義呢？它若對著「般若智」或「自性清淨心」時，
即是物自身的意義，因為就般若智或自性清淨心說，行動
本身就是無漏清淨法；但若只對識心當現象看，則自然是
有漏生滅法。**120**

依「一心開二門」的格局而言，行動本身不只是現象。行
動若直接由良知、本心或自性清淨心發動，則在良知、本
心與自性清淨心面前，它就不是現象的身分，它本身即是
物自身的身分。**121**

據此，在牟先生的思考中，由於「行動」同樣是感觸直覺所能認

---

120 牟宗三：《中國哲學十九講：中國哲學之簡述及其所涵蘊之問題》，頁
　　301-302。
121 牟宗三：《中國哲學十九講：中國哲學之簡述及其所涵蘊之問題》，頁
　　305。

識的對象,因之,「行動」同樣可被視作是一種「現象」,那麼,既然一一「現象」皆有其相對應的「物自身」,那麼,「行動」便理應有其上通至康德所謂「智思界」、而在佛門說為「清淨門」的「物自身」。且牟先生的這種構想,亦同樣是其依據《大乘起信論》之「一心開二門」思維以融攝康德的知識論後所提揭而出的、一「無執的無限心」可開出兩層主體暨兩層存有論的思維的延伸,即是:既然「無執的無限心」所認識的對象即是「物自身」、並且能構建「無執的存有論」,那麼,若「行動」也有所謂「物自身」,則一「行動」能否被認定為是「物自身」,便必然是取決於行動主體在發出該「行動」時,是不是以一種「無執的無限心」——如佛家的「如來藏自性清淨心」、「般若智」;道家的「道心」;儒家的「良知」、「本心」皆是——去發動的。比較牟先生與吳氏的相關主張,則吳氏之盛論「物自身」的行動轉向,在原初思維上乃繼承牟先生而來,應是可以肯定的。

第五節 「力動論」哲學中的真實世界:「動場」

上節分析「力動論」哲學對佛教「空」義以及康德「物自身」概念的吸納與轉化,從中我們可以看見,主體——無論是認識主體或行動主體——之能體證「空」、照見「物自身」,以及進一步的,在體證「空」義時當即採取一種對世間諸法無所執著的「空」的行動;在識知「物自身」時當即從事任何有救贖義、轉化義的——也就是有價值意味的活動,這些都與純粹力動當體

下貫而成的「睿智的直覺」的作用有關，也與宇宙萬物皆是純粹力動詐現的結果的這層存有的真象相關。那麼進一步的，究竟在「睿智的直覺」的照見下，由純粹力動所詐現的宇宙萬物所結構而成的世界，究竟有何真實的樣貌呢？這就引出「力動論」哲學中一個重要的理論，那就是「動場」（Akt-Feld）。關於「動場」的意蘊，下文分幾個面向加以討論。

一、「動場」不是物理的場所，　沒有時間、空間的限制

關於何謂「動場」？我們且看以下說法：

> 在純粹力動現象學的體系中，包含著一切對象、現象的存在。世界不是一個靜態的、物理性格的場所，而是一個力動的場所，我把它叫做「動場」（Akt-Feld）。而這所謂「場」（Feld），並不是一個物理的場所，為空間所限制。它無寧是一個精神的、意識的場所，或意義的場所（Feld der Bedeutung）。它是動感性格，恆常地在動轉，沒有靜止不動的狀態。它的基礎、根源，仍在純粹力動。我們可以這樣說，純粹力動作為一終極原理，在主體的、主觀的顯現是睿智的直覺；在客體的、客觀的顯現則是這樣的精神的、意識的、意義的場所，即是所謂動場。[122]

對於萬物的力動的看法，可以讓我們生起種種奇想（其實

---

[122] 吳汝鈞：《純粹力動現象學》，頁 392-393。

這是很自然的)。螻蟻與泰山，若從經驗的形相（empirical form）來說，可謂大小殊異。若抽離空間性或時間性形式，二者都以物自身的姿態如如呈現。這物自身（Dinge an sich）不是物體、物質，而是意義，是純粹力動詐現的這樣的意義。這是對萬物的力動式的看法：一切事物以力動的詐現為其本性、本質，整個宇宙不過是一個力動的場域或動場而已。[123]

我在這裡說的作為動場的個別事物，以至作為動場的整個的、全體的宇宙，都不是物理性的（physical）、地理性的（geographical），以至質體性的（entitative）。它們是意義（Bedeutung），是純粹力動（reine vitalität）的詐現（pratibhāsa）這樣一種意義。[124]

箇中可見，「動場」於主體跟前的朗現，直接與「睿智的直覺」有關，這是說，主體若僅居於「知性」一層，其現前所見的世界，便不會是「動場」，而只是一般人所熟知的經驗界、現象界、物理界。但若能將主體提掇到「睿智的直覺」的層次，「動場」便能在主體的跟前朗現。那麼，「動場」與經驗界、現象界、物理界的根本區別何在呢？

首先，「動場」自然是一種場所，一般人所熟知的，也就是「知性」所對的經驗界、現象界、物理界當然也是一種場所。但

---

[123] 吳汝鈞：《純粹力動現象學》，頁 397。
[124] 吳汝鈞：《純粹力動現象學》，頁 400-401。

前、後兩者的區別就在於，在「知性」的觀照與認知中，經驗界、現象界、物理界作為一種場所，基本上是一種「物理的場所」，它居於時間、空間的網絡中，受時間、空間的限制，其自身以及被容納在其自身中的一應紛繁物事，基本上都具有物理性、地理性以及質體性，其中，特別是質體性這一點，決定了在「知性」的認知之中，居於經驗界、現象界、物理界中的紛繁物事，基本上是彼此有所對礙的，物物事事之間難以成就一種圓融而無礙的關係；至於「動場」則相反，當主體從「知性」提掇至「睿智的直覺」的層次，其現前所見的世界，便不再是具有物理性、地理性及質體性的世界，而是成為「動場」。

　　再者，依吳氏的闡述，「動場」即是「力動的場所」，但什麼是「力動的場所」呢？筆者以為，由於「睿智的直覺」所照見的，基本上便是「物自身」，而「力動論」哲學中的所謂「物自身」，基本上就是「宇宙萬物就是純粹力動詐現而來」這樣的事實、這樣的真象，因而我們可以說，現前的宇宙萬物，基本上即是一個不斷在活動中、變化中的純粹力動自身，所謂宇宙萬物，所謂被「知性」所認知為一一有所分別、一一有所物理性、地理性與質體性的紛繁物事，實則皆只是那不斷活動、變化的純粹力動自身詐現的短暫的現象，而「睿智的直覺」便是能邁越過「知性」的認知限制，從而理解到宇宙萬物的詐現性，確證在「知性」的認知中那些貌似附隨於、關連於宇宙萬物之存在根柢的物理性、地理性與質體性，都不是一種真實的認識，也不是一種存有論的真實，一切只是純粹力動的詐現，從而知曉：宇宙萬物無非是不斷活動、變化的純粹力動自身，因而，若說現前所見的是一個由宇宙萬物所結構而成的場所，則這個場所，基本上就是

「純粹力動的詐現的場所」，因而，也實際上就是純粹力動自身所結構的場所，因而，吳氏定義其為「力動的場所」，並概稱其為「動場」，確有其思維上的必然根據。進一步的，純粹力動本身是沒有物理性、地理性與質體性的，因而這個由純粹力動自身所結構的場所，便不是一個「物理的場所」，而只能是一個「精神的」、「意識的」場所。

　　以上所論，是從客體世界的構成上，說「動場」是一個精神的、意識的場所。但「動場」之為一個精神的、意識的場所，也可以從主體的角度加以說明。這是說：由於「動場」是朗現在純粹力動當體下貫而成的「睿智的直覺」跟前，則「動場」的存在性、真實性，也即是由「睿智的直覺」這樣的精神性、意識性的存在所賦予的，從而，「動場」作為一個場所，它在存有論上的真實本質，就不可能是物理性、地理性、質體性的，而必須是精神性的、意識性的。進一步的，無論是從客體世界的構成或從主體的角度去理解「動場」的本質，因為詐現客體世界的是純粹力動自身，下貫為「睿智的直覺」的也是純粹力動自身，因而，純粹力動所詐現的宇宙萬物於「睿智的直覺」跟前朗現為一「動場」，基本上即是一種「純粹力動示現於自己跟前，並自己認識了真實的自己」的精神活動。因而，在筆者的理解中，吳氏之構想「動場」理論，總的來說，也正是上文已述及的「純粹力動的自呈顯也自證知」的思維延伸。

　　另，吳氏對「動場」的這種基本構想，實則受西田幾多郎的「場所」哲學和佛教哲學——特別是華嚴宗哲學中的「法界」思想——影響頗大，吳氏便曾在詮解西田的「絕對無的場所」時，有過如下表示：

西田以場所的觀念來說絕對無。……這個場所的觀念不能
以物理的角度去理解，它是一個精神性的、意識的空間。
這個場所是無所不包的，如果它是一個物理的場所，就一
定是有限的，較大的場所可以容納較多東西，較小的場所
只能容納較少的東西。但西田所說的場所是無限的，它的
包容性亦是無限的。絕對無的場所不是有相對性的有或無
的層面，而是超越於相對性的有無的一個絕對層面。這一
點非常重要，因為絕對無本身不是一種有（being）。如
果一樣事物是有，它就具有對礙性。所謂對礙性，指一種
性質，使作為有的東西之間，產生互相妨礙的關係。……
絕對無本身並不是一個有，所以它能夠從任何意義的有的
東西解放出來。它是一個精神性的場所，能夠包攝一切置
定於其中的東西，而且，這種包容性是無限的。這點就類
似佛教所說的空，空可以視為一種精神性的空間，它表示
一切事物的本質，是一種無自性的本質。這種無自性的本
質適用到現象世界一切存在的東西。即是說，現象世界所
有東西的本質是空，空這個精神性的場所可以包攝現象世
界的所有東西，而不受這些東西所障礙。現象世界的東西
都有空間性和時間性的限制，而空本身是超越空間性與時
間性的，所以空不會跟現象界的東西發生對礙的關係。西
田所說的絕對無的場所亦是一樣，故亦不會跟其他東西產
生對礙。[125]

---

[125] 吳汝鈞：《京都學派哲學七講》，頁 31-32。

絕對無的場所因為是無，所以能夠成為包攝一切東西的場所。這個無的意思是無實體性（non-substantiality），它不是任何屬於實體性的東西。假若是實體性的東西，就一定有對礙，就不能包容其他東西，更不可能無所不包。[126]

……這個終極實在本身便是無，即無實體性，被它所包容的所有東西都分享到它的無實體性這種性格，因此，所有事物在絕對無的場所中，都沒有對礙性。一切事物在絕對無的場所的包容之中，都成為了不具實體性的東西，以致它們之間沒有互相妨礙的關係，反而有一種圓融無礙的關係。在這種圓融無礙的關係中，各種事物都以最完滿的姿態呈現出來，這種姿態是就其原本的真正面目，如其所如地呈現出來，而不是以一種對象的姿態呈現。所以，事物的這種呈現，不是作為現象而呈現，而是作為物自身而呈現出來。在佛教來說，這就是真如的狀態。所謂真如的狀態，是事物如其所如地，作為物自身的狀態，而不是作為對象的狀態呈現出來。對象或現象是相對於我們的感官而立的，而絕對無的狀態是超越於我們的感官，超越於一切主體跟對象構成的二元關係，使事物以原來的狀態，如其所如地呈現出來。[127]

這種狀態，在華嚴宗稱為事事無礙。這種事事無礙的境界

---

[126] 吳汝鈞：《京都學派哲學七講》，頁32。

[127] 吳汝鈞：《京都學派哲學七講》，頁33。

不是就著現實的現象來說，而是包含很深沉的實踐工夫。
這是華嚴宗的至高境界。這種境界在什麼情況下會呈現
呢？據說毗盧遮那佛（Vairocana Buddha）在海印三昧當
中眉間會發出一道光芒，照射世界的每一角落。在這種光
輝照耀底下，一切事物都沒有對礙性，事物之間都具有圓
融無礙的關係，這就是事事無礙的境界，亦即是在佛的智
慧眼影照出的境界。這就是華嚴宗所說的四法界（事法
界、理法界、事理無礙法界、事事無礙法界）當中，最高
的一個境界。……在絕對無的場所的包攝下，所有事物都
像在華嚴宗所說的事事無礙的境界下，互相之間沒有對礙
的關係。這就是事物與事物間所能達到的最高境界。[128]

如此上所徵引，若我們將西田哲學的「絕對無的場所」與吳氏的
「動場」兩相比較，則兩者都不能從物理的角度去理解，兩者都
是精神性、意識性的空間；「絕對無的場所」無所不包，具有無
限的包容性，而吳氏雖未明言，但「動場」本即是一個純粹力動
詐現的場所，其所容納的，本是純粹力動詐現的宇宙萬物，因
而，「動場」本自也是無所不包的，具有無限的包容性；「絕對
無的場所」乃由西田哲學所肯認的終極原理——「絕對無」所成
就的，而「絕對無」是非實體主義的終極原理，本身不具備實體
性，而被「絕對無的場所」所容納的——或者說，遊息於「絕對
無的場所」中的主體與客體，都分享到絕對無的無實體性的性
格，因而彼此在「絕對無的場所」中都是沒有對礙性地存在著。

---

[128] 吳汝鈞：《京都學派哲學七講》，頁33-34。

同樣的，「動場」乃是純粹力動成就的，純粹力動本身不具備實
體性，其詐現宇宙萬物的同時，也將無實體性這種性格貫注到其
詐現的宇宙萬物中去，因而，在「動場」中的宇宙萬物，彼此間
亦是沒有對礙的。通過這種比較，我們可以看出，吳氏對西田的
「絕對無的場所」的理解與吸納，的確裨益了其自家「力動論」
哲學的建構。

　　並且，在吳氏的理解中，西田的「絕對無的場所」，又與佛
教「空」義以及華嚴宗哲學中的圓融無礙的思想相類似。吳氏基
本上認為，在佛教哲學中，「空」是世間諸法的本質，世間諸法
所結成的世界，亦即可說是一個名之為「空」的精神性的空間
（或場所），這個精神性的空間所容納的世間諸法，本質上都是
「空」、都是無自性的存在，因而彼此之間無有對礙性，且
「空」這個精神性的空間也不受時間和空間的限制。這些特點都
與西田的「絕對無的場所」極為類似。而進一步的，由於在
「空」這個精神空間中，世間諸法之間，彼此都沒有對礙性可
言，如此便能成就華嚴宗人所特別強調的，在毗盧遮那佛進入名
為「海印三昧」的禪定境界時，其慧眼中所照見的，一個世間諸
法彼此間圓融無礙、相即相入的一種事事無礙的精神性空間。所
謂「毗盧遮那佛」，是釋迦牟尼的別稱之一，另一個較為普羅大
眾所知悉的譯名是：大日如來；而「海印三昧」即是「海印
定」，是華嚴宗極為重視與稱許的一種禪定境界，其所展示的，
基本上即是華嚴宗「四法界」中「事事無礙法界」的意蘊。而吳
氏認為，「絕對無的場所」所包攝下的事物，彼此間就是能成就
一種與「事事無礙法界」相同的圓融無礙的關係，更直言「這就
是事物與事物間所能達到的最高境界」，從中可見，吳氏對西田

「絕對無的場所」與華嚴宗哲學的這種事物間圓融無礙的思想，是極為肯定的。而這自然也被吸納進「力動論」哲學中，直接啟發了吳氏對「動場」此一真實世界的構想。

二、「動場」中的事物彼此相對相關、圓融無礙

　　承上文，吳氏受西田「絕對無的場所」與華嚴宗「事事無礙法界」的啟發，針對「動場」所容納、包攝下的物物事事，最根本的，便是界定了其彼此間的無對礙性以及相應而有的彼此間圓融無礙的關係，吳氏指出：

> 動場的說法最重要的一點是，一切物項與事項都存在於相對相關的關係網絡中：世間並不可能有完全孤立無援的事物。即是，一事一物的生成變化，只要是作為存在，便必會與周圍的事物發生關聯，而影響它們。這周圍的事物亦自然會影響那一事一物，這種關聯、影響可以無限推移，最後達於整個世界、存在界，或華嚴宗所謂的「法界」（dharmadhātu）。一物項、一事項在動，其動感可以輾轉相傳至於整個存在界。反過來說也是這樣。誰影響誰，也不必是單方向的，也可以是雙方向的，甚至是循環方向的。……這種機靈的、巧動的思維，讓人們想到華嚴宗所擅長的事物的相即、相攝、相入的說法。即是，由事物的相對相關的性格，每一事物都與他物有關，以至與宇宙全體的事物相關。這便可說一攝多、多入一了。我們甚至可以說，在相對相關的脈絡下，每一事物都反映宇宙全體，而自己亦為任何事物所反映。若是這樣，則萬

法平等，沒有一物在價值論或存有論上對他物有跨越性（superiority）。這樣，便可通到宋儒程明道所說的「萬物靜觀皆自得」和魏晉的郭象注《莊子》所提的萬物都置身於「自得之場」了。所謂「自得」即是自己有自己的價值與地位的意思，不能由其他事物來取代，也不會為其他事物所取代。[129]

在動場之中，每一事物與其他事物都處於互動的關係。人與周圍的事物互動，同時也把生命力貫注於其中，使事物活現起來。人與外物即使沒有明顯的連繫，只要是不相互對礙，便有建立互動關係的空間。何況沒有明顯的連繫，可能只是由於我們的官覺機能本身有限制而已。物與物、物與事、事與事環環相扣，成就了一個廣大無垠的有機的、力動的世界。[130]

事物的相對相關（也包括相互內在在內），應被視為一種理想的導向，不是純然就經驗事實說。能這樣理解事物之間的關係，需要表現智慧、洞見。因為相對相關道出了事物的真相、真理，以至本質的關係。關於這點，我想可以借華嚴宗人的海印三昧的說法為參照來幫助理解。按毗盧遮那佛（Vairocana Buddha）在一次說法大會中，進入一種甚深甚廣的禪定境界，兩眉之間大放光明，所照之處，

---

[129] 吳汝鈞：《純粹力動現象學》，頁393-394。
[130] 吳汝鈞：《純粹力動現象學》，頁398-399。

> 事物與事物之間都沒有障礙地存在著，到處都展示一種圓
> 融無礙的關係。一切事物都是相對相關，而結成一個宇宙
> 的大綜體。這是毗盧遮那佛在海印三昧（sāgara-mudrā-
> samādhi）禪定中所見。這所見的，便是「法界緣起」的
> 境界。各種事物都是依條件（緣）而生起，沒有實體、自
> 性，因而不會相互排斥，反而能相互融合。這種種事物、
> 法，匯聚成一個廣大無垠的法界（dharmadhātu），各種
> 事物重重無盡，各不相礙。[131]

就中可見，依吳氏的構想，在「睿智的直覺」的觀照下，純粹力
動詐現的物物事事沒有一個是單純孤立的、不與其他物事相關聯
的，從而，沒有一個物事是完全不影響別的物事或完全不被其他
物事所影響的。一物的生成變化受其他物事的影響，其他物事也
影響著一物的生成變化；同樣的，一事的生成變化受其他物事的
影響，其他物事也影響一事的生成變化。進一步的，一物一事可
以反映純粹力動所詐現的宇宙全體；一物一事也被這整體宇宙的
其他任何物事所反映。從這個存有論的真實來看，純粹力動所詐
現的物物事事都是平等的，不會被其他物事所取代，相對的，也
不會去取代其他任何物事，此所以吳氏定義到：「沒有一物在價
值論或存有論上對他物有跨越性（superiority）」。於是我們可
以說，在「睿智的直覺」的觀照下，純粹力動所詐現的物物事
事，可以說根本上都是「自得」與「自由」的，因為純粹力動所
詐現的物物事事，一一都有自己的價值與地位。吳氏十分肯定在

---

131 吳汝鈞：《機體與力動：懷德海哲學研究與對話》，頁 115。

「動場」中的物物事事彼此所成立的這種關係，也正面肯定了在此種關係中的、物物事事的「自得」與「自由」，所以吳氏也認為：「事物的相對相關（也包括相互內在在內），應被視為一種理想的導向。」更指出：

> 存在界是一個有機的（organic）存在界，是一個動場。在這動場中的事物、現象對象，都處於活動狀態，而且是恆常地活動的狀態。由活動而生變化，以展示事物自身的自由與自得。這是一個生生不息、新新不已的歷程（process）。事物所展現的自由、自得自然具有價值的導向。[132]

這是申論到：物物事事於「動場」中的「自得」與「自由」是具有價值導向的。在此必須強調的是，這種物物事事彼此互相關連、互相影響，又彼此互相反映的關係，其成立的根本條件之一，便是物物事事之間沒有對礙性存在，而純粹力動詐現的物物事事之間之所以沒有對礙性，便是因為純粹力動沒有實體性、沒有自性，具體的說，甚至是上文已不斷申言的沒有質體性，而純粹力動的這種性格貫注到了其詐現的物物事事中，因而物物事事間的無對礙性得以成立，物物事事間的彼此互相關連、互相影響、互相反映的關係，才能獲致順理成章的保證；進一步的，物物事事之間能彼此感受、交感、感通，便是物物事事能彼此互相關連、互相影響又彼此互相反映的關係得以成立的根本條件之

---

[132] 吳汝鈞：《純粹力動現象學》，頁 398。

二。為什麼物物事事之間必然能夠感受、交感或感通呢？吳氏指出：

> 至於感受、交感、感通問題，純粹力動為種種事物詐現的源頭、存在的源頭，種種事物自然可通過它作為中介而有交會與感通。力動流行、作用到哪裡，便在那裏詐現種種事物，而促成它們之間的交會與感通。在純粹力動作為存在的基礎這一前提下，種種事物都可達致（相互達致）自在而又無礙的諧和關係……。[133]

因而，物物事事之間之所以能彼此感受、交感、感通，理由便是「物物事事皆是純粹力動的詐現」這個事實，換言之，物物事事的本質即是純粹力動、物物事事的存在性皆繫之於純粹力動的這個事實，即是物物事事間得以交感、溝通的存有論基礎。

三、「動場」中的「物」、「事」與「結聚」

以上所論，乃吳氏對「動場」中物事之相對相關與圓融無礙關係的闡述。而事實上，關於「動場」中的物與事，吳氏也有些較具體的構想與說明，其言：

> 力動場或動場的「場」，不能以空間說。不是有一個地理性的處所，容納了很多事物在裡面。每一個事物自身其實都是一個動場，多個動場可集結成一個結合體或結聚

---

[133] 吳汝鈞：《機體與力動：懷德海哲學研究與對話》，頁 77。

（nexus），多個結聚可成一個社會，多個社會可以成一個國家，多個國家可成地球或星球，多個星球可成太陽系，多個太陽系可成整個宇宙。這種情況，只能象徵性地表示，不能認真地以物質的、物理的、地理的路數來詮釋。[134]

在動場中的每一事物，都是一小動場。既然是動，便無所謂靜。無絕對的靜。我們說靜，只是由於事物有時動勢微弱，我們不易察覺而已。同時，沒有一個做為小動場的事物能脫離一種關係網、能超越相對相關的脈絡而獨自存在。……這關係網的基礎，正是純粹力動。它詐現萬事萬物，自身亦貫徹於其中，讓事物與事物之間有關聯。由於事物的存在根源都是純粹力動，因而能環環相扣地存在，沒有一項事物能遠離力動的這種關係網而獨自存在。[135]

關於事物，我們可以這樣看待：先是純粹力動詐現而成物，物與條件（條件亦是詐現性格）和合而成事。物相應於對象，事相應現象。……我不以實體來說事物的實在性（reality），而是以詐現、條件遇合這樣的意義來說實在性。……現象相應於事（event），至於物，恐怕要找對象（Object）來相應。在純粹力動現象學的脈絡中，心與物感通，兩者都是純粹力動的詐現。嚴格來說，物是

---

[134] 吳汝鈞：《純粹力動現象學》，頁 400。

[135] 吳汝鈞：《機體與力動：懷德海哲學研究與對話》，頁 115-116。

浮動的，不是一種被置定於某個時空點的死體。這樣，
物其實不是真物（entity），而只是事（event）、現象。
而原來我們所了解的事，較恰當地說，應為事的結聚
（nexus）。……事與事，或現象與現象相遇，聚在一
起，便是一個結聚。這裡我們可以這樣理解：在我們日常
生活的環境中，純然的、不動的、有實體的物是沒有的。
我們通常所經驗到的東西，如日出、日落、流水沖向岩
石，等等，其實是事，而較複雜的事，更是多種事（也包
括物在內）的結聚。[136]

概而言之：在吳氏的構想中，「動場」中的「物」相應於「對
象」，而「事」相應於「現象」，但作為「對象」的「物」其實
也都是「事」，這是因為，純粹力動所詐現的「物」，基本上也
時刻處於活動和變化中，不能說是一種實體，因而吳氏主張「純
然的、不動的、有實體的物是沒有的」，即是在這種認知下，
「物」可被視為是一種「事」，而一般被認為是「事」的，實則
是「事」與「事」的「結合體」或「結聚」。進一步的，更多的
「結聚」相結合，可成為一個「社會」；更多的「社會」相結
合，可成為一個國家；更多的「國家」相結合，可成為一個「星
球」……層層類推，以至於結構出整體宇宙。但在「動場」中，
無論小至一個作為對象的「物」、作為現象的「事」，大至一個
「事」與「事」的「結聚」乃至於整體宇宙，都不具有質體性、
物理性乃至地理性，如此，才能成就「物」與「物」間的無對礙

---

[136] 吳汝鈞：《純粹力動現象學》，頁 395-396。

性、「物」與「事」間的無對礙性,乃至於「物」、「事」與「結聚」間的無對礙性,以及「結聚」與「結聚」間的無對礙性,層層外推,以至於「物」、「事」、「結聚」與整體宇宙間的無對礙性。也是因為這種遍在於「動場」中一切「物」、「事」與「結聚」中的無對礙性,方能成就「動場」中一切「物」、「事」與「結聚」間的相對相關的關係,以及下文將論及的相互內在的關係。此中必須注意的是,在吳氏的構想中,「動場」中的每一個物事,自身都即是一個「動場」,而為了與整體的、容納所有事物的「動場」相區隔,吳氏較具體的名之為「小動場」。筆者以為,這也可以說是一種從「物自身」的角度來指謂「動場」中之物物事事的作法。因為「動場」中的物物事事,本即是純粹力動的詐現,若「動場」根本上即指謂著一個純粹力動正不住詐現著物物事事的場所,則貫注了純粹力動的動感性而時刻處在活動、變化中的物物事事自身,基本上也時時刻刻就是一處一處純粹力動正不住詐現著的場所。因而,吳氏以「小動場」名「動場」中的一一物事,本有其思維上的理據。而「小動場」與「小動場」間彼此相對相關,沒有任何一個「小動場」能自外於這種相對相關的關係網絡。究其實,也正是無盡數也無止盡現成的「小動場」彼此間的無盡數也無止盡的結合、交融,成就了「大動場」中那生生不息、層出不盡的相對相關之關係的無窮網絡。

四、「動場」中的事物彼此相互內在

如上文所言,「動場」中的物物事事彼此共構一種相對相關之關係的無窮網絡,與此相關的,「動場」中的物物事事也共同

成立一種相互內在的關係。對此吳氏指出：

> 純粹力動詐現的事物各自是一個動場，每一個這樣的動場
> 猶如一小宇宙（microcosm）；每一個小宇宙都是力動全
> 體貫注於其中的結果。由於有同一的力動作為存在的根
> 源，小宇宙之間的溝通、對話是不成問題的。相互內在也
> 不成問題，這是由於每一小宇宙都是力動詐現的性格，自
> 身不是實體，無常住不變的自性可言，因此不會相互排
> 斥，反而會相互吸引、吸納，而相互內在於對方。……事
> 物相互內在問題，內在或存在性被含容，如上面多次提
> 過，關鍵在事物自身沒有實體、自性，因而事物與事物之
> 間不會相互排斥，反而相互融合，這便有內在之意。這種
> 內在的意味，在華嚴宗來說，是即、攝、入這些詞語所表
> 示的意思。所謂「即」、「入」，表示空、無力方面的事
> 物被融攝到有、有力方面的事物中去，這相當於懷德海所
> 說的「涉入」（ingression）；至於「攝」，則指有、有
> 力方面的事物收攝、吸納空、無力方面的事物到自己方面
> 去，這相當於懷德海所說的「攝握」（prehension）。
> 「空」、「無力」與「有」、「有力」這些字眼是表示事
> 物存在或活動的態勢。空與無力表示事物處於消極、被
> 動、潛在的態勢，動勢不顯；有與有力則表示事物處於積
> 極、主動、實現的態勢，有充分的動感以帶導、領銜空、
> 無力的事物以成就一種具有理想性、價值性的事情。據華
> 嚴宗，事物與事物之間的相互碰遇與相互作用，總是在這
> 樣的情況下進行：有些事物是處於空、無力的態勢，有些

事物則處於有、有力的態勢,因而雙方的作用,總是能在一種無礙圓融的方式下進行。倘若不是這樣,倘若碰遇事物的雙方都處於空、無力的態勢,或處於有、有力的態勢,便不能有這種無礙圓融的活動生起。即是,若雙方都是空、無力的話,則動勢太弱,激發不出相合的活動;又若雙方都是有、有力的話,則動勢太強,各事物各不相讓,甚至排斥對方,相合的活動也不能生起。就純粹力動現象學言,純粹力動詐現各種事物,自身即貫徹於事物之中,而成就無數的小動場(每一被詐現的事物都是一小動場)。小動場無實體、自性,只是詐現性格,因此相互之間沒有排斥,卻是相互吸攝,相互內在於對方。而純粹力動在主體方面所表現的睿智的直覺,則如如地觀照作為小動場的各種事物之間的相互作用、相互摩蕩、相互影響以至相互內在,而無隔閡。[137]

就中可見,在「動場」中,純粹力動詐現的物物事事自身即是一「動場」,吳氏或如上文所言,以「小動場」闡述之,或者便逕以「小宇宙」目之。無論如何,這些無盡數與無止盡現成的「小動場」、「小宇宙」,彼我皆是純粹力動詐現並貫注於其中而來;並且,也因而皆是沒有實體性、沒有自性的存在,彼此不會相互排斥。在此,「小動場」、「小宇宙」——也即是純粹力動詐現的物物事事——分有了「大動場」——也即是純粹力動自身——的無實體性、無質體性、無滯礙性,乃是最重要也最根本的

---

137 吳汝鈞:《機體與力動:懷德海哲學研究與對話》,頁 116-118。

基礎內涵，因為只有在這種存有論的基礎上，才能充分保障事物與事物之間的無對礙性。吳氏也才能主張，「動場」中的物物事事，彼此間不獨溝通、對話沒有問題，甚至能夠相互吸引、吸納，從而相互內在於對方。「動場」中之物物事事間的相互內在的關係，便是由此成立的。針對這種關係，吳氏也吸納了華嚴宗相「即」、相「攝」、相「入」的圓融觀點，認為在「動場」中的物物事事雖不斷處於活動中、變化中，但物物事事在動勢上或強或弱變動不定，時而動勢強、時而動勢弱。這時便會彼我相較而區分出相對為處於「有」、「有力」之態勢的物事和相對為處於「空」、「無力」之態勢的事物。基本上，處於「有」、「有力」之態勢的事物，正表示其處在積極、主動、實現的態勢中，具備有充分的動感能帶導、領銜處於「空」、「無力」之態勢的事物；相反的，處於「空」、「無力」之態勢的事物，正表示其處在消極、被動、潛在的態勢中，動感不夠充足，而只能被處於「有」、「有力」之態勢的事物所主導。所謂「即」與「入」，即是指處於「空」、「無力」之態勢的事物，被融攝到處於「有」、「有力」之態勢的事物中去，這種情況，與懷德海哲學中所說的「涉入」（ingression）相當；[138]而所謂「攝」，即是

---

[138] 關於「涉入」（ingression），中譯或為「契入」。吳汝鈞先生對這個觀念闡釋到：「涉入（ingression）表示對象（object）對事件（event）的普遍的關係，更精確地說是對象滲入事件之中，成為事件中的內容。」見吳汝鈞：《機體與力動：懷德海哲學研究與對話》，頁 73；俞懿嫻亦闡釋到：「對象構成事件的特質（含自然的流程、部分流程，特定部分等等的特質），事件則是對象的處境，而『契入』正在說明對象作為事件的構成分子的這項關係……相同的事件，可能會有不同種類的對象，以不同的模式（mode）契入，這也會影響事件的特質。」見

指處於「有」、「有力」之態勢的事物，將處在「空」、「無力」之態勢的事物收攝、吸納進自己的內裡去，與懷德海哲學中所說的「攝握」（prehension）相當。[139]「動場」中的物物事事，便總是在這種一方為「有」、「有力」而一方為「空」、「無力」的相對態勢中遭遇並彼此涵容，從而能成就一種圓融無礙的關係。吳氏的這種構想，基本上即是對「動場」中之物物事事間的相互涵容的情況（或者說：相互涵容的活動），所進行的一種較具體的原理性界定；且顯然的，這種構想亦受益於吳氏對懷德海機體主義哲學的吸收。我們可以說，在「睿智的直覺」的觀照下朗現的「動場」，便是時時以著這種物物事事間彼此融攝、層層相涵的無有止盡的圓融無礙的活動狀態，示現於「睿智的直覺」跟前。

俞懿嫻：《懷海德自然哲學——機體哲學初探》（臺北：正中書局，2001 年 1 月），頁 247-248

[139] 關於「攝握」（prehension），中譯或為「攝受」、「攝持」。吳汝鈞先生對這個觀念闡釋到：「所謂攝握，即對某一個別要素收歸自己所有的歷程（process of appropriation）。……懷氏很清楚確定地說明攝握是一種把一些東西收羅過來而成為自己所有的活動，這是一個歷程。所收為自己的東西，主要是指作為宇宙的終極要素的實際的存在。」見吳汝鈞：《機體與力動：懷德海哲學研究與對話》，頁 80；楊士毅則闡釋到：「基本上懷氏認為，任何剎那歷程的形成或實際事物的形成都是『汲取（appropriate）宇宙中各種不同的元素（elements）而形成。每個汲取特殊元素的歷程叫做攝受歷程（prehension）』……當然汲取不同的元素則形成不同的攝受（歷程），此種攝受使得此實際事物與宇宙中其他各種元素相關聯，而且此種關聯乃是具體事實，也是『形成實際事物的最具體因素』。」見楊士毅：《懷海德哲學》（臺北：東大圖書股份有限公司，1987 年 5 月），頁 53。

　　以上所述，即是「動場」這一精神性、意識性的場所，所基本具有的存在特徵。從「動場」中物物事事的相對相關與相互內在，我們也可見及，「動場」中的事物基本上乃時時處在一種「諧和」的關係與狀態中，對此吳氏申言到：

　　　我們不妨這樣理解，事物在一個相對相關的不斷推延的無盡的網絡中，的確有些事物處於有力的狀態，另一些事物是處於無力的狀態。在這些事物的相遇合、相摩盪中，有衝突，也有融攝。融攝可以維持下去，而衝突也可期待下一次的融攝。我們不妨以一種開放的、樂觀的眼光看事物的流變，留意上面提到的動場的生生不息、新新不已的歷程，而確認含藏萬事萬物的宇宙是向著一個理想的諧和目標推進的。特別是本著海德格所說的實有的本質是呈顯這一對真理的體認方式，我們有存有論的理據肯認萬事萬物的流變是向著諧和的境界進發的。因為萬事萬物作為實有看，依其本質是要各自呈顯的。這種呈顯需要在一種諧和的、互讓互抱的關係中進行，才是可能的。……純粹力動現象學的終極境界是諧和。這是人與人、人與物、人與自然、人與上帝（倘若要以純粹力動為基礎而立上帝的話）、物與物、物與上帝之間的一體無間的關係，各方面都統一於純粹力動一終極原理之中。[140]

在此吳氏進一步界定了在「力動論」哲學的架構中，「動場」

---

[140]　吳汝鈞：《純粹力動現象學》，頁 402。

——亦可說,就是整體宇宙的「物自身」——的整體存在與活動,乃是向著一個「諧和」的目標推進的,而海德格所說的「實有的本質是呈顯」的這一體認真理的方式,便再一次被吳氏所援用,認為「實有的必呈顯」是與「實有間的諧和關係」相繫連的,如果實有與實有間不是處在一種「諧和」的關係,那麼——實有的呈顯便必然會遭受到阻礙,因而,唯有「動場」中的物物事事皆處在一種「諧和」的境界與互讓互抱的關係網絡中,「動場」中的物物事事方能無礙地呈顯自己。就此而言,我們當然可以明確肯定:在吳氏的「力動論」哲學中,經由純粹力動所詐現的宇宙萬物、經由純粹力動自身所結構的「動場」,是必然具有價值意味的。至於,為何「動場」中的物物事事必定能處在一種「諧和」的境界、必定能成就一種彼此互讓互抱的關係呢?終究仍是因為「動場」中的物物事事都是純粹力動的詐現這樣一個存有論的真實而已,此所以吳氏能言人與人、人與物、人與自然、人與上帝及物與物、物與上帝間的一體無間的關係,都統一於純粹力動這一終極原理之中。

小　結

本章以上,集中探討了吳氏對「力動論」哲學的建構。從中我們可以基本看出,無論是對純粹力動作為一終極原理的體性構設、對宇宙論的開拓、對主體心靈的定位、對一終極「和諧」與圓融無礙之真實世界的構想,吳氏皆盡力在根本思維上,努力避免其造論之初所欲解決的各種理論問題——包含其對他家哲學的檢討,如:堅持終極原理的純粹性、根源性、不可分割性;盡力

滌除終極原理的實體性、質體性與因之而有的滯礙性；盡力避免「本體」與「現象」之間陷於割裂、分離；盡力融合「實體主義」與「非實體主義」之終極原理的優點，使其揭櫫的純粹力動既能完全的免除實體性、質體性，保有虛靈、無礙的性格，又確實具有現起宇宙萬物的健動、盛大的力用；並且，在其自家「力動論」哲學中不立「體用」關係，也避免人們在理解「力動論」哲學時，運使「體用論」的慣性思維。此外，其在堅持「化存有歸活動」的思維下，除了在根本上將終極原理定位為一種「非實體」的超越的「活動」——其亦同時是一種超越的「力」、超越的「功用」——之外，更對傳統佛教的「空」義及西方哲學中的「物自身」概念加以意涵上的活轉，賦予原先偏屬靜態義的「空」及「物自身」概念以動態義、活動義，與此關聯的，亦將純粹力動所詐現的世界定義為是一種「動場」。凡此，皆為吳氏造論工程的重點，是學者在理解與研究「力動論」哲學時，不可忽略的理論環節；而對本書的研究來說，本章的討論結果，也正是下文進一步援之與熊氏的「體用論」哲學進行參照、比較時的基礎。以下進入熊氏的「體用論」哲學。

第三章
熊十力「體用論」哲學的建構

　　涉獵過熊十力哲學的學者，多半能認同，熊氏窮畢生之力所建構的哲學體系，即是「體用論」哲學，其於晚年自著定論，便有逕以「體用論」名之的《體用論》一書問世；[1]另，最能標誌熊氏畢生思想歸旨的著作，乃其造論之作《新唯識論》，[2]熊氏

---

[1] 景海峰曾概括熊氏的哲學貢獻曰：「熊十力對中國哲學的重大貢獻，即在於對體用問題作了歸結性的闡明。」、「熊氏窮畢生精力以闡發體用、明辨體用，他的幾本最重要的著作差不多都是圍繞這一中心問題而展開論述的。」、「他的哲學代表著作《新唯識論》在三十年代初以文言本問世，四十年代中期改譯為語體文本，至五十年代初，又有重新簡寫精縮的刪定本出。『《新論》本為發明體用而作』，全部《新唯識論》『即以體用不二』立宗。故在五十年代末，他寫出自己的『晚年定論』時，便以《體用論》直標其名……。」見景海峰：《熊十力》，頁131-132。

[2] 熊氏造作《新唯識論》，雖宗旨可謂一以貫之，但前後非只一本著作問世。其於1923年出版的《唯識學概論》、1926年修訂出版的《唯識學概論》（學者或逕稱之為《唯識學概論2》）、1930年再次將《唯識學概論》改訂並易名出版的《唯識論》三書，已可被視為《新唯識論（文言文本）》的濫觴。其後，《新唯識論（文言文本）》於1932年出版，《新唯識論（語體文本）》於1944年出版，至1953年更有《新唯

曾在〈略談《新論》要旨（答牟宗三）〉一文中明示牟先生曰：
「《新論》本為發明體用而作⋯⋯」[3]於〈與諸生談《新唯識
論》大要〉一文中也開宗明義直言：「《新論》以體用不二闡明
萬化根本原理⋯⋯」[4]於《新唯識論（語體文本）》之〈初印上
中卷序言〉中也說：「本書根本問題不外體用。」[5]可以說，熊
氏的「體用論」哲學，即是以其所著《新唯識論》為中心開展
的，[6]不獨如此，「體用論」哲學又即是其自家形而上學——或
者更細緻的說，是「本體」哲學——的總體展現。

　　本書上一章已多次述及，吳氏建構自家「力動論」哲學，本
有承於熊氏對佛教思想的根本叩問——亦即：佛教不能肯定實
體，而持空的立場；沒有實體則不能起用。這樣，佛教如何能普

　識論（壬辰刪定本）》問世。可以說，熊氏之造作《新唯識論》，乃是
　一項綜其一生、歷時不輟的哲學事業，其於 1957 年出版的《體用
　論》、1958 年出版的《明心篇》、1961 年出版的《乾坤衍》等幾部重
　要的晚年著作，也根本上即是其造論工程的延續。以上所述，參林安
　梧：《存有・意識與實踐：熊十力體用哲學之詮釋與重建》，頁 16-
　17；程志華：《熊十力哲學研究：《新唯識論》之哲學體系》（北京：
　人民出版社，2013 年 6 月），頁 8-16。

[3]　見熊十力：《十力語要初續》，收於熊十力：《熊十力全集》第 5 冊
　（武漢：湖北教育出版社，2001 年 8 月），頁 10。

[4]　見熊十力：《摧惑顯宗記》，收於熊十力：《熊十力全集》第 5 冊（武
　漢：湖北教育出版社，2001 年 8 月），頁 533。

[5]　見熊十力：《新唯識論（語體文本）》，收於熊十力：《熊十力全
　集》，第 3 冊，頁 6。

[6]　如林安梧便直言：「熊十力的體用哲學是以其所著《新唯識論》為中心
　開展的。」見林安梧：《存有・意識與實踐：熊十力體用哲學之詮釋與
　重建》，頁 16。

渡眾生，以達致它的宗教目的呢？——而來，且吳氏又以熊氏的
「體用不二」論有以下兩點問題：其一，熊氏「體用不二」論所
持的宇宙本體，含藏複雜性；其二，「體用不二」非言「體用同
一」，「體」、「用」二者終是有間，未臻究極圓融的境地。其
中，從第二點問題延伸而出的是：本體與現象、絕對與相對、無
限與有限二界，將有割離、分裂之嫌，可能落入西方哲學本體思
想的陳年窠臼；並且「體」、「用」二者的關係將成為一種機械
化的關係。進而，吳氏之建構「力動論」哲學，自然地會對其所
檢討於「體用論」哲學的可能缺陷有所避免，以使自家「力動
論」哲學能更趨完善。

　　總之，吳氏之建構「力動論」哲學，實與其對「體用論」哲
學的理解、吸收和檢討有關。就中我們亦可進一步追問：究竟熊
氏的「體用論」哲學，是否真有吳氏所指陳的問題？又，熊、吳
兩家哲學的理論構設，究竟是全然迥異？又或有同也有異？而若
是後者，則所「同」者為何？所「異」者又何在？欲回答此上問
題，唯有比觀熊氏「體用論」哲學與吳氏「力動論」哲學的整體
構作，方能有確切的答案。本書於上一章，已先針對吳氏的「力
動論」哲學進行了專門的探討，本章則以熊氏的「體用論」哲學
為分析對象，闡述其整體的哲學建構，作為進一步與吳氏「力動
論」哲學相互比較的基礎。

第一節　熊十力「體用論」哲學
對「本體」的體性構想

　　「體用論」哲學的建構，立基於熊氏對宇宙本體的根本重

視，從而，肯定有一真實本體，並肯定建構哲學「本體論」的必要與必需，便成為其造論思維的起點，其言：

> 哲學中分類略如下：一、本體論，一名形而上學，即窮究宇宙實體之學。二、宇宙論，即解釋宇宙萬象（現象界）之學。三、人生論，參究生命本性及察識吾人生活內容，求去雜染而發揮固有德用，復其天地萬物同體之真。（俗或名生活哲學，稍欠妥）。四、知識論，亦云認識論。……四類中唯本體論是萬理之所從出，一切學術之歸宿處，一切知識之根源。[7]

> 近世哲學不談本體，則將萬化大源、人生本性、道德根柢一概否認。此理本平常，本著顯，直緣人自錮於知見，不能證得。知識論所由興，本以不獲見體，而始討論及此。但東方先哲則因知識不可以證體，乃有超知而趣歸證會之方法。西人則始終盤旋知識窠臼，茫無歸著，遂乃否認本體。[8]

> 談宇宙人生若不澈悟本體，將無往不陷於戲論。哲學家頗有否認本體者，以為萬有乃相依俱有，如彼緣此故有、此亦緣彼故有……如關係論者，其大意不外此。果如此說，

7　語出〈為諸生授新唯識論開講詞〉，見熊十力：《摧惑顯宗記》，收於熊十力：《熊十力全集》，第 5 冊，頁 537。

8　熊十力：《新唯識論（語體文本）》，收於熊十力：《熊十力全集》，第 3 冊，頁 9。

宇宙竟無真源，萬有絲紛直若空華幻現，人生無根蒂，飄
如陌上塵，是乃以滯迹之迷情，障真宗之妙諦，（凡否認
本體者，只是迷滯迹象，故不悟宇宙自有真宗。真宗猶云
真宰，亦本體之異名。）稍有智者，未知其可也。夫慧深
者，窮理必推其本；心廣者，為學必究其源。故本體論恆
為千古哲人所鑽研不捨。[9]

從中可見，熊氏不契於西方近世哲學諱談「本體」乃至於反形而
上學的一大趨勢，[10]對於否認有本體存在的主張，也明確採取了
擯斥的立場，認為這是一種因於「迷滯迹象」的思維謬誤。可以
說，在熊氏的理解中，宇宙萬物必有也需有一真實的根源，其或
名之為「本體」、「真宗」、「真宰」，名目雖異而所指皆一；

---

[9] 語出〈為諸生授新唯識論開講詞〉，見熊十力：《摧惑顯宗記》，收於
熊十力：《熊十力全集》，第 5 冊，頁 538。

[10] 西方近世哲學曾經出現過對本體論與形而上學的反對和批判的思潮，如
張志偉指出：「現代西方哲學是反形而上學起家的。形而上學的問題在
此顯得更加複雜了。經過 19 世紀末 20 世紀初激進地反形而上學的浪潮
之後，形而上學在現代哲學中以不同的方式重新受到哲學家們的重視，
當然他們的研究是在深入反思西方哲學傳統觀念的基礎上進行的。」見
張志偉：〈形而上學的歷史演變〉，收於張志偉主編：《形而上學的歷
史演變》（北京：中國人民大學出版社，2010 年 9 月），頁 20-21；又
如馮俊、李秋零等指出：「在西方哲學史上，本體論曾經佔據哲學的核
心地位長達 2000 多年之久，即使在以徹底的反形而上學、反本體論為
其基本觀念的現當代哲學之中，本體論問題仍然是哲學家們十分關注的
問題，而且本體論傳統在他們的思想裡亦並未銷聲匿跡，實際上始終在
不同程度、不同方式上發揮著作用和影響。」見馮俊、李秋零等著：
《西方哲學問題研究》，頁 8。

與之相關的,若不能對「本體」有所明澈的解悟與把握,便無以談論宇宙人生,侈而談之,即與戲論無異。因而,「本體論」直是一關聯著宇宙萬物之根源(萬化大源)、人存在者之生命本質與實踐(人生本性)以及道德實踐之本質與根源性(道德根柢)的根本學問。深究熊十力哲學的學者,也多能肯定到「本體論」的建構乃熊氏之哲學創造的核心歸宿與目的。[11]那麼,針對宇宙本體的基本體性,熊氏有哪些較重要的構想呢?以下分幾點說明。

一、「本體」即是「本心」,
「現象」之外無「本體」

　　關於宇宙「本體」的體性,熊氏首先明確定義到「本體」即是「本心」,[12]其言:

11　如景海峰便指出:「十力哲學以本體論為歸宿,而體用觀又是其本體論的核心……。」見景海峰:《熊十力》,頁 131;程志華也認為:「『本體』是熊十力哲學的最高範疇,重建本體是熊十力哲學的目的。」見程志華:《熊十力哲學研究:《新唯識論》之哲學體系》,頁28;參與語譯《新唯識論(語體文本)》的錢學熙先生,則廣述熊先生對哲學「本體論」的重視曰:「哲學自科學發展以後,它底範圍日益縮小。究極言之,只有本體論是哲學的範圍,除此以外,幾乎皆是科學的領域。……本體論究是闡明萬化根源,是一切智智,(一切智中最上之智,復為一切智之所從出,故云一切智智。)與科學但為各部門的知識者不可同日而語。則謂哲學建本立極,只是本體論,要不為過。」見熊十力:《新唯識論(語體文本)》,收於熊十力:《熊十力全集》,第3 冊,頁 14-15。

12　郭齊勇便指出:「熊十力先生的本體論就圍繞著『本心』而開展。」見郭齊勇:《熊十力哲學研究》,頁 25。

……一切物的本體，非是離自心外在境界，即非知識所行境界，唯是反求實證相應故。[13]

從來哲學家談本體，許多臆猜揣度，總不免把本體當作外在的物事來推求，好像本體是超越於一切行或現象之上而為其根源的。他們多有把本體和一切行或現象界，說成兩片。他們根本不曾見到體，而只任他們的意見去猜度。[14]

哲學家談本體者，大抵把本體當作是離我的心而外在的物事，因憑理智作用，向外去尋求。由此之故，哲學家各用思考去構畫一種境界，而建立為本體，紛紛不一其說。不論是唯心唯物、非心非物，種種之論要皆以向外找東西的態度來猜度，各自虛妄安立一種本體。更有否認本體，而專講知識論者。……凡此種種妄見，如前哲所謂「道在邇而求諸遠，事在易而求諸難」。實由不悟反識本心。易言之，即不了萬物本原與吾人真性，本非有二。（此中真性，即謂本心。以其為吾人所以生之理，則云真性。以其主乎吾身，則曰本心。）遂至妄臆宇宙本體為離自心而外在……。[15]

13　熊十力：《新唯識論（語體文本）》，收於熊十力：《熊十力全集》，第 3 冊，頁 13。

14　熊十力：《新唯識論（語體文本）》，收於熊十力：《熊十力全集》，第 3 冊，頁 91。

15　熊十力：《新唯識論（語體文本）》，收於熊十力：《熊十力全集》，第 3 冊，頁 17-18。

熊氏的以上闡述,一來批判了在其心目中他家哲學在把握本體、構想本體上的根本錯誤;二來對本體究竟為何的問題,有了初步的回答;三來亦順勢定位了人們如何能體悟本體、證會本體的工夫論根基。在他看來,將本體視為一外在物事或對象——尤其是,外在於人之自心的物事或對象——即是一般人在把握本體、構想本體時最根本的錯誤。此處所謂「視為一外在物事或對象」,就人而言,是指將本體視為一外在於人——尤其是,外在於人之自心——的物事或對象,但就人以外的一一物事與現象而言,即是指:將本體視為一外在於一一物事與現象的物事。熊氏明確批判到,這正是將本體與現象界割截為兩片。就此看來,對於西方哲學在形而上學方面的陳年窠臼,也就是本體與現象、絕對與相對、無限與有限二界相分離的問題,熊氏亦頗有見及,並也認為該從根本上加以避免。[16]據此,熊氏所認定的本體,便不能是外在於現象界之一一物事,尤其——不能是外在於人之主體、人之自心的物事,約義言之,「本體」即在「現象」之中,離卻「現象」之外無「本體」。進一步的,在定義一本體「非是離自心外在境界」之後,熊氏便明確揭櫫了本體即是吾人之「本心」、吾人之「真性」的主張。所謂「萬物本原與吾人真性,本

---

[16] 賴錫三便認為,熊氏對哲學家常妄構一離自心外在之「本體」的檢討,即是對西方「思辯形上學」的批判,而其批判的重點即是:第一,批判理智的憑空猜度之戲論(批判其思維方法);第二,批判其將本體當作外在的對象物(批判思維方法造成本體的對象化);第三,批判它將本體和現象割裂為二元世界(批判其思維方法所造成的主客系統)。見賴錫三:〈熊十力體用哲學的存有論詮釋——略論熊十力與牟宗三的哲學系統相之同異〉,《中正大學中文學術年刊》第5期,2003年12月,第83頁。

非有二」的提揭，即是明指著：宇宙本體即是人之「本心」。關於宇宙本體即是人之「本心」的基本主張，可參看以下這段更明確的說法：

> 是故此心（謂本心。）即是吾人的真性，亦即是一切物的本體。或復問言：黃蘗有云，「深信含生同一真性，心性不異，即性即心」云云，此與孟子所言「盡心則知性知天」，遙相契應。宋明理學家，有以為心未即是性者，此未了本心義。本心即是性，但隨義異名耳。以其主乎身，曰心；以其為吾人所以生之理，曰性；以其為萬有之大原，曰天。故「盡心則知性知天」，以三名所表，實是一事，但取義不一而名有三耳。[17]

在此，熊氏明主宇宙本體即是吾人之「本心」，並藉訓釋《孟子》言「盡心則知性知天」的主張，闡明本體之名本多端，可隨操持以表述之側重意旨，而有所調整、變化，如稱本體為「心」（即「本心」）時，乃側重表述本體為可下貫吾人之身，進而為吾人之主宰的意思；稱本體為「性」（即「本性」），乃側重表述本體為吾人緣何得以生就（生就為如此之「人」暨天賦如此之「人」的本質）的根源之「理」；稱本體為「天」，則乃側重廣說本體即是生就天地萬有的宇宙本源。如此說來，名「心」、名「性」、名「天」，皆乃表述本體之名謂，「本心」、「本性」

17　熊十力：《新唯識論（語體文本）》，收於熊十力：《熊十力全集》，第 3 冊，頁 19。

與「天」在熊氏的理解與名言操持中,皆是指謂宇宙本體而言。[18]進一步的,由於宇宙本體即是吾人之「本心」,則人之欲把握本體、證會本體,便不能離自心而向外求索,而只能是「反求實證相應」。所謂離自心而向外求索本體,即是以探索知識的態度去尋求本體,如哲學家對知識論的建構,如物理學家、科學家對物理界與科學知識的發掘和積累等,皆如熊氏所言,是將本體視為「知識所行境界」,追根究柢,正是因為將本體誤認為離自心外在的物事,才會陷入這種思維誤區;相反的,所謂「反求實證相應」,即是反諸「本心」以證會「本體」的意思,而之所以能以這種工夫路數證會本體,理由正在於:宇宙本體即是人之「本心」。

二、會「寂」與「仁」:「本體」亦寂靜亦生生

承上言,熊氏既定位了宇宙「本體」即是人之「本心」,則吾人看待其對宇宙本體的一切體性構設,便應同時意會到:關乎宇宙本體的一切體性,即是人之「本心」的一切體性。而第二個吾人特需注意的、熊氏對本體之根本體性的構想,乃與其對東方哲學在本體證會上的檢討有關。如上文所已述及的、在構想本體時將本體與現象界割截為兩片,蓋乃主要針對西方哲學的本體論

---

[18] 事實上,熊氏對本體的稱呼極為多端,如「真如」、「性體」、「本心」、「真性」、「真宰」、「真實」、「真體」、「真己」、「真理」、「性智」、「恆轉」、「功用」、「功能」、「理」、「理體」、「天理」……等皆是,遍布在熊氏的著作中。類此名相,或援自儒家、或源自佛教,在熊氏哲學的語境中,皆是指謂宇宙本體的假名。

而發，[19]但在熊氏的觀照中，即便是東方哲學的本體論——特別是中國哲學的釋、道二家本體論，同樣有未臻完善處，其言：

> 東方諸大學派談本體者，證會所至，各有發揮……印度佛家唯以空寂顯體。佛家大小乘，派別極繁，互相攻難，而印以三法印，一切無諍。三法印者，空寂義也。……中土道家則說本體唯是虛靜。（王船山《莊子通》有云「虛靜之中，天地推焉，萬物歸焉」。蓋深得道家意。）虛靜猶空寂也。佛法東來，魏晉玄家為之導。玄家宗道，故能與佛氏合流也。夫於本體而唯證會到空寂虛靜者，則其宇宙觀與人生觀將皆別是一番意義，易言之，即不免有耽空滯靜之流弊。[20]

> 佛氏證空寂，道家悟虛靜，謂其所見非真固不得，但耽空溺靜，即未免捨其生生化化不息之健，如佛氏反人生，道家流於委靡，皆學術之蔽也。[21]

類此的檢討，在熊氏的著作中屢見不鮮。要言之，熊氏是認為，

19　如熊氏直言：「《新論》以體用不二闡明萬化根本原理，救正佛家分截法相是生滅、法性是不生滅、將性相打作兩片及西洋哲學家談實體與現象每欠圓融之痼疾。」語出〈與諸生談新唯識論大要〉，見熊十力：《摧惑顯宗記》，收於熊十力：《熊十力全集》，第5冊，頁533。

20　語出〈與諸生談新唯識論大要〉，見熊十力：《摧惑顯宗記》，收於熊十力：《熊十力全集》，第5冊，頁533。

21　語出〈與諸生談新唯識論大要〉，見熊十力：《摧惑顯宗記》，收於熊十力：《熊十力全集》，第5冊，頁534。

釋、道二家對本體體性的證會，可約義為佛教的「空寂」、道家的「虛靜」，但在其理解中，佛家講本體是「空寂」的與道家講本體是「虛靜」的，大要來說，是同一個意思，故而熊氏泛言「虛靜猶空寂也」；但其並非否認宇宙本體與吾人之「本心」具有「空寂」或「虛靜」的根本性相，甚至於是極肯定本體與本心必須具備「空寂」或「虛靜」之性相的。熊氏之不契於釋、道二家之論本體，原因在於，其認為佛教主「空寂」而耽於「空寂」、道家主「虛靜」而滯於「虛靜」，此所以熊氏斷言釋、道二家之論本體，是流於「耽空滯靜」。那麼，何以見得釋、道二家之論本體流於「耽空滯靜」呢？在熊氏的理解裡，正在於釋、道二家之論本體，未能見及宇宙本體的「生生化化不息之健」。所謂「生生化化不息之健」，簡言之，即是生生不息、健動不止的創生大用。熊氏的這種見解，更常集中表現在對佛教「空宗」之要義的評價與檢討上，如其言：

> 空宗的全部意思，我們可蔽以一言曰：破相顯性。（此云相者，謂法相。性者，實性，即本體之異名。）空宗極力破除法相，正所以顯性。因為他的認識論，是注重在對治一切人底知識和情見。[22]

> 對於哲學界，或古今哲學家，許多紛紜複雜的知見和說法，就得用空宗大掃蕩的手段，務期斬盡葛藤，方得迴機

---

[22] 熊十力：《新唯識論（語體文本）》，收於熊十力：《熊十力全集》，第 3 冊，頁 163。

向上。（向上，猶云直透本原）……空宗的認識論主張，是要滌除知見，所以，於法相或宇宙萬象都說為空。他的意思，是空了法相，才好於法相而深澂其實性，否則拘執虛假的迹象，而不究其真。（虛假的迹象，謂一切法相。真，謂實性。）[23]

這是認為，佛教「空宗」盛言「空」義，首先是在認識論上得以俾使人們破除對世間諸法——也就是法相，也就是整體現象界中之一切物事與概念——的執著與虛妄情見，從而透悟到本體的真實性相，因而，「空宗」言「空」，不僅有存有論上的、指謂本體體性的意涵，更有一層作為認識意義的空卻法相與世間一切知識、情見之障蔽的屬於工夫論意義的方法意涵在。對於「空」義的這層意涵，熊氏每每加以盛讚：

空宗這種破相顯性的說法，我是甚為贊同的。古今談本體者，只有空宗能極力遠離戲論。空宗把外道，乃至一切哲學家，各各憑臆想或情見所組成的宇宙論，直用快刀斬亂絲的手段，斷盡糾紛，而令人當下悟入一真法界。（一切法的本體，曰法界。真者不虛妄義。一者絕對義。）這是何等神睿、何等稀奇的大業！[24]

---

[23]　熊十力：《新唯識論（語體文本）》，收於熊十力：《熊十力全集》，第 3 冊，頁 165。

[24]　熊十力：《新唯識論（語體文本）》，收於熊十力：《熊十力全集》，第 3 冊，頁 170。

然而，熊氏終究對「空宗」之言「空」不能無有置疑，其言：

> 我對空宗，頗有一個極大的疑問，則以為，空宗是否領會
> 性德之全，尚難判定。……空宗詮說性體。（性體者，性
> 雖無形，而非空無。以非空無故，說有自體。方言性時，
> 即是剋指性之自體而目之也。故以性體二字合而成詞，即
> 性即體故。）大概以真實、不可變易即清淨諸德而顯示
> 之。極真極實，無虛妄故，說之為真。恆如其性，毋變易
> 故，說之為如。一極湛然，寂靜圓明，說為清淨。（一極
> 者，絕對義。湛然者，深沖義。寂靜者，無擾亂故，無作
> 意故。圓明者，無迷闇故。）如上諸德，猶以寂靜提揭獨
> 重。……印度佛家各宗派，都是以寂靜言性體。換句話
> 說，性體就是寂靜的了。[25]

> 空宗於寂靜方面，領會得很深切，這是無疑義的。但如稍
> 有滯寂溺靜的意思，便把生生不息真機過絕了。其結果，
> 必陷於惡取空。（空者，空無。取，謂取著。惡者，毀責
> 詞，謂妄計著一切皆空，成不正見。故呵為惡取。）至少
> 亦有此傾向。[26]

從中可見，熊氏認為，「空宗」對本體體性的構想，蓋有如「真

---

[25] 熊十力：《新唯識論（語體文本）》，收於熊十力：《熊十力全集》，
第 3 冊，頁 170-171。

[26] 熊十力：《新唯識論（語體文本）》，收於熊十力：《熊十力全集》，
第 3 冊，頁 173-174。

如」、「一極」、「湛然」、「圓明」、「寂靜」等體性，但
「空宗」於此上諸種本體體性，最重視的即是「寂靜」此一體
性；熊氏甚至認為，整個佛教都是以「寂靜」言本體的。依熊氏
對「寂靜」之體性的正面的、肯定的訓釋——也就是「無擾
亂」、「無作意」——來看，其自也肯定宇宙本體與本心應根本
地具備「寂靜」這一體性，但其所慮、所不敢認同者，便是佛教
所體認的本體在體性上過於「滯寂而溺靜」，因之遏絕了「生生
不絕的真機」，也就是上文所言的生生不息、健動不止的創生大
用。熊氏之認定「空宗」與佛教言本體的「滯寂溺靜」之弊，乃
遏絕生生不息、健動不止的創生大用，可證諸如下說法：

> 我們要知道，依據空宗的說法，是無有所謂宇宙論
> 的。……易言之，即不肯說真如實性顯現為一切法相。
> （此中真如，即是實性，特累而為複詞耳。）我們玩味空
> 宗的語勢，在空宗可以說真如即是諸法實性，而決不肯說
> 真如顯現為一切法。[27]

> 在空宗只破毀法相，便不肯施設法相，所以，依他的說
> 法，是絕不談及宇宙論的。[28]

> 空宗只見性體是寂靜的，卻不知性體亦是流行的。吾疑其

27　熊十力：《新唯識論（語體文本）》，收於熊十力：《熊十力全集》，
　　第 3 冊，頁 165。

28　熊十力：《新唯識論（語體文本）》，收於熊十力：《熊十力全集》，
　　第 3 冊，頁 167。

不識性德之全者，以此。夫以情見測度性體，而計執為實
物者，此誠不可不空。但不可於性體而言空。或於性體而
言空，縱其本意並不謂真無，但亦決不許說性體是流行
的，是生生不息的。空宗的經論俱在，其談到性體或真如
處，曾有可容許著流行或生生不息等詞否？若談性體，而
著此等詞，則必被呵斥為極謬大錯，無稍寬假。不獨空
宗，凡印度佛家各宗派，罔不如是。[29]

由此可見，在熊氏的理解中，「空宗」乃至整體佛教所證會的本
體，之所流於「滯寂溺靜」，之所以流於遏絕生生不息、健動不
止之創生大用的根本缺失，便在於「空宗」乃至整體佛教是不談
宇宙論的——至少是不立一宇宙萬物所從出的根源性實體，然後
肯定此一根源性實體乃能源源不絕、生生不息的創肇出現前的宇
宙暨其中的繁然萬物。熊氏便是由此而認定「空宗」乃至整體佛
教所證會的本體體性，在根本上是有所缺失的。而通觀熊氏的著
作，其在本體上所言「寂靜」，即與「空寂」同義；且如上文所
言，熊氏又基本上等觀佛教在本體上言「空寂」與道家在本體上
言「虛靜」，因之，我們屢屢可見熊氏批判釋、道二家所體認之
本體乃「耽空滯靜」、「滯寂溺靜」，實皆根源於其認定釋、道
二家所體認的本體體性，不能兼融生生不息、健動不止的創生大
用之故。基於此種檢討，熊氏便認為，宇宙本體應具有如下的基
本體性：

---

[29] 熊十力：《新唯識論（語體文本）》，收於熊十力：《熊十力全集》，
第 3 冊，頁 175。

《新論》談本體，則於空寂而識生化之神，於虛靜而見剛健之德……夫寂者，無昏擾義。（非枯寂之寂。）故寂而生生也；靜者，無囂亂義。（非如物體靜止之謂。）故靜而健動也。是故達天德而立人極者，莫如《新論》。[30]

《新論》言本體真常者，乃剋就本體之德言……《新論》則曰真常者，言其德也。德有二義，德性、德用，曰寂靜、曰生生、曰變化、曰剛健、曰純善、曰靈明，皆言其德也。[31]

吾嘗言，空宗見到性體是寂靜的，不可謂之不知性。性體上不容起一毫執著，空宗種種破斥，無非此個意思。我於此，亦何容乖異？然而，寂靜之中即是生機流行，生機流行畢竟是寂靜。此乃真宗微妙，迴絕言詮。（真宗，猶云真宰，乃性體之別名。）若見此者，方乃識性德之大全。[32]

本來，性體不能不說是寂靜的。然至寂即是神化，化而不造，故說為寂。（凡有造作，則不寂。因為化之本體，是虛寂而不起意的，故無造作，而萬化皆寂也。）豈捨神化

---

[30]　語出〈略談《新論》要旨（答牟宗三）〉，見《十力語要初續》，收於熊十力：《熊十力全集》，第5冊，頁9。

[31]　語出〈略談《新論》要旨（答牟宗三）〉，見《十力語要初續》，收於熊十力：《熊十力全集》，第5冊，頁13。

[32]　熊十力：《新唯識論（語體文本）》，收於熊十力：《熊十力全集》，第3冊，頁175。

而別有寂耶？至靜即是謫變，（謫者，奇詭不測。）變而
非動，故說為靜，（因為變之本體，是虛靜無形的，故不
可以物之動轉而測變。世俗見物動則不靜，此變不爾，實
萬變而皆靜也。）豈離謫變而別有靜耶？夫至靜而變，至
寂而化者，唯其寂非枯寂而健德與之俱也，靜非枯靜而仁
德與之俱也。健，生德也。仁，亦生德也。（即生即德，
曰生德。）曰健曰仁，異名同實。生生之盛大而不容已，
曰健。（盛大，猶云至大至剛。盛者，剛強義。）生生之
和暢而無所間，曰仁。（和者，生意融融貌。暢者，生機
條達貌。間者，阻隔義。）[33]

佛家談本體，畢竟於寂靜的方面提揭獨重，此各宗亦然，
禪師亦爾。儒家自孔、孟，其談本體，畢竟於人或生化的
方面提揭獨重。《大易》、《論語》，可以參證。會通佛
之寂與孔之仁，而後本體之全德可見。夫寂者，真實之極
也，清淨之極也，幽深之極也，微妙之極也。無形無相，
無雜染，無滯礙，非戲論安足處所。默默無可形容，而強
命之曰寂也。仁者，生生不容已也，神化不可測也，太和
而無所違逆也，至柔而無不包通也。本體具備萬德，難以
稱舉。唯仁與寂，可賅萬德。偏言寂，則有耽空之患。偏
言仁，恐末流之弊只見到生機，而不知生生無息的真體本
自沖寂也。夫真實、清淨，生生所以不容已；幽深、微

---

[33] 熊十力：《新唯識論（語體文本）》，收於熊十力：《熊十力全集》，
第 3 冊，頁 171-172。

妙，神化所以不可測也。無方相乃至無滯礙，而實不空無
者，唯其仁也。故寂與仁，皆以言乎本體之德，寂故仁，
仁亦無不寂。則本體不可執一德以言之明矣。[34]

在熊氏的著作中，類此的表述極多，相關指點在細微處或有差
異，但在宗旨上卻大抵是一致的。以此上所徵引的材料而言，熊
氏認為「本體具備萬德」，也就是本體具備的體性極為多端，實
在難以盡舉，但依筆者的理解，卻大可以「寂靜」和「生機流行
（含：變化）」二端加以涵蓋。其中，「寂靜」此一體性，即賅
羅了熊氏所慣言的「空寂」、「虛靜」之義，且應整體包含了本
體的「不起意」、「不造作」、「真實」、「清淨」、「幽
深」、「微妙」、「無形無相」、「無雜染」、「無滯礙」、
「無昏擾」、「無囂亂」、「靈明」等多種面向的體性；而「生
機流行（含：變化）」此一體性，則應包含了「生生（即：「神
化」）」、「變化（即：「翕變」）」、「剛健（即：「健
動」）」、「太和（無所違逆）」、「至柔（無不包通）」等德
性。並且，熊氏又以「健德」、「仁德」二名概稱「生機流行
（含：變化）」此一本體的體性。以「健德」名之，乃因「生機
流行（含：變化）」此一體性，意指著「生生之盛大不容已」，
熊氏訓釋「盛大」曰：「盛大，猶云至大至剛。盛者，剛強
義。」換言之，「健德」即指謂著本體的生機流行，是表現為一
種沛然廣大且強盛無以遏阻的生生、化化之力暨其所造就的生

---

[34] 熊十力：《新唯識論（語體文本）》，收於熊十力：《熊十力全集》，
第 3 冊，頁 406。

生、化化之實；而以「仁德」名之，乃是因「生機流行（含：變化）」此一體性，意指著「生生之和暢而無所間」，對此熊氏進一步訓釋到：「和者，生意融融貌。暢者，生機條達貌。間者，阻隔義。」換言之，「仁德」即指謂著本體的生機流行，是表現為天地萬物皆稟賦著無窮的生機、生意而變化茁長，且不受違礙、阻撓。進一步的，熊氏也認為，「寂靜」此一體性乃佛教本體論所重，也就是佛教本體論所言之「寂」；而「生機流行（含：變化）」此一體性則是儒家本體論所重，也就是儒家所言之「仁」，本體之體性唯有綜攝此二者，才算是無有缺陷，故而熊氏總的論斷到：「會通佛之寂與孔之仁，而後本體之全德可見。」而從「夫真實、清淨，生生所以不容已；幽深、微妙，神化所以不可測也」以及「寂故仁」這樣的思考來看，熊氏甚至認為，本體之所以能保證「生機流行（含：變化）」此一體性，正是因為本體具有「寂靜」此一體性；但反過來，從「無方相乃至無滯礙，而實不空無者，唯其仁也」的思考來看，「生機流行（含：變化）」此一體性，正可回頭裨補「寂靜」此一體性，使本體不淪為「枯寂」、「空無」的死體。因之，在熊氏關於本體體性的思考中，「寂」所以「仁」，「寂」為「仁」之因；「仁」以濟「寂」，「仁」為「寂」之顯。

三、本體「恆轉」、顯現為無量無邊「功用」：本體「內部含藏複雜性」與本體永恆地活動、運轉並發為流行大用

關聯著上文所討論的、熊氏所強調的本體亦寂靜亦生生的體性，在「體用論」哲學中，基本上乃表現為對本體的「生生」之

性——亦即：「生機流行（含：變化）」——之性的側重上。本
體緣何能「生生」、緣何是「生生」的呢？我們且看以下說法：

> ……體是要顯現為無量無邊的功用的。[35]

> 若說本體是不變易的，便已涵著變易了，若說本體是變易
> 的，便已涵著不變易了。他是很難說的。本體是顯現為無
> 量無邊的功用，即所謂一切行的，所以說是變易的；然而
> 本體雖顯現為萬殊的功用或一切行，畢竟不曾改移他的自
> 性。他的自性，恆是清淨的、剛健的、無滯礙的，所以說
> 是不變易的。[36]

> 我們把本體說為能變，這是從功用立名。（功用亦省稱
> 用。）因為本體全顯現為萬殊的功用，即離用之外亦沒有
> 所謂體的緣故。我們從體之顯現為萬殊和不測的功用，因
> 假說他是能變的。……上來把本體說為能變，我們從能變
> 這方面看，他是非常非斷的。因此，遂為本體安立一個名
> 字，叫做恆轉。恆字是非斷的意思，轉是非常的意思。非
> 常非斷，故名恆轉。我們從本體顯現為大用來說，（用而
> 曰大，讚美辭也，形容此用之至廣大而不可測也。）則以
> 他是變動不居的緣故，才說非常，若是恆常，便無變動

---

[35] 熊十力：《新唯識論（語體文本）》，收於熊十力：《熊十力全集》，
　　第 3 冊，頁 79。

[36] 熊十力：《新唯識論（語體文本）》，收於熊十力：《熊十力全集》，
　　第 3 冊，頁 94。

了，便不成為用了。又以他是變動不居的緣故，才說非斷，如或斷滅，也沒有變動了，也不成為用了。不常亦不斷，才是能變，才成為大用流行，所以把他叫做恆轉。[37]

若乃指斥轉變不息之本體而為之目，則曰恆轉。恆轉勢用大極。（此大，不與小對。）無量無邊，（雖是實有，而無質礙故，說無量。無封畛故，說無邊。）故又名之以功能。[38]

用，亦曰作用，作者動發義；亦曰功用，功者能義。不過，這裡所謂動發和能，其意義又是極難宣說的。動發者，謂其變動而無所留滯，（無留滯，即沒有東西存在。）發生而不可窮竭也。（纔升即滅，纔滅即生，故無窮竭。）動發的本身，只是勝能。勝者殊勝，讚辭也。這種勝能的意義，是極其微妙而難以言語形容的。常途（如物理學家。）所謂能力，是可施以實測的，今此所謂勝能，便不是實測的方法可及的。這個勝能只好說為無力之力，無能而無不能。……這種動發的勝能，實際上竟是確爾沒有東西存在，而又熾然起動，熾然發生，不是空無。即熾然起動，熾然發生，不是空無，而又確爾沒有東西存在，如此詭怪至極，所以說為無力之力，無能而無不能。

37　熊十力：《新唯識論（語體文本）》，收於熊十力：《熊十力全集》，第 3 冊，頁 95-96。

38　熊十力：《新唯識論（語體文本）》，收於熊十力：《熊十力全集》，第 3 冊，頁 151。

　　這種無力之力，無能而無不能，才是至大至健而不可稱量
　　的，至神至妙，含藏萬德，具備眾理，而不可思議的。這
　　種勝能，是無所謂空間性時間性的，是圓滿周遍一切處，
　　而無有一毫虧欠的。[39]

　　我們在玄學上把宇宙萬象還原到一大勝能。這種能的意
　　義，本極微妙難言。我們斷不可以物理學上能力的意義，
　　來了解此中所說的能。[40]

類此的闡述，在熊氏的著作中層出不窮，而箇中要義蓋如下：
（一）「本體」必顯現為無量無邊的「功用」。在「體用論」哲
學中，「體」即是「本體」的省稱，而「用」即是「功用」的省
稱。並且我們必須注意，「本體」與「功用」間的關係，是本體
「顯現」為功用、功用由本體所「顯現」，這便預認沒有「本
體」便沒有「功能」能顯現的意思。亦可以說，「本體」較諸
「功用」而言更為根本：（二）本體之顯現為無量無邊的「功
用」，與本體恆時處在轉變的、變動的狀態中是相關的，從熊氏
申言「我們從體之顯現為萬殊和不測的功用，因假說他是能變
的」這樣的主張可以見及：本體之能「轉變」，通向了本體能顯
現無量無邊的「功用」，故而熊氏能進一步言「若乃指斥轉變不
息之本體而為之目，則曰恆轉」，這是說，恆時處在轉變（也就

---

[39]　熊十力：《新唯識論（語體文本）》，收於熊十力：《熊十力全集》，
　　　第 3 冊，頁 154-155。

[40]　熊十力：《新唯識論（語體文本）》，收於熊十力：《熊十力全集》，
　　　第 3 冊，頁 156。

是：變動）中的本體，可逕以「恆轉」名之，這是援佛教唯識學中的固有名相賦予新意而來。[41]但為何以「恆轉」名之呢？熊氏解釋道：「恆字是非斷的意思，轉是非常的意思。非常非斷，故名恆轉。」易言之，是以「恆」字指謂本體的變動是不間斷的、是恆常的，而以「轉」字指謂本體不會停滯在某一恆久不變的狀態中。而熊氏又進一步說明到：「恆轉勢用大極。（此大，不與小對。）無量無邊，（雖是實有，而無質礙故，說無量。無封畛故，說無邊。）故又名之以功能。」可見在熊氏的理解中，正是因本體乃恆時處於轉變、變動的狀態中，故能恆時顯現為極大的「功用」，熊氏又以「勢用」名之，認為這種「功用」不僅是「實有的」，更且是「無質礙的」、「無封畛的」。所謂本體所顯現的「功用」乃「無邊無量」，「無量」正言本體「功用」的無質礙，也就是指本體的「功用」無所不能、神化莫測；「無邊」則言本體「功用」的無封畛，也就是廣大彌綸、周流遍徹、無所不包的意思。熊氏即將本體的此種「功用」泛言為「大用」，並進一步訓釋到：「用而曰大，讚美辭也，形容此用之至廣大而不可測也。」熊氏以後，學者常將其「體用論」哲學中所稱之「功用」——亦即「體」、「用」二者中的「用」——總的

---

[41] 林安梧指出：「『恆轉』一辭，舊義所指的『阿賴耶識』，熊氏則用來『顯體』，與舊義完全不同……。」見林安梧：《存有・意識與實踐：熊十力體用哲學之詮釋與重建》，頁 36；又《中國近現代社會思潮辭典》收錄之「恆轉」辭條指出：「原為法相唯識宗用語，指『阿賴耶識』的永恆運動。熊十力用以指本體（本心）顯現為大用，為萬化之真源。」見王章、惠中編：《中國近現代社會思潮辭典》（南京：南京大學出版社，1996 年 2 月），頁 656。

詮釋為「承體大用」或「大用流行」，[42]皆是極為的當的理解；
（三）本體所顯現的「功用」又即是「作用」，云其為「作用」，乃是從「動發」的角度出發而給予稱呼的。熊氏解釋「動發」為「變動而無所留滯，（無留滯，即沒有東西存在。）發生而不可窮竭也」，又指出「動發的本身，只是勝能」，意指著言「功用」為「作用」，是關聯著「勝能」講的。所謂「勝能」，即是一種殊勝的「力」或「力用」，言其「變動而無所留滯」，意指著這種「力」或「力用」的發動和存在都是沒有跡象可見的，此所以熊氏又進一步闡述到：「這種動發的勝能，實際上竟是確爾沒有東西存在，而又熾然起動，熾然發生，不是空無。」呕言這種「力」或「力用」乃無形、沒有跡象卻又確實存在、發揮著；且熊氏又說它「發生而不可窮竭」，這意指著這「力」和「力用」是一經發動便永遠不會停止的。但為何如此呢？熊氏在此並未明言。但雖未明言，我們卻蓋可依據其認為本體因恆時處在轉變、變動的狀態中從而能顯現為恆時不輟的「功用」，進一步理解到：本體之能發動出一種沒有跡象又永遠不會停歇的、殊勝的「力」或「力用」，正是因為本體恆時處在轉變、變動的狀態中；（四）「本體」必顯現為無量無邊的「功用」，而所謂

---

[42] 如林安梧指出：「陳榮捷先生即以『manifestation』一詞來解釋熊十力的『承體大用』的『用』，也就是本體顯現為現象，這樣的『現象』，不是一般意義下的『現象』，而是一『見乃謂之象』的『現象』⋯⋯。」見林安梧：《存有‧意識與實踐：熊十力體用哲學之詮釋與重建》，頁27；楊祖漢教授則指出：「熊先生的『用』，按照牟先生的理解，這個『用』，是『大用流行』，不是現象而已⋯⋯。」見吳汝鈞：《從詮釋學與天台學說起》（臺北：臺灣學生書局，2016年11月），頁302。

「功用」的顯現，又即是表現為現前的整體宇宙暨存在於其中紛繁起滅的萬事萬物——也就是顯現為宇宙暨存在於其間的一切心、物現象，所以熊氏又有如「本體是顯現為無量無邊的功用，即所謂一切行的」、「本體雖顯現為萬殊的功用或一切行」這樣的概括的表述。所謂「一切行」，即佛教所言「諸行」、「一切」、「諸法」之意，意即一切構成現象界的「色法」與「心法」，也就是構成現象界的一切物質現象與精神現象，[43]熊氏甚至曾直言：「宇宙萬有，即功用之別稱。」[44]由此可見，熊氏盛論「本體」必顯現為無邊無量的「功用」，根本上仍是關聯著宇宙本體的生生化化之事與生生化化之實來講的。這是說，熊氏既是以「功用」言宇宙本體的活動、轉變之事，也是以「功用」言宇宙本體活動、轉變所當體發動的超越的「力」或「力用」，更即是以「功用」言宇宙本體當體活動、當體發力所當體源源不絕

---

[43] 《佛光大辭典》「諸行」條云：「指一切有為法。所謂行（梵 sajskāra，巴 savkhāra），即表示由因緣和合而造作者。根本佛教中，諸行與『一切』、『諸法』同義。」見慈怡主編，佛光大藏經編修委員會發行：《佛光大辭典》下冊（高雄：佛光出版社，1989 年 2 月），頁 6299；又熊氏於自家名著《佛家名相通釋》中訓釋「諸行」曰：「……一切色法、心法通名為行也。（此中色法，即謂物質現象。）世所謂心與物，（即色。）都無實自體，都不是固定的東西，所以他叫做行。經論皆云：『諸行無常。』諸行，即色心萬象之稱。」見熊十力：《佛家名相通釋》，收於熊十力：《熊十力全集》第 2 冊（武漢：湖北教育出版社，2001 年 8 月），頁 359-360；林安梧也指出：「……熊氏將一切心與物的現象都叫做『行』，所謂『行』有遷流義、相狀義。」見林安梧：《存有·意識與實踐：熊十力體用哲學之詮釋與重建》，頁 110。

[44] 熊十力：《乾坤衍》，收於熊十力：《熊十力全集》第 7 冊（武漢：湖北教育出版社，2001 年 8 月），頁 508。

創肇而出一切心、物現象暨其所總體組構的現前的宇宙。

通過以上的闡釋，我們應可見及，在「體用論」哲學中，所謂本體為「恆轉」並能顯現為無量無邊「功用」這樣的本體體性的構想，基本上即是強調著：本體恆常處在轉變、變動之中，這種轉變、變動沒有中斷之時，並當體即顯現為恆時不輟的「功用」、當體即發動出一種無形、實有且無窮無盡的「力」或「力用」──且具體而言，更是當體即從事著生生化化之事、顯現為生生化化之實。但關於這點對本體體性的構想，尚須與另一項主張合看，那就是：宇宙本體的內部含藏複雜性。本來，依形而上學的通識而言，無論在西方哲學或中國哲學裡，但凡構思到一個得以創造宇宙萬物的形而上的終極原理──也就是：處於存在之最初階序的根源性存在，便多認為此一終極原理必然是單純的、無有任何其他質地或性質雜染於其間的，換言之，也就是不可再行分割、不可再進一步加以離析的，此方可說為是終極原理、是最根源性的存在、是「第一因」。這種思考也自然是合理的。若人主張一種終極原理竟是可以再行分割、可以進一步離析為諸多更細碎、更複雜的物事，那麼，此一終極原理如何能說為「終極」呢？又，在那些被進一步離析而出的細碎、複雜的物事中，又應以哪一個為最根本、最究極的存在呢？因而，終極原理理當是單純的、純一無雜的，這原應是一種無庸置疑的思考。然而，熊氏卻對這種思維頗為置疑，並發出如下的檢討：

> 余在清季，乍聞西洋唯心、唯物諸論，便起驚疑。唯心論者認為實體祇是精神性，唯物論者認為實體祇是物質性。兩宗持論雖相互異，要皆以實體為單純性，則異而不無其

同也。唯心論無可說明物質所由有，唯物論亦難說明心靈
所由有。……余以為哲學家如祇爭心物問題，終不是根本
解決之道。須知心物二宗之爭，其骨子裡都是堅執宇宙實
體為單純性，而不生疑問。唯心宗執定實體是單純的精神
性，所以把精神或心靈拔出於萬物之上，俾成為變形的天
帝。中國道家便與西洋唯心論同犯此錯誤。（老子以「谷
神為天地根」。其谷神謂心，是即以心為天地之根源也。
莊子言天地精神，又曰「若有真宰」云云。若有二字乃故
作疑詞也，而實為肯定之辭。禪宗與老、莊有相近處，此
不及談。）唯物宗破斥唯心論把精神看作變形的上帝，此
乃明睿的正見。然而唯物宗把物質看作是一元的實體，易
言之，即以宇宙實體為單純的物質性，則問及精神由何而
有？必將以為精神從物質而生。然試再問物質與精神本截
然不同性，如何可說物質能生精神？譬如桃花荷花不同
性，而說桃種可生荷，衡以因果律，此說決不可通。……
如謂物質是第一性，精神是第二性，則仍不能不問第二性
之所由來。而其作答，必又以第二性所由來，歸源到第一
性即物質。是於因果律說不通，還復如故。[45]

箚中可見，熊氏因於檢討西方哲學唯心、唯物論間的爭議，認為
主張宇宙本體為精神性之一元實體者，無以解釋遍在於宇宙間的
一切物質性存在緣何而生，即便提出一切物質性存在皆源出於精

---

[45] 熊十力：《乾坤衍》，收於熊十力：《熊十力全集》，第 7 冊，頁
506-507。

神性實體這樣的主張加以回應，也無法說明為何精神性的實體卻能肇造出與自身性質迥異的物質性存在，因而這種主張無法通過因果律的檢證；相反的，主張宇宙本體唯是物質性之一元實體者，同樣無以解釋遍在於宇宙間的一切精神性存在緣何而生，即便提出一切精神性存在皆源出於物質性實體這樣的主張，一樣無法說明為何物質性的實體卻能肇造出與自身性質迥異的精神性存在，同樣無法通過因果律的檢證；熊氏甚至認為，中國哲學中的道家哲學，也犯了同樣的錯誤。當然，以老、莊二者所主張的宇宙本體乃是一種精神實體，這樣的理解應有商榷的餘地。至於西方哲學的唯心、唯物論二者及道家的老、莊哲學為何會犯此錯誤？熊氏的檢討是：他們都犯了「執定實體是單純性的」這樣的思維錯誤。但為何他們會犯「執定實體是單純性的」這樣的思維錯誤呢？熊氏指出：

> 聖人惟總觀宇宙發展不已的全體，不誤用剖析術，故洞見宇宙根源。自不至於執現象之一方，以為本始。（唯心宗不悟宇宙萬有是完整的全體，竟用剖析法將宇宙分裂開來，而執定精神現象一方面以為萬物之本始。本始二字，做複辭，為實體或根源之代詞。唯物宗反對唯心，而執定物質現象一方為萬物本始。其用剖析術則與唯心宗不異。兩宗與《大易》不同術，未可無辨。）剖析法，將宇宙發展不已的全體裂成片段，故說生物未出現以前本來無心。殊不知物質既是一元，心靈從何而生？[46]

46　熊十力：《乾坤衍》，收於熊十力：《熊十力全集》，第 7 冊，頁 509。

以剖析之術來求解決宇宙人生根本問題，遂乃將宇宙萬有
發展不已、渾淪無間的全體，剖成分段來看。（渾淪，不
可分之貌。無間，無有間隔也。）於是以為宇宙肇開，唯
有物質，本無生命心靈，以此為一元唯物之鐵證。殊不
知哲學窮究宇宙根源，（此言宇宙，即已包含人生。人
類是宇宙萬有發展之最高級。）不當純用剖析術，卻須總
觀宇宙萬有發展不已、渾淪無間的全體，而作深徹的體
會。[47]

因之，在熊氏的檢討中，使用剖析術以尋溯宇宙萬物的根源性實
體，即是「執定實體是單純性的」這種思維錯誤的成因。使用剖
析術以尋溯宇宙萬物的實體，便無法睿智的將宇宙萬物觀照為一
通體發展不已的全體，因之欲通過將現前整體的存在離析為一一
不同的元素，並從中找尋一最根本的、也是位於存在之時間階序
最前端的根源性元素，並以此一根源性元素為創肇出宇宙萬物的
本體，無論此一根源性元素被理解為物質性的或精神性的。總結
以上的檢討，熊氏最終認定，宇宙本體的內部必定含藏複雜性，
其言：

　　……宇宙實體具有複雜性，非單純性也。（單者，單獨。
　　純者，純一。實體的性質非單純也。哲學家或以為實體唯
　　是單純的精神性，或以為實體唯是單純的物質性，皆逞臆

---

[47]　熊十力：《乾坤衍》，收於熊十力：《熊十力全集》，第 7 冊，頁
　　507。

成說，與實體不相應也。）**48**

實體含藏無數的可能，故不可以單純的性質去猜擬他。
（他字，指實體，下他字，倣此。）祇可說他具有複雜性。
惟其具有複雜性故，（其字，指實體。下其字，倣此。）
則其變動而成為宇宙萬有，較然不一樣。（宇宙萬有，即
功用之別稱。較然，猶明明也。言萬有明明不一樣也。）**49**

惟有總觀宇宙萬有發展不已的全體，方得明了實體的性質
是複雜而不單純。（宇宙萬有一詞，即是功用之別稱。）
宇宙萬有從無始時來，由物質層進至生命、心靈層，元是
發展不已的全體，無可割裂。吾人從全體觀察，便見得宇
宙萬有之實體是具有複雜性，決不是單純性。（性質，簡
稱性，他處倣此。）如果是單純性，即實體內部本無矛
盾，如何得起變動、成功用。（變動與功用二詞，在言語
上似乎分作兩層，而事實上實體的變動即名功用。譬如大
海水的變動，就叫做眾漚。）猶復當知，宇宙萬有動而愈
出，（宇宙萬有，見前註。變動，簡稱動。愈出，層出不
窮之謂。如物質、生命、心靈，層層出現，無有窮盡。）
此其層出不窮之故，亦不得不推原於宇宙實體內部本含載
複雜性。吾且舉一譬喻，如穀種子的性質不單純故，遂有
生芽、生根幹、生枝、生葉、開花與結成粒子的種種可

---

48 熊十力：《明心篇》，收於熊十力：《熊十力全集》，第 7 冊，頁 147。
49 熊十力：《乾坤衍》，收於熊十力：《熊十力全集》，第 7 冊，頁 508。

能。若種子本無多樣性，則祇能生芽而已，那得有根幹枝葉以及花和粒子等發展乎。……種子生了芽，種子的形狀才消滅，而芽的形狀已新生。即此新芽的形狀，便是繼續過去的種子而以新形出現。種子含藏的多樣性，亦隱與新芽相依俱存，故種子不曾消滅也。新芽既生以後，根幹和枝葉以及花與粒子先後紛然俱起，亦都是種子本來含有多樣性之開發也。穀物既從種子而生，即種子不在穀物自身以外。穀物之類不絕，其種性決不會消滅。但穀物因生存的需要，有隨時、地等緣，而改造其種性之可能。由此譬喻，可悟宇宙實體本來含載複雜性，理不容疑。[50]

從中可見，熊氏主張宇宙本體含藏複雜性，即是主張宇宙本體含藏無限的可能性，這是說：不斷運動與變化的宇宙本體，因其本自內藏無限的可能性，因而可有無數、無限的可能之變化。熊氏之所以如此主張，最根本的思考便在於，宇宙萬物繁然殊異，若宇宙本體的性質是單純的，便無法無窮無盡地創造出繁然不可計數的宇宙萬物了。這就像熊氏認為，從因果律上來看，物質性存在不可能生化出精神性存在，精神性存在也不可能生化出物質性存在一樣，一個性質原自單一的宇宙本體，也不可能創生出無盡數的性質不同的物事。為了說明這種思考，熊氏提出「穀種之喻」，「穀種」一經施種，能漸次演變為「芽」、「根幹」、「枝」、「葉」、「花」、「粒子」等不同型態的存在，之所以

---

50 熊十力：《乾坤衍》，收於熊十力：《熊十力全集》，第 7 冊，頁505-506。

能如此，便是作為這一系列存在型態之根源性存在的「穀種」，本身原自具有演化為「芽」、「根幹」、「枝」、「葉」、「花」、「粒子」等不同型態之存在的可能性，若「穀種」本身僅具有顯現為「穀種」這種型態之存在的可能性，那麼，便不可能在其後顯現為「芽」、「根幹」、「枝」、「葉」、「花」、「粒子」等不同型態的存在。同理，宇宙本體之能顯現為宇宙中無窮無盡且形態互殊的宇宙萬物，正是因為宇宙本體原自內具顯現為這些宇宙萬物的可能性。但從中我們也可看出，熊氏畢竟吸收了西方哲學對宇宙萬物的、在存在型態上的溯源與歸納，所以也認同宇宙萬物雖繁然殊異而不可計數，但終究可劃分為最基本的兩類存在，那就是屬於精神性的物事和物質性的物事，也就是西方哲學常言的「心」、「物」二類，也正是佛教哲學中常言的「心法」與「色法」，因而熊氏在概括宇宙間各類存在的演進歷程時，終究是以從「物質層」演進至「生命、心靈層」加以概括，所以其言：「宇宙萬有從無始時來，由物質層進至生命、心靈層，元是發展不已的全體，無可割裂。」故而，熊氏雖主張宇宙本體內部含藏複雜性，但基本上，其所謂的「複雜性」，約要是指兩種互相對立、矛盾的性質，所以熊氏申言：「實體是具有複雜性，決不是單純性。……如果是單純性，即實體內部本無矛盾，如何得起變動、成功用。」此處所言的實體內部所具有的矛盾性質，即是其或以「翕」、「闢」對言或以「乾」、「坤」對言的，基本上使宇宙本體能創肇出宇宙間紛陳迭出、無有窮盡之「心」、「物」二元存在的兩種性質。

　　熊氏此部分的、進一步的具體主張，本書將留待下一節探討「體用論」哲學中的宇宙論構設時，再詳加論述，在此暫且不

表。最後謹指出，觀察熊氏對宇宙本體的內部應含藏複雜性，故而方能創肇出無窮盡之性質互殊、型態不一的宇宙萬有的思考，吾人認為，應與熊氏一貫認為宇宙本體原自內具「萬理」、「眾理」的思考是相呼應的，[51]如其言：

> 本心即萬化實體，而隨義差別，則有多名。以其無聲無臭，沖寂之至，則名為天。（此與宗教家言天者不同。《中庸》末章可玩。）以其流行不息，則名為命。（命字有多義，而天命之謂性，五十知天命等命字，則皆以目實體之流行。）以其為萬物所由之而成，則名為道。（道者由義，王輔嗣《老》註：道者，萬物所由之而成也。）以其為吾人所以生之理，則名為性。（《莊子》〈庚桑楚〉「性者，生之質也。」註：質，本也。本者，猶云所以生之理。）以其主乎吾身，則謂之心。（此中心字謂本心，《管子》云：「心之在體，君之位也。」）以其秩然備諸眾理，則名為理。（《易》曰：「易簡，而天下之理得矣。」其所云易簡之理，乃實體或本心之異名耳。宋儒言天理，亦本之《易》。）[52]

此上所徵引，乃熊氏對「本心」之意蘊的闡述，然正如上文所言，在熊氏的基本理解中，「本心」即是宇宙本體，此上文段所

---

[51] 熊氏之主張宇宙本體具涵「萬理」、「眾理」，本是儒家學人自宋明理學起，對宇宙本體的一貫思考。

[52] 熊十力：《讀經示要》，收於熊十力：《熊十力全集》第 3 冊（武漢：湖北教育出版社，2001 年 8 月），頁 636 頁。

首言的：「本心即萬化實體。」即是此一理解的強調，故而，箇中所申言者，既是熊氏對「本心」的理解，也正是其對宇宙本體的理解。「本心」、「本體」是為宇宙萬物「所以生之理」，「本心」、「本體」又「秩然備諸眾理」，則「本心」、「本體」所創肇之宇宙萬有乃性質有殊、型態不一的存在，本是理所當然的。吾人以為，宇宙本體之全備、無遺的具涵「眾理」，雖未必能逕將之比附為熊氏所言的宇宙本體能無窮盡地創肇出「較然不一」之宇宙萬物的所謂「可能性」，但兩相對照，或更可見熊氏在構想宇宙本體內部涵藏複雜性時，其思考的用心與底蘊之所在。

第二節　熊十力「體用論」哲學的宇宙論構設

　　上節集中分析了熊氏對宇宙本體的體性構想，本節以下，則在上節的討論基礎上，進一步對「體用論」哲學中的宇宙論構設加以闡述。本書於本章開始便多次強調，熊氏建構自家哲學體系，起於對宇宙本體的根本承認與重視，則其著意建構哲學本體論，本是可以想見的必然。然而，哲學宇宙論呢？熊氏是否也同樣關心、同樣積極有所建構？這問題的答案顯然是肯定的。一方面熊氏曾指出：

> 印度佛家除有宗唯識論師外，餘皆掃蕩法相，似無宇宙論可言，（後詳。）頗嫌其不為科學知識留地位。（如果根本不談宇宙論，即無由施設物理世界或外在世界，科學便無立足處。）《新論》則明大用流行，如所謂翕闢之妙，

> 生滅之幾，依此施設宇宙萬象，（但不可執定為實。）即
> 仍有宇宙論可說。[53]

這是認為，佛教哲學除卻唯識學以外，並不建構宇宙論，如此便無法說明物理世界、外在世界的成立，也無法進一步建構科學知識。因之，熊氏之建構宇宙論，便是肯定哲學需對物理世界的成立有所解釋，科學知識也方能因此獲致安立；而另一方面，我們也可以說：熊氏著意建構哲學宇宙論，根本上也源於其對宇宙本體的重視。上文已論及，熊氏對宇宙本體之根本體性的構想，蓋是定位了「本體即本心，現象之外無本體」的基本認識，且也檢討了佛、道二家在建構本體論時「耽空（寂）滯（虛）靜」、「滯（空）寂溺（虛）靜」的，總的說來即是不識生生之實、不識生生不息之流行大用的理論缺點，因而強調「本體亦寂靜亦生生」，明確定義到「本體恆轉，顯現為無量無邊功用」、「宇宙萬有，即功用之別稱」，甚至明言：

> 宇宙實體，簡稱體。實體變動，成為宇宙萬有，是乃實體
> 的功用。（功用，簡稱用。）……宇宙萬有，即是功用之
> 別稱。[54]

> 宇宙實體簡稱體。實體變動遂成宇宙萬象，是為實體之功
> 用，簡稱用。此中宇宙萬象一詞，為物質和精神種種現象

53　熊十力：《新唯識論（語體文本）》，收於熊十力：《熊十力全集》，
　　第 3 冊，頁 200。

54　熊十力：《乾坤衍》，收於熊十力：《熊十力全集》，第 7 冊，頁 505。

之通稱。[55]

可見，依「體用論」哲學的內在邏輯，宇宙萬有的創生，即是本體功用的顯現；本體之存在，正以宇宙萬有的創生為徵象；若說有本體的存在，則其只存在於宇宙萬有之中，不是一超凌於宇宙萬有之上或之外的、具有超絕性的孤懸的存在。因之，在「體用論」哲學的根本架構中，重視宇宙本體，即同時得重視宇宙萬有；欲把握宇宙本體、證會宇宙本體的真實性格與內涵，即須從宇宙萬有的真實性格與內涵著手，也只能從宇宙萬有的真實性格與內涵著手。因而，熊氏之重視本體論、建構本體論，便必然也通向了必須重視宇宙論、建構宇宙論的理論事實。這在「體用論」哲學的典型表述來說，即是所謂「即用顯體」的主張，熊氏蓋嘗盛言到：

> 我們以為，用之為言，即於體之流行而說為用，即於體之顯現而說為用。因為體以其至無（無形相、無方所、無造作，故說為無，實非空無。）而顯現萬有，（至無是體，顯現是無成為用。）以其至寂（寂者，寂靜無擾亂相故。）而流行無有滯礙。（至寂是體，流行是體成為用。）離流行，不可覓至寂的，故必於流行而識至寂。離顯現萬有，不可覓至無的，故必於萬有而識至無。所以說，即用顯體一詞，其意義極廣大深微，很難為一般人說

---

55 熊十力：《體用論》，收於熊十力：《熊十力全集》第 7 冊（武漢：湖北教育出版社，2001 年 8 月），頁 5。

得。[56]

箇中所申言者，即不外上文已闡述的，欲求索宇宙本體之實相，只能即於宇宙萬有而求索的思考。可見，宇宙論的構設，本是「即用顯體」之主張的具體實踐。熊氏於晚年撰為定論之作的《體用論》一書，曾自為〈贅語〉一篇，箇中開宗明義便自述到：「此書之作，專以解決宇宙論中之體用問題。」[57]在《體用論》的本論中，更曾盛讚宇宙萬有的生成——也就是宇宙本體所顯現的「功用」——曰：

> 偉哉，宇宙萬象。幽深莫妙於精神，著明莫盛於物質。至精運物，而為動始。（精者，精神之省稱。至，贊詞也。始者，主動義，非先時而動之謂。運物者，精神幹運乎一切物質中而為主動以導物也。）至物含神，而承化。（物者，物質之省稱。至者，同上。承化者，物質之動順承乎精神，而與之俱進，不退墜也。……）神質互含、交動，其變化萬有不齊，是為本體之大用。[58]

總此以上，熊氏對宇宙論建構的重視可見一斑。有識於此，本節以下，便分數點論析「體用論」哲學的宇宙論構設：

56　熊十力：《新唯識論（語體文本）》，收於熊十力：《熊十力全集》，第 3 冊，頁 83。

57　熊十力：《體用論》，收於熊十力：《熊十力全集》，第 7 冊，頁 5。

58　熊十力：《體用論》，收於熊十力：《熊十力全集》，第 7 冊，頁 36。

一、依「相反相成」以「翕、闢成變」：
動以翕、闢，變生萬物的宇宙論架構

上文已論及，在「體用論」哲學的架構下，宇宙萬有的生成，即是關聯著宇宙本體的「功用」來談的，是故熊氏的宇宙論構設，亦以對本體之「功用」的闡述發端，其言，

> 體者，宇宙本體之省稱。（本體，亦云實體。）用者，則是實體變成功用。（實體是變動不居，生生不竭，即從其變動與生生，而說為實體之功用。）[59]

> 我們把本體說為能變，這是從功用立名。（功用亦省稱用。）因為本體全顯現為萬殊的功用，即離用之外亦沒有所謂體的緣故。我們從體之顯現為萬殊和不測的功用，因假說他是能變的。這能變的能字是形容詞者，恐怕有人誤會，以為本體是超脫於萬殊的功用或一切行之上而有創造萬物之勝能的，這樣誤解能字的意義，便成邪見了。[60]

> 上來把本體說為能變。我們從能變這方面看，他是非常非斷的。因此，遂為本體安立一個名字，叫做恆轉。恆字是非斷的意思，轉字是非常的意思。非常非斷，故名恆

---

[59]　熊十力：《體用論》，收於熊十力：《熊十力全集》，第 7 冊，頁 36。

[60]　熊十力：《新唯識論（語體文本）》，收於熊十力：《熊十力全集》，第 3 冊，頁 95。

轉。[61]

箇中可見，在熊氏的構想中，宇宙本體的無有停歇的運動與變化
——也就是「變動不居」——即通向了宇宙萬有的無有停歇的創
生——也就是「生生」，而宇宙本體的「變動不居」與「生
生」，即是宇宙本體的「功用」的顯現——也就是熊氏所言的
「本體顯現為大用」。即是從「本體顯現為大用」的角度，將本
體又名之為「功用」、「能變」、「恆轉」等別稱。這些別稱，
蓋皆是從名稱上彰顯著，在熊氏的構想中，宇宙本體乃舉體即是
不停歇的運動著、變化著與創生著宇宙萬物。其中，特將宇宙本
體名之為「恆轉」，即是強調宇宙本體乃是一「非斷」且「非
常」之真實的、也是根源性的存在之謂。「恆」字即是用以指謂
宇宙本體的「非斷」性質，也就是宇宙本體舉體的變動不居與無
有斷滅；而「轉」字則是用以指謂宇宙本體的「非常」性質，也
就是宇宙本體舉體即是變動不居的，無有常住不變的相狀。那
麼，所謂宇宙本體的舉體的運動、變化以肇生宇宙萬物，具體而
言，是依於一種什麼樣的原理呢？對此，熊氏概括地說明到：
「功用則有翕闢兩方面，變化無窮，而恆率循相反相成之法則，
是名功用。（亦省稱用。）」[62]這是說，宇宙本體的舉體的運
動、變化以肇生宇宙萬物，即是一能以「翕」、「闢」兩種運動
概言之的運動；並且這運動基本上是依循著「相反相成」的法則

---

[61] 熊十力：《新唯識論（語體文本）》，收於熊十力：《熊十力全集》，
第 3 冊，頁 95。

[62] 熊十力：《體用論》，收於熊十力：《熊十力全集》，第 7 冊，頁
36。

運作而來。[63]因之,「相反相成」的法則,乃是熊氏構想宇宙本體之「翕」、「闢」運動的思維背景;宇宙本體的「翕」、「闢」運動,即是秉持「相反相成」的法則構思而來的一種宇宙論原理。那麼,熊氏如何理解「相反相成」的原理並將之發揮為本體的「翕」、「闢」運化論呢?

首先,熊氏闡述「相反相成」的法則如下:

> 以上略答第一問題,次入第二問題,即如何成功此變的問題。要解答這個問題,自當於萬變無窮中尋出其最普遍的法則。余以為不外相反相成的一大法則。因為說到變,必是有對。易言之,即由宇宙實體內部含有兩端相反之幾,乃得以成變而遂其發展。變化決不是單純的事情,(單者,單獨而無對。純者,純一而無矛盾。)單純,哪得有變化?然若兩端對峙,惟互相反而無和同,即令此伸彼屈,而此之獨伸,亦成乎亢窮,則造化將熄矣。所以說變,決定要率循相反相成的法則。中國最古的哲學典冊,莫如《大易》。太初羲皇畫卦爻,以明宇宙變化的理法。其書為六十四卦,每卦皆以兩卦合成。然分觀之,則皆以三爻成卦。(爻字涵義深廣,略言之,祇表示變動。)從來解《易》的人,罕有注意及此。我常求其義於《老子》書中。《老子》說:「一生二,二生三。」這種說法就是申述《大易》三爻成卦之旨,用以表示相反相成的法則。

---

63 林安梧指出:「熊氏他以為那本體假說為能變,而開顯其自己,這個開顯自己的過程是依著相反相成的法則展開的。」見林安梧:《存有‧意識與實踐:熊十力體用哲學之詮釋與重建》,頁118。

> 因為有了一，便有二，這二便與一相反。同時又有個三，
> 此三卻是根據一（三本不即是一，祇是根據一。）而與二
> 相反，卻能轉化乎二以歸於和。《易》云「保合太和」是
> 也。惟有兩相反而成乎和，所以完成其全體之發展。若惟
> 單純固無變化，若惟矛盾而不相融合則摧傷必多。即勝之
> 一方，亦將處亢而窮。大化流行，何至於是？[64]

箇中可見，熊氏所以援「相反相成」的法則，作為其定義
「翕」、「闢」運化論的思維根據，顯然與其對《易經》哲學和
《老子》哲學的消化有關。蓋其尋思肇書《易經》的作者，緣何
必以三爻組象成卦，並在《老子》書中那「一生二，二生三」
的、關乎萬物肇造的概括式表述中得到啟發，認為《老子》的這
番哲學話語，即是對《易經》那必以「三爻成卦」的隱而不宣的
思維基底，予以直接而簡潔的表述。而那思維基底無他，即熊氏
所肯定並盛讚的「相反相成」的法則。熊氏斷定，那即是居於萬
變不窮的宇宙萬象背後的、最根本也最普遍的法則，也就是「宇
宙變化的理法」。熊氏認為，宇宙本體自身的運動與變化，必內
含正、反性質互相矛盾、對立的兩種趨勢，若宇宙本體自身的運
動與變化，只有性質單純的一種趨勢，那就無法造成變化，故而
將《老子》所謂「一生二，二生三」中的「一」，理解為宇宙本
體內含的一種運動、變化的性質，有了「一」便有「二」，這便
是《老子》言「一生二」之意，而「二」便是性質與「一」對
立、矛盾的另一種運動、變化的趨勢，「一」與「二」即是宇宙

---

[64] 熊十力：《體用論》，收於熊十力：《熊十力全集》，第7冊，頁15-16。

本體內部含藏的、居於一正一反兩端的運動、變化的趨勢；但宇宙本體內含的運動、變化趨勢如果僅止於一正一反兩端的衝突、對抗，那麼即便正、反雙方互有消長而不能彼此諧和、相融，最終也只能是或正、或反的一種運動、變化的態勢不斷運作，在衝突、對抗中勝出的運動、變化的趨勢，終究只是獨自一往不返的運作下去，無法成就宇宙萬物的變化與發展，這就是熊氏所言的「成乎亢窮」、「處亢而窮」。是故，「一生二」後——也就是一正一反的兩種運動、變化之趨勢的對抗格局成立之後——必有一運動、變化的趨勢是根據「一」的運動、變化的趨勢而出現，以與「二」的運動、變化的趨勢反向運作，這就是「二生三」，如此便能造成一正一反兩種運動、變化的趨勢，從對抗走向融合，進一步推動宇宙萬物的創造、生成。熊氏認為，這便是《易經》所言「保合太和」之義，宇宙本體的變化發展之所以能完成並維持，便由此而來。概括言之，在熊氏的理解中，《老子》一書即是以「一生二」言「相反」、以「二生三」言「相成」，宇宙本體的變化發展——也是宇宙萬物的無有停歇的生滅、變化——便是由這種「相反相成」的法則所保障的。自然，《易經》以三爻成卦的構想，是否基於「相反相成」的法則？這是可以商榷的；《老子》一書言「一生二，二生三」，也未必即是在演述「相反相成」的法則，更可能與《易經》三爻成卦的構想根本無涉，[65]但熊氏在盛論「相反相成」的法則時有如上的闡述，卻也可看作是一種創造性的詮釋，確是學人在思考《易經》卦爻的構

65　林安梧便認為，熊氏在此對《老子》之言的詮釋，不必是《老子》的原義。見林安梧：《存有・意識與實踐：熊十力體用哲學之詮釋與重建》，頁118。

象思維，及理解《老子》言「一生二，二生三，三生萬物」之實義時，可供參酌的一家之言。

基於以上所述對「相反相成」之法則的理解，熊氏便進一步架構了一套宇宙本體通過自身的「翕」、「闢」運動以變現宇宙萬物的宇宙論，[66]其言：

> ……本體是要成為萬殊的用。因此假說本體是能變，亦名為恆轉。夫恆轉，至無而善動。（無者，無形，非是空無。善者，讚詞。）其動也，相續不已。相續者，謂前一動方滅，後一動即生，如電光之一閃一閃無有斷絕，是名相續。非以前動延至後時名相續也。不已者，恆相續故，說為不已。便其有已，便成斷滅。有是理乎？此種不已之動，自不是單純的勢用。（單純二字，見前。）每一動，恆有攝聚之一方面。（攝者，收斂。聚者，凝聚。）若無攝聚，便浮游無據，莽蕩無物。所以動的勢用方起，即有一種攝聚。攝聚之威勢猛極，乃不期而成為無量數的微細質點，《中庸》說為「小莫能破」，惠子謂之「小一」，（每一質點可以說是組成大物的一小單位，故曰小一。）是為物質宇宙所由始。至此則恆轉殆將成為質礙之物，失

---

66 以「翕」、「闢」言宇宙萬物的生化，熊氏並非哲學史上的第一人，而是前有所承的。概言之，「翕」、「闢」成物的思維提法在《易經》、《老子》中已見發端；降至理學昌明的宋、明時期，理學家更普遍對之有所發揮，如張載、程頤、王船山等人，皆有相關的發揮，其中又以船山哲學中的「翕」、「闢」之論最具規模，並為熊所吸收。景海峰曾對此有過較詳細的綜論，意者可參景海峰：《熊十力》，頁 197-199。

其自性。故翕勢可以說是一種反作用。然而當翕勢方起，
卻別有一方面的勢用反乎翕，而與翕同時俱起。（二勢非
異體，更無先後次第，故說同時俱起。）惟此種勢用本是
恆轉自性顯發，畢竟不即是恆轉。譬如，說冰自水成，而
冰卻不即是水。此一方面的勢用是剛健自勝而不肯物化，
正與翕相反。（不物化者，不變為質礙的物也。後凡言物
化者倣此。）申言之，即此不肯物化的勢用是能運於翕之
中而自為主宰，因以顯其至健，卒能轉化翕，終使翕隨己
俱升。（己者，設為闢之自謂。升者，向上義。）《易》
云：「保合太和，乃利貞。」是也。此種剛健而不物化的
勢用，即名之為闢。如上所說，恆轉動而成翕。才有翕，
便有闢。唯其有對，所以成變。恆轉是一，其顯為翕也幾
於不守自性，此便是二，所謂一生二也。然而恆轉畢竟常
如其性，決不會物化。故翕勢方起，即有闢勢同時俱起。
此闢便是三，所謂二生三也。上來已說變化祇是率循相反
相成的一大原則，於此已可見。[67]

依熊氏所述，首先須知：「翕」、「闢」二名，乃用以指謂宇宙
本體——也就是「能變」、「恆轉」、「功用」——之運動、作
用的性質趨向，所以熊氏又以「勢用」稱述之。但「翕」、
「闢」兩種勢用雖性質趨向不同，卻都是宇宙本體自身內部的運
動、作用，因之，「翕」、「闢」兩種勢用雖是異名，卻非是異
體，因為它們統屬於「宇宙本體的運動、作用」這一共體之中。

---

[67]　熊十力：《體用論》，收於熊十力：《熊十力全集》，第 7 冊，頁 16-17。

其中，「翕」之勢用的出現、動發，因於「恆轉」——也就是宇宙本體——的運動，這是說，從「恆轉」運動伊始，「翕」之勢用便也隨之出現、動發。在熊氏的界定中，從**「恆轉」的運動 → 「翕」之勢用的出現、動發**，即是《老子》一書所言的「一生二」。又，「翕」之動勢實指一種宇宙本體自身的「攝聚」的活動，也就是本自虛廓無形的宇宙本體自為凝聚、收斂的運動，由此以凝成具有質礙性的「物」，因之，「翕」之動勢，亦即是指謂著一種本自虛廓無形的宇宙本體自身所從事的一種「物化」的運動。熊氏亦進一步闡述了宇宙本體的這種「物化」活動，乃是宇宙本體自身先凝聚、收斂出無數的「微細質點」，並借惠子所言「小一」之名加以稱述。無量數的「微細質點」——也就是「小一」——可進一步凝組為更大、更具體的宇宙萬物。就此而言，由於「翕」之動勢乃是宇宙本體由原自虛廓無形的存在本相，變現出繁然無以計數之有形質且有質礙的具體物事的運動趨向，因之，熊氏言「翕」之動勢乃是一種與宇宙本體的自性相對反的勢用，故而定義「翕」之動勢是一種「反作用」。但進一步的，由於「恆轉」——也就是宇宙本體——畢竟不會喪失其原初的體性，因之，在「翕」之動勢出現、動發以成就宇宙本體之變現出具有質礙性之具體物事的同時，即同時另有一「不肯物化」的勢用出現、動發，這一勢用即為「闢」。熊氏明確界定了「闢」之勢用，是依於宇宙本體自身的恆性而來，且所謂「闢」是一種「不肯物化」的勢用，即是說：「闢」是宇宙本體自身所發動的、不使其自身暨即其舉體通過「翕」之勢用以變現的宇宙萬物永久處於「物化」——也就是膠固的、具有質礙性之存在——狀態的勢用。熊氏認為，從**「翕」之勢用的出現、動發 →**

「闢」之勢用的出現、動發，即是《老子》一書所言的「二生三」。熊氏依於「相反相成」的法則以構建「翕」、「闢」成物的宇宙論，於此可見。在此還必須強調，在熊氏的構想中，不是先有「恆轉」的運動，再有作為「恆轉」之「反作用」的「翕」之勢用的出現、動發，最後再有「反物化」的「闢」之勢用的出現、動發，而是當「恆轉」運動伊始，便同時有「翕」、「闢」兩種勢用相偕且並時的起動，也就是說：宇宙本體從其運動、作用的伊始，便是「物化」與「反物化」的運動、作用俱起而並行的。總此，熊氏即明確為物理世界——即宇宙萬物——的成立，建構出一套以「翕」、「闢」成變論為骨架的宇宙論，其言：

> 綜上所說，翕勢凝聚而成物。即依翕故，假說物行。（行字，見前。物即是行，故名物行。下言心行者倣此。）闢勢運行於翕之中，而能轉翕從己。（己者，設為闢之自謂。）即依闢故，假說心行。翕闢是大用流行的兩方面，本不可破析，故心物非兩體。[68]

換言之，宇宙本體之創生宇宙，即是宇宙本體自為兩種不同趨向之運動所顯現的功用與徵象，依「翕」的、也就是凝聚、收斂的運動趨向，顯現為一切物質性的存在，也就是熊氏所慣言的「物行」、也就是一切「物」；依「闢」的、也就是反凝聚、反收斂的運動趨向，顯現為一切精神性的存在，也就是「心行」、也就

---

[68] 熊十力：《體用論》，收於熊十力：《熊十力全集》，第 7 冊，頁17。

是一切「心」。且，由於宇宙本體的運動，是「翕」、「闢」二勢兩者同時俱起，且「闢」勢又必運乎「翕」勢之中，則吾人所可見之一切宇宙萬物，本無單純的、純粹的無「心」之「物」，也就是沒有純粹物質性的、內中全不具涵任何精神性的存在，申言之，只會有「闢」勢較弱、而其內裡之精神性不顯揚、不鮮明的貌似為純粹物質性的事物。「體用論」哲學對外在的物理世界的構成，基本上便以這樣的架構加以說明。然這樣畢竟只是一種宇宙論的架構，在此架構之下，熊氏對宇宙萬物的現成，仍有些較細緻的構想，特別表現在對「翕」勢以成「物行」的說明上。如其構想宇宙本體的「翕」、「闢」成物運動，基本上是以一個「翕」為單位，每一單位的「翕」並有「闢」運乎其中，因此而成為一「動圈」，其言：

> 恆轉亦名功能。又復說言，功能是渾一的全體，但不是一合相，而是有分殊的。（即全中有分。）雖是分殊的，而亦不是如個別的粒子然，（即不同舊師種子）卻是互相融攝，成為一體的。……功能既有分殊，不妨於全體中假析言之，而說為一個一個的，或許許多多的功能。換句話說，即是一為無量。（就其全體而言，是謂一。於全體中見分殊，而說為許許多多的，是謂無量。以至一而含無量，故云一為無量。）……剋就分殊方面言，即無量功能中，每一功能均具翕闢兩方面。易言之，即每一翕一闢的動圈，假說為一個功能。夫闢固無形，而翕亦未始有質也。翕闢，只是同一動勢的兩方面，元非實在的東西。故假說為動圈。這種動圈的形成，就因為翕的勢用，是盡量

收凝。我們可以把每個收凝的動勢，均當作一單位。這種單位，不可說是凝成了一小顆粒，也不是成為一道圈子的相狀。然而，我們謹防人把他（收凝的動勢。）當作小顆粒來猜想。所以，勉強用動圈一詞來形容之。（圈字，是把每個收凝的動勢，均當做一個單位的意思，並不謂每個收凝的動勢，是各成一道小圈子。此處難措辭，須善會。）每個動圈裡面，均有闢的勢用，彌滿充周於其間。因為闢是無封畛的，是無定在而亦無所不在的，因此，應說翕不是離闢而孤起的。……本體是舉其全體顯現為翕和闢。[69]

闢要表現他自己，不能沒有資具。否則闢的動勢只是浮游無據，將何所藉以自表現耶？因此之故，闢的勢用，決定與凝的勢用，（即翕。）恆相俱有。但闢的勢用本無差別，而翕則是有差別的，是多至無量的。每個翕之中，皆有闢的勢用周運其間。所以，就每個翕上說，可以當做一單位，可以名為動圈。實則每個動圈之中，均有闢的勢用在，決沒有純翕而無闢的這種動圈。[70]

此中，熊氏乃先申論到宇宙本體舉體活動所展現之「功能」、「功用」，乃「渾一而分殊，分殊而又渾一」的。說宇宙本體舉

69　熊十力：《新唯識論（語體文本）》，收於熊十力：《熊十力全集》，第 3 冊，頁 286-287。

70　熊十力：《新唯識論（語體文本）》，收於熊十力：《熊十力全集》，第 3 冊，頁 287-288。

體活動所展現之「功能」、「功用」乃渾一的,所指應不至令人
費解,因為宇宙本體本身是「一」,則其自身展現之「功能」、
「功用」,本即是渾一、渾全的;而說宇宙本體舉體活動所展現
之「功能」、「功用」又是「分殊」的,這是就宇宙本體通過自
身舉體的活動所能變現之無量數的、個別的宇宙萬物而言,其
「功能」、「功用」又可說是「分殊」的。類似這種思考,熊氏
慣以「假說」、「假析」予以定位,實則,這種「假說」、「假
析」亦即是一種「權說」。總之,說宇宙本體舉體活動所展現之
「功能」、「功用」乃渾一的,即是從「宇宙本體是一」的角度
說的;說宇宙本體舉體活動所展現之「功能」、「功用」乃分殊
的,則是從「(宇宙本體變現的)宇宙萬物是多」的角度說的。
進一步的,熊氏即據宇宙本體舉體活動所展現之「功能」、「功
用」乃分殊的這樣的角度,說宇宙本體全體的「功能」中,又可
說為有一個一個的、許許多多的無量數的「功能」,而這種無量
數的「功能」,即是因為宇宙本體的收凝之運動——也就是
「翕」的運動而來。宇宙本體的運動,就「翕」之大動勢來說,
會成為無量數的、一個一個的「翕」的小動勢,每一個「翕」的
小動勢各自即是一單位。而一個一個「翕」的小動勢中,又皆有
「闢」的動勢運作於其中,因之,每一「翕」的小動勢與運作於
其中的「闢」的動勢便共構為一「動圈」。熊氏主張,這一個一
個的、無量數的「動圈」,即是宇宙萬物的構成基礎。進一步
的,所謂「動圈」,在「體用論」哲學中又有其他別稱,如「太
素」、「小一」、「形向」等,皆是熊氏所言「動圈」的異名。
而其中,熊氏最慣常稱用者,即是「小一」,其言:

每一動圈，即一單位。這些動圈，就是物質宇宙的基本，所以說為太素。儒家的鉅典如《中庸》曾有云：「語小，天下莫能破焉。」其所謂小，蓋即吾所云動圈是也。每一動圈，即是凝歛到極小的積，故可名為小。（積字，曾見〈轉變章〉，只是凝聚的意思。非謂其已成形物也。）我們設想這種積，用剖解的方法來破析也，畢竟無可破析，因為物質才可破析。今則物質的觀念，既已遮除，而窮到極小的積，便不可當做形物來想。如何可施破析？這種莫破的動圈，我在上卷裡曾名之為形向。（詳〈轉變章〉。）形向者，謂其未成乎形，而有成形的傾向也。每一形向，元是極微小的凝勢，（雖未成形，但凝歛之極，已有成形之勢，故云凝勢。）可以名之為小一。（惠施曰：「至小無內謂之小一。」今借用為形向之別名。無內謂不可分也，若可分，則有更小於此者。今此不可分，則其小已極，無復有更小於此也。一者，謂每一最小的動勢，均是一單位。故謂之小一。）此小一或凝勢，是剎那剎那，生滅滅生，流行迅疾，勢用難思，可以名為勢速。這些勢速是千條萬緒，極其眾多的，無量無邊的。[71]

……世間現見有萬物，（現見者，謂感官之所睹聞攝觸，乃至意識之所覺察故。）此何由成？當知，萬物唯依一切小一而假施設。若離小一，實無萬物可說。無量小一，相

---

[71] 熊十力：《新唯識論（語體文本）》，收於熊十力：《熊十力全集》，第 3 冊，頁 289-290。

摩盪故，有迹象散著，命曰萬物。（摩者，兩相近也，即
是相比合的意思。盪者，交相激也，即是相乖違的意思。
此中用摩盪二詞與《易傳》義異。）所以者何？小一雖未
成乎形，然每一小一，是一剎那頓起而極凝的勢用。此等
勢用，既多至無量，則彼此之間，有以時與位之相值適當
而互相親比者，乃成為一系。（此中時與位，原是假設。
因為說到小一並起而相值，便不能不假說時位以形容之。
若究其原，則無時位。）亦自有不當其值而相乖違者。此
所以不唯混成一系，而各得以其相親比者互別而成眾
系。……無量小一，有相摩以比合而成一系。有相盪以離
異，因別有所合，得成多系。此玄化之祕也，凡系與系之
間，亦有相摩相盪。如各小一間之有相摩盪者然。系與系
合，說名系群。二個系以上相比合之系群，漸有迹象，而
或不顯著。（迹象，亦省云象。積微而顯，故成象。科學
家所謂元子、電子等等，不過圖摹多數小一所比合而成的
系群之迹象，實無從測定小一也。）及大多數的系群相比
合，則象乃粗顯。如吾當前書案，即由許許多多的系群，
互相摩盪而成象，乃名以書案也。日星大地，靡不如是。
及吾形軀，亦復如是。故知萬物，非離小一有別自體。[72]

小一相摩盪，而成各個系。系與系相摩盪而成各個系群，

---

[72] 熊十力：《新唯識論（語體文本）》，收於熊十力：《熊十力全集》，
第 3 冊，頁 306-307。

於是顯為萬物。[73]

……依本體流行有其翕的方面，翕則分化，於是成立小一系群，由此施設物界。[74]

綜上所述，熊氏以「小一」名「動圈」——也就是分殊之「功能」、「功用」的最小單位，即是取惠施言「至小無內謂之小一」之意，並引《中庸》言「語小，天下莫能破焉」之語，說明「小一」即是不能再加以破析的構成宇宙萬物的最小單位；又以「太素」名「動圈」，則表示「動圈」乃物質宇宙之構成基礎的意思。「太素」之說，最早出於《列子》的〈天瑞〉篇，其言：

夫有形者生於無形，則天地安從生？故曰：有太易，有太初，有太始，有太素。太易者，未見氣也。太初者，氣之始也。太始者，形之始也。太素者，質之始也。氣、形、質具而未相離，故曰渾淪。渾淪者，言萬物相渾淪而未相離也。[75]

《列子・天瑞》乃傳世本《列子》的開篇，通篇首談宇宙萬物生

---

[73] 熊十力：《新唯識論（語體文本）》，收於熊十力：《熊十力全集》，第 3 冊，頁 308。

[74] 熊十力：《新唯識論（語體文本）》，收於熊十力：《熊十力全集》，第 3 冊，頁 347。

[75] 〔魏晉〕列子撰（託名），蕭登福集註語譯：《列子古註今譯》（臺北：新文豐出版股份有限公司，2009 年 11 月），頁 16。

化之理,而其思考基本上淵源於《老子》「道」生「物」、
「有」生於「無」的構想。[76]上引此段,將「太素」與「太
易」、「太初」、「太始」及「渾淪」四者連談,定義了天地萬
物誕生之前的、宇宙開闢的五大階段,也就是先經歷過「太
易」、「太初」、「太始」、「太素」、「渾淪」等五個宇宙開
闢的先期階段後,方有較具體的天地萬物的誕生。與《列子・天
瑞》的這種主張極相似的,尚有漢代緯書《孝經緯》。在《孝經
緯・鉤命訣》中,有「五運」之說,其言:

> 天地未分之前,有太易,有太初,有太始,有太素,有太
> 極,是為五運。形象未分,謂之太易。元氣始萌,謂之太
> 初。氣形之端,謂之太始。形變有質,謂之太素。質形已
> 具,謂之太極。五氣漸變,謂之五運。[77]

箇中思想基本上同於《列子・天瑞》,較明顯的不同,在於《孝
經緯・鉤命訣》將《列子・天瑞》篇中的「渾淪」一階段,易名
為「太極」。因之,降至後世,學者多將「渾淪」一階段逕視之
為「太極」階段,如宋人范致虛註解《列子》,在訓示此處所謂
「渾淪」時,便認為:「太極元氣,函三為一,故氣形質具而未
相離,則命之曰渾淪。《老子》所謂混成者是矣。」[78]顯然即是

---

76 參〔魏晉〕列子撰(託名),蕭登福集註語譯:《列子古註今譯》,頁
　　1。

77 〔漢〕《孝經緯》,見《七緯》,收於上海古籍出版社編:《緯書集
　　成》(上海:上海古籍出版社,1994年6月),頁1031。

78 范致虛的註文,可參〔魏晉〕列子撰(託名),蕭登福集註語譯:《列

承《孝經緯‧鈎命訣》而來。因此之故,「太易」、「太初」、
「太始」、「太素」、「太極」五者,在中國哲學的概念發生史
上,便被合稱為「先天五太」,表徵一種宇宙論中的、天地未分
而萬物未形之前的先期創世階段。其中,被熊氏援以稱述「動
圈」的「太素」,遠在《列子‧天瑞》裡,便被定義為是「質之
始」,也就是開始有了結構具象物的質體的出現,其援「太素」
名「動圈」以強調「動圈」為「物質宇宙之始」,自有其思想淵
源。與此相關的,熊氏雖援「太素」名「動圈」以強調「動圈」
為物質宇宙之始,但又特為說明了「動圈」並不是物質,而只是
一種宇宙本體從事收凝之活動後顯現的一個一個的、無量數的極
微小的「積」──也就是凝聚之勢(熊氏所說的「凝勢」)。這
種一個一個的、無量數的極微小的凝聚之勢,仍不是物質、仍不
成形物,但已有成為形質的傾向,故熊氏又特名之為「形向」,
亟言「動圈」即是一種凝成形物的傾向。且進一步的,一個一個
的「小一」──也就是「動圈」──彼此之間又會不斷進行相互
「摩盪」的活動,也就是「相互比合」或「相互乖違」。「小
一」間彼此「相摩」即是「相互比合」、彼此「相盪」即是「相
互乖違」。「相互比合」的「小一」共結成一系;「小一」間的
「相互乖違」,則保證了無量數的「小一」不會通通「比合」為
一系,而會各自和與自己不相乖違的「小一」比合成無量數的
系,熊氏主張「小一」與「小一」之間「亦自有不當其值而相乖
違者。此所以不唯混成一系,而各得以其相親比者互別而成眾

_____

子古註今譯》,頁 21。蕭登福該書,原是匯集《列子》古代諸家註
本,再針對《列子》原文加以自己的翻譯,故而,其中蒐羅、並列了諸
多較重要的《列子》傳世註本的註解。

系」，表達的就是這個意思；而再進一步，「小一」與「小一」比合而成的「系」之間，同樣會不斷進行著相互摩盪的活動，因此而有無量數的因「系」與「系」間相互比合而成的「系群」出現，熊氏即稱之為「小一系群」。僅是兩個「系」以上比合的系群，已有迹象顯現，但仍不明顯；然而多數的系群相比合，便能顯現為明顯的迹象，熊氏以「粗顯」言之，而此所謂「粗顯」迹象，即是一般人所可聞、聽、視、觸的具體物事，如熊氏所譬舉的「書案」和日、星、大地皆是，物理世界便是由無量數的、「小一系群」間的相互摩盪所組構而來。論述及此，「體用論」哲學中的「翕、闢成變」的宇宙論架構，大體可見。

二、因「本體」之「功用」所變現的萬物，唯是「詐現」

上文論述「體用論」哲學中，「本體」自為「翕」、「闢」兩種運動以變現宇宙萬物的宇宙論思想，與此相關的，熊氏又進一步對由此而被肇生出來的宇宙萬物的存在性格有所定位，相關說法如下：

> 本書談轉變，即於一切行，都不看作為實有的東西。……因為我們純從宇宙論的觀點來看，（我們雖不承認有客觀獨存的宇宙，但在邏輯上，不妨把自我所賅備的一切行或萬有，推出去假說為宇宙。他處，凡言宇宙者均做此。）便見得一切行，都無自體。實際上這一切行，只是在那極生動的、極活潑的、不斷的變化的過程中。這種不斷的變

化，我們說為大用流行，這是無呵毀的。[79]

如實而談，凡諸小一，都是剎那詐現。一剎那頃，纔起即滅的，本來無有些微的物事可容暫住，故云詐現。本無自性。（猶云沒有獨立存在的自體。）原其所自，蓋乃寂然真體，碻爾顯現。（小一非有質也，只是一種凝歛的勢用而已。此即真體之顯現也。）[80]

……凝歛的勢用，即所謂無量的小一者，元屬真幾微妙。（真體呈用，欲顯其健進必凝攝為無量的小一，而健進始有所憑之具。反以相成，故云微妙。）不可夾雜實物的觀念來猜測。[81]

小一相摩盪，而成各個系。系與系相摩盪而成各個系群，於是顯為萬物。所以萬物無自性。（猶云無獨立存在的自體。）只是無量凝勢，詐現種種迹象，因名萬物而已。[82]

實則，真體成用時，（談理至此，本無所謂時間。但為言

---

[79] 熊十力：《新唯識論（語體文本）》，收於熊十力：《熊十力全集》，第 3 冊，頁 86-87。

[80] 熊十力：《新唯識論（語體文本）》，收於熊十力：《熊十力全集》，第 3 冊，頁 292。

[81] 熊十力：《新唯識論（語體文本）》，收於熊十力：《熊十力全集》，第 3 冊，頁 293。

[82] 熊十力：《新唯識論（語體文本）》，收於熊十力：《熊十力全集》，第 3 冊，頁 308。

語之便,而置一時字。)其顯為凝斂的無量的小一者,只
可借吾先哲《老子》書中所謂「眾妙之門」一詞以形容
之。妙者,神妙不測之謂。妙而曰眾,言其無有限量也。
凡形物,皆有限量。今此不可以形物求者,焉得有限。門
者,所由義。惟其神妙,故為萬物所由之而成也。夫大用
流行中,不得不有所凝斂以為健進之具。然依凝斂,乃有
萬物可言,不凝斂,則無物矣。但所云物者,幻迹耳,非
有實物也。因此,不可說一切小一可以各各自類相續。如
果一切小一是各各獨立存在的東西,那麼,就應許他是各
各自類相續。今所云小一,既不是一顆一顆的實物,便無
各自相續義。我們應知,一切小一,都是頓現。(一剎那
頃,纔起即滅,不暫住故。故云頓現。)前不至後,後不
承前,(前剎那的小一既不曾延持至後,後剎那續起的小
一實是突起,非有所承受於前也。)此不至彼,彼不因
此。(此時此處的小一,不曾至於彼時彼處。彼時彼處的
小一,亦不因此時此處而有。夫談義至此,本無時與處可
說,但以語言方便故,假說時處耳。)所以一切小一,各
各均是剎那頓現。實際上沒有哪一個小一是可以當做一件
物事看待,即可以說他是剎那剎那,生滅滅生,自類相續
的。[83]

箇中可見,熊氏認為,宇宙萬物——尤其是主要由本體的「翕」

---

[83] 熊十力:《新唯識論(語體文本)》,收於熊十力:《熊十力全集》,
第 3 冊,頁 294-295。

之動勢加以成就的物質宇宙——都不是實有的,換句話說,都是沒有自性的、沒有自體的,所以熊氏也援佛教的「詐現」概念,定位宇宙萬物的本質。為何宇宙萬物都是沒有自體的、沒有自性的,——都是一種「詐現」呢?在熊氏的思考中,總的來看,所謂宇宙萬物——也就是一切「行」,包含「心行」、「物行」——率皆處在不斷的變化之中,所以根本沒有任何持久、不變的精神性的或物質性的存在,因此,宇宙萬物都是沒有自性的、沒有自體的。再細部一點看,以結構物質宇宙的基本單位「小一」來說,「小一」雖可被視為物質宇宙的基礎,但實際上,「小一」也只是本體為使健進的「闢」之勢用有所運發的憑藉,故而通過「翕」之勢用的凝攝之功所成就的現似一「物質」存在的東西而已,本身並不真正是一種實際存在的物體,因此熊氏才強調「小一非有質也,只是一種凝歛的勢用而已」、「凝歛的勢用,即所謂無量的小一者,元屬真幾微妙,不可夾雜實物的觀念來猜測」,換句話說,連作為物質宇宙之基礎的「小一」也不可質實地認為其真是一種物質、真是實物,那麼,由無量數的「小一」所聚合、連結的「系」乃至由「系」與「系」所結聚而成之「系群」所成就的「萬物」,自然也皆非真是一種物質、真是實物了。因之,無論「小一」、「系」、「系群」或「萬物」,在「體用論」哲學中,本質上都是宇宙本體自為「翕」——也就是凝歛、凝攝——之勢用所成的迹象而已,熊氏常稱之為「幻迹」,以名其虛妄、不實。熊氏尤其強調,無論「小一」、「系」、「系群」或「萬物」,基本上都不是一種「自類相續」的存在,換言之,都不是同一個存在在變現之後便歷時而持續地存在下來,因為每一個存在都是方現起便消滅了,也就是熊氏所

言的「一刹那頃，纔起即滅」，熊氏亦常稱之為「頓現」。總之，並不會有哪一個存在能自變現後便持續存在到轉變為下一個存在，任何一刹那的下一個存在，都是因宇宙本體的「翕」之勢用而「突現」、「頓現」的存在，與前此或其後的任何一個存在都無關，這就是熊氏所言的「前不至後，後不承前」、「前刹那的小一既不曾延持至後，後刹那續起的小一實是突起，非有所承受於前」等說法的意思。由此可知，宇宙萬物皆是在宇宙本體的大用流行中不斷呈現卻又頓起頓滅的短暫存在，且只是宇宙本體之大用流行所乍然呈現的一種迹象，故而，熊氏方以「詐現」一語名宇宙萬物的本質，此即是強調其虛幻的、非實有的基本性格。總此，在熊氏的哲學表述中，即將本體因於自身之流行大用所呈現之種種「相」狀——也就是宇宙萬物——總的定位為「詐現」，如其言：

> 理體與用相，不可分為二界。（天理流行，即名為用。用則有相詐現，故云用相。名理體以天理者，至真絕待，不可更詰所從來，故云天也。理之流行，即予以用名。用則有相狀現，而相狀無實，不暫住故，遂云詐現。）[84]

箇中可見，在熊氏的思考中，本體必有運動、必有流行也必呈大用，而大用之呈顯，必帶來種種相狀的現生，但所呈現之種種相狀，正如上文已申言的，都是頓起頓滅、纔生即滅的，都無一刻

---

[84] 熊十力：《新唯識論（語體文本）》，收於熊十力：《熊十力全集》，第 3 冊，頁 366。

暫住，也就是熊氏所言的「相狀無實，不暫住故」，所以名之為
「詐現」。與之相關的，熊氏同樣援佛教固有的說法，將宇宙本
體因於自身流行大用而變現的宇宙萬有，稱之為「幻有」，其
言：

> ……法爾本有功能，亦名恆轉。由此恆轉，顯現為大用流
> 行，即說為變。今剋就變來說，他底動勢，（即所謂翕和
> 闢。）純是剎那剎那詐現的，決沒有暫住的。此變的動勢
> 之本體，即是恆轉。若離開恆轉來說，動勢沒有自體的，
> 所以把變或變的動勢，說為幻有。（俗所謂心和物，都依
> 此動勢而立稱，哪有實在的東西。）這裡幻有一詞的涵
> 義，本不涵有好和壞的意思。這個詞語，是表示事實如
> 此。[85]

箇中仍是盛言，因於宇宙本體之流行大用——也就是翕、闢兩種
動勢——而變現的宇宙萬有，無論是「心」、是「物」，皆是剎
那剎那生滅滅生的，無有一刻暫住，因而其本質上是一種「詐
現」，亦可說是「幻有」。然說「詐現」、說「幻有」，箇中並
不包含好、壞的價值區判，只是指出宇宙萬有的本質乃確實如此
而已。

---

[85] 熊十力：《新唯識論（語體文本）》，收於熊十力：《熊十力全集》，
第 3 冊，頁 141。

三、「本體」之「功用」，可云為「氣」：
「氣」即是本體的流行大用

　　與上文所討論的「詐現」之義相關，熊氏也對自宋明理學以來，便被儒者所普遍關心的「理」、「氣」關係問題，依於其「體用論」哲學的一貫思考，進行過扼要的說明，對於「氣」究竟是一種什麼樣的存在？「氣」與宇宙本體之間又存在何樣的關係？熊氏的思考蓋如下：

　　　宋儒說理不離乎氣，亦不雜乎氣，是直以理氣為兩物，但以不離不雜，明其關係耳。此說已甚誤。明儒則或以氣為實在的物事，而以理為氣之條理，則理且無實，亦成謬論。後之談理氣者，其支離又不可究詰。余以為理者，斥體立名，（體者，本體。）至真至實。理之流行，斯名為用，亦可云氣。（氣者，非形氣或空氣等氣字，乃即流行的勢用，而形容之以氣也。此氣字，即謂有勢用現起，而非固定的物事也。中卷有一段言及此。）故氣者，理之顯現。而理者，氣之本體也。焉得判之為二乎。復次，所謂現實界，則依用相或氣，而妄執為實物有。（實物有者，吾人因實際生活，而執有一切實在的東西。）此則純為情見所執耳。其實，非離用相或氣而別有如是現實界也。[86]

　　氣字，當然不是空氣，或氣體和氣象等等氣字的意義。常

途每以形氣二字聯用，（形氣二字的意義，有時用得很寬
泛，宇宙萬有亦總云形氣。）這裡的氣字，猶不即是形氣
之稱，至後當知。我以為，這氣字只是一種生生的動勢，
或勝能的意思。（此中勝能，不是物理學上所謂能
力……）此氣是運而無所積的。（運者，動義，或流行
義。動勢生滅相續，故云流行。剎那生滅，無物暫住，故
云無所積。）動相詐現，猶如氣分，（分讀份。）故名為
氣。（言氣，即顯無實物故。）詳覈此所謂氣，正是本論
所謂用。至於萬有或形氣，唯依動轉的迹象，假為之名，
非離一切動勢，有實形氣。[87]

在此，熊氏首先批判了其所見及的、宋明理學「理」、「氣」關
係論中的兩種典型錯誤，這兩種錯誤中的第一種，蓋出自宋明理
學中，在探討存有論或宇宙論的本源問題時，以「理」為首出概
念的學人；第二種錯誤，則出在探討存有論或宇宙論的本源問題
時，以「氣」為首出概念的學人。[88]第一種錯誤，或可以程朱理
學中的朱子為例。朱子蓋嘗盛言「理氣不離不雜」之義，其首先
指出：「天下未有無理之氣，亦未有無氣之理。氣以成形，而理

---

[87] 熊十力：《新唯識論（語體文本）》，收於熊十力：《熊十力全集》，
第 3 冊，頁 245-246。

[88] 林安梧先生曾指出：「大體而言，緊扣著宋明儒學發展的系路來說，就
其存有論或宇宙論的本源來看，大致可分為三個不同的面向：一是以
『理』為首出的，此脈以程朱為代表；一是以『心』為首出的，此脈以
陸王為代表；另一是以『氣』為首出的，此脈在宋初則以濂溪、橫渠為
代表，在明末，則船山為代表。」見林安梧：《王船山人性史哲學之研
究》（臺北：東大圖書股份有限公司，1991 年 2 月），頁 13-14。

亦賦焉。」[89]又：「理未嘗離乎氣。」[90]此即所謂「理氣不離」
之義；而朱子又言：

> 所謂理與氣，此決是二物。但在物上看，則二物渾淪不可
> 分開各在一處。然不害二物之各為一物也。[91]

> 天地之間，有理有氣。理也者，形而上之道也，生物之本
> 也。氣也者，形而下之器也，生物之具也。是以人物之
> 生，必稟此理，然後有性。必稟此氣，然後有形。其性其
> 形，雖不外乎一身，然其道器之間，分際甚明，不可亂
> 也。[92]

此即所謂「理氣不雜」之義，箇中雖盛言「理」、「氣」二者共
構萬物的存有論界定，但又特為分判「理」、「氣」二者間有所
分際，也就是：「理」乃主宰萬物、決定萬物之存在形式的形而
上之道，是抽象的存在之理；「氣」則是組構一一人物之形體的
形而下之器，是能凝成具體萬物的原質性存在。重點是：雖
「理」、「氣」二者同時具涵於一一人物中，又無須臾之間相分

89　〔南宋〕黎靖德編，王星賢點校：《朱子語類》第 1 冊（北京：中華書
　　局，2004 年），卷 1，頁 2。

90　〔南宋〕黎靖德編，王星賢點校：《朱子語類》，第 1 冊，卷 1，頁
　　3。

91　語出〈答劉叔文一〉，見〔南宋〕朱子撰，陳俊民主編：《朱子文集》
　　第 5 冊（臺北：德富文教基金會，2000 年 2 月），卷 46，頁 2095。

92　語出〈答黃道夫一〉，見〔南宋〕朱子撰，陳俊民主編：《朱子文集》
　　第 6 冊（臺北：德富文教基金會，2000 年 2 月），卷 58，頁 2798。

離，但兩者並非彼此完全融合、全然為一的關係，只是始終相即、共伴，彼此不相割離的關係，所以「理」仍是「理」、「氣」仍是「氣」。而合上述所言「理氣不離」與「理氣不雜」二者，即為「理氣不離不雜」。[93]類此的主張，在熊氏的省察中，便是犯了析離「理」、「氣」為二物的思維錯誤，自然是不可取的。而第二種錯誤，則或可以明儒黃宗羲的觀點為例。黃宗羲與羅欽舜、王廷相同為有明一朝中，主張「氣本論」的重要思想家，其曾在檢討王廷相的「氣」論思想時指出：

> 天地之間，只有氣，更無理。所謂理者，以氣自有條理，故立此名。故氣有萬氣，理只一理，以理本無物也。[94]

蓋黃宗羲的此種觀點，即是認為「氣」即是宇宙萬物的本源，是肇生宇宙萬物的唯一真實的、也是最初的實有，至於「理」，則只是用以稱謂「氣」之運作所自具的條理而已，並不是真有一種實有名之為「理」。[95]如黃宗羲的這種主張，便容易引人以為，

---

[93] 此處對朱子言「理氣不離不雜」之義的梳理，已曾發表於拙作〈王船山對《論語‧陽貨》「性近習遠」章的詮解及相關問題探究〉中，見顏銘俊：〈王船山對《論語‧陽貨》「性近習遠」章的詮解及相關問題探究〉，《漢學研究集刊》第 23 期，2016 年 12 月，頁 80-81。

[94] 〔明〕黃宗羲：〈肅敏王浚川先生廷相〉，見《明儒學案‧諸儒學案中四》，收於沈善洪主編：《黃宗羲全集》第 8 冊（杭州：浙江古籍出版社，2005 年 1 月），頁 487。

[95] 學者周芳敏便詮解黃宗羲的這點表述說：「『天地之間，只有氣，更無理』，此在說明氣乃天間最原初的實有，理則非一具體實有，而僅為指稱氣自有條理、自能主宰的名謂而已，故梨洲更直截宣示：『理本無

「理」並非是一種真實的存在，但熊氏本人對於主張「理」並非真實存在的觀點，是極不以為然的，如其言：

> 理者是實法，（實法者，謂其實有自體也。雖其自體不是具有形質的，要是實有，而非空洞的形式之謂。）非假法。（假法者，謂其只是空洞的形式，而無有實體也。）或以為理字具有條理與法式、軌範等義，故是共相。此等共相，乃離開現實界之特殊物事而自存於真際界云云。如其說，則真際界與現實界顯劃鴻溝，不可融會。此已難通。而其所謂理，又只是空洞的形式，例如方等。……本論乃直指本體而名之以理，本體是實有，不可視同假法。說共相為理者，只以理為空洞的形式，如方等，則理便屬假法，何得為一切物之實體。[96]

此中可見，熊氏所謂「理」，即是其體用論哲學中的宇宙本體，而宇宙本體只能是、也必是至真至實的實有，所以熊氏強調「理」是「實法」，不能只是如所謂「共相」、「條理」、「理則」之類的物事，因為那種物事率皆只是一種存在於理念中或「真際界」（按：即本體界、實在界）中的空洞的形式，本身並非實有，也就是所謂的「假法」。在批判了上述兩種錯誤後，熊氏進一步認為，所謂「氣」，實則即是宇宙本體的流行大用，也

物』……」見周芳敏：〈論黃宗羲「盈天地皆心」之意蘊〉，《政大中文學報》第 10 期，2008 年 12 月，頁 149-150。

[96] 熊十力：《新唯識論（語體文本）》，收於熊十力：《熊十力全集》，第 3 冊，頁 364-365。

就是宇宙本體生生的「勢用」或「勝能」本身，所以熊氏言「氣字，即謂有勢用現起，而非固定的物事」、「理之流行，斯名為用，亦可云氣」、「這氣字只是一種生生的動勢，或勝能的意思」，而人之以為於作為宇宙本體的「理」之外，尚有所謂「氣」，只是執宇宙本體流行、運作所呈顯的「用相」——也就是熊氏所謂的「動相詐現，猶如氣分」——為另一存在，並名之為「氣」罷了。筆者以為，熊氏這種界定「氣」之內涵的觀點，的確大異於前人。箇中還需特為一提的是：「氣」在「體用論」哲學的架構中，既然即是宇宙本體的流行大用之別名，則「氣」便自然不是一種材質，也不具有任何所謂材質的內容了。對此熊氏申言道：

> 理之現為相，（相者具云用相。見前。）不待別立材質而
> 與之合。如果把理說為一種空洞的形式或法式，則必須於
> 理之外，更建立一種氣為材質，而理乃與之搭合以成物，
> 如此，似未免戲論。宋儒言理氣，已有未盡善處。後人遂
> 有以氣為材質，而理別為法式，遂成種種支離之論。……
> 今在本論所謂理者，既是實體，所以不須別找材質。……
> 是故材質者，理之流行所必有之勢也，其情之至盛不匱故
> 也。材呈，故謂之相。（相者，用之相。見前。）故曰，
> 理之現相，不待別立材質而與之合。以其為至實而非無故
> 也。[97]

[97]　熊十力：《新唯識論（語體文本）》，收於熊十力：《熊十力全集》，
　　　第 3 冊，頁 365-366。

箇中可見，在熊氏的思考中，宇宙本體之創肇宇宙萬物，根本不須別立一種材質，進而言宇宙本體與該材質共構，方能創肇宇宙萬物。這是因為，宇宙本體本不是空洞的形式或法式，而是至真至實的實體。但凡需要於宇宙本體之外別立一材質方能解釋宇宙萬物之創肇的主張，在熊氏看來，都是把宇宙本體理解為一空洞的形式或法式——也就是不把宇宙本體體認為一真實的存有——所造成的思維結果。因而，欲溯源宇宙萬物之創肇，直截的從宇宙本體的流行大用自身著眼，即可得到豁然開朗的答案。這是說：所謂材質——暨據材質以進一步組構的宇宙萬物——本是宇宙本體之勢用現起的必然，只要宇宙本體流行不息，便必定有被常人認知為材質的存在暨其所組構的宇宙萬物。這就是把材質暨材質所組構的宇宙萬物，都歸諸本體之流行所呈現的「用」——或者更具體的說，是「用相」的思維。而既然宇宙萬物的創肇無需別立材質，則「氣」之為物，在「體用論」哲學中，自然便不會是一種具有材質內容的存在了。

第三節　熊十力「體用論」哲學對主體心靈與真實世界的構想

　　上節針對「體用論」哲學的宇宙論進行了闡述，此節則欲進一步探討熊氏在主體心靈方面的有關構想。關於這點，必須從「翕、闢成變」論中的宇宙本體的「闢」之動勢談起。這是因為，在熊氏的構想中，所謂主體心靈，即是因於宇宙本體的「闢」之動勢而來，其相關主張如下：

夫心者，恆轉之動而闢也……蓋恆轉者，至靜而動，至神而無，本未始有物也。然其神完而動以不匱。斯法爾有所攝聚。不攝聚，則一味浮散，其力用無所集中，唯是莽蕩空虛而已。（莽蕩，無物貌。空虛，無物之謂。）大化流行，豈其如是。故攝聚者，真實之動，自然不容已之勢也。（真實，謂本體。）攝聚乃名翕，翕便有物幻成，（物非實故，云幻成。）所以現似物質宇宙。而恆轉至是乃若不守自性也。（恆轉，寂然無相，本非物也。今其動而翕也，則幻成乎物。是恆轉已物化，而疑於捨失其自性也。乃若者，疑詞。）實則恆轉者，真實而不可渝，純白而無染，（純白者，清淨之形容詞。）剛健而不可撓。（不可折撓。）豈果化於物而不守自性者乎？其動而翕也，因以成物，而即憑之，以顯發其自性也。……本體是遍現為一切物，而遂憑物以顯。……夫本體若不現為用，則直是空無而已，豈得名為體耶？體現為用，則不可浮游無據。故其動而翕也，則盛用其力以成物，而本體畢竟恆如其性，決定不物化者，乃自成其物，而憑之以顯發自性之力已耳。故物者，本體所以顯發其自性力之資具也。而本體豈物化而不守自性者哉？夫本體之動也，（此中動者，變化義，謂其現為大用也。此動字義深，不可作物件動轉之動解去。）其翕而成物，若與自性反。然同時即顯發其清剛浩大之力，（此中力者，即謂闢。恐人誤計先翕而後乃闢，故以同時一詞防之。清剛者，則為清淨，無障礙故，無惑染故。剛謂剛健，不屈撓故，恆自在故，不可隨物改轉故。浩大者，至大無外故。此大字，非與小對之

詞。）有以潛移默運乎一切物之中，而使物隨己轉。（己
者，設為上所云清剛浩大之力之自謂。）畢竟融翕之反，
而歸於沖和。是力也，蓋即本體自性之顯發。易言之，即
本體舉其自身而全現為此力也。（喻如大海水，全現為眾
漚。）此力對翕而言，則謂之闢。闢者，開發義，升進
義，生生不息義。翕成物則閉塞，此力運於物之中而暢通
無礙，故有開發義。翕成物則重墜，此力運於物之中，而
實超出物表，能轉物而不為物轉，故有升進義。翕成物則
違其本，（物之本體，元非物故。）此力運於物之中，則
用其反，而卒歸融和，益遂生生之盛。……翕與闢同屬恆
轉之顯現。雖既現而勢異，但翕終從闢，健順合而成其渾
全。（翕之方面，斂而成物。則闢之方面，乃得憑物以顯
其開發之功。否則浮游無據，而闢之力無所集中，即無以
成其為闢矣。故翕之成物也，乃為闢之資具，而其德恆
順。闢則用物而不為物役，其德恆健。健以統順，即翕闢
叶合為一，而無異致，故曰渾全。）[98]

簡中首先闡明，人之主體心靈，即是宇宙本體顯現為「闢」之動
勢而來，並且，「闢」之動勢方是真能彰顯宇宙本體之真實體性
的動勢，而宇宙本體的真實體性是「真實」（熊氏形容其「真實
而不可渝」）、「清淨」（熊氏形容其「純白而無染」，包含
「無障礙」、「無惑染」之義）、「剛健不屈」（熊氏形容其

---

[98]　熊十力：《新唯識論（語體文本）》，收於熊十力：《熊十力全集》，
　　　第 3 冊，頁 370-372。

「剛健而不可撓」，包含「恆自在」、「不隨物改轉」之義），簡言之，即是真實清淨、健動不已以及不受屈折——亦即不為他者所役使，從而，因「闢」之動勢而顯現的「心」——也就是人的主體心靈，便先天地具有真實清淨、健動不已以及不受屈折的性格，而這也正是「心」之與「物」最大的區別。熊氏極為強調一點，那就是：「物」之為「物」，起於宇宙本體的「翕」之動勢，是因為宇宙本體自為凝聚、收斂的活動方才現起的存在，但這種「物」化的呈現，實則是宇宙本體為了彰顯自身的流行大用，方才運作的。換言之，「翕」之動勢的運作暨因此而現似的宇宙萬物，即是宇宙本體呈顯自身大用的憑藉，所以熊氏將「翕」之動勢所現似的宇宙萬物明確定義為：「故物者，本體所以顯發其自性力之資具也。」若無「翕」之動勢現似出宇宙萬物，則真能代表宇宙本體真實體性的力用——也就是「闢」的勢用，便無有任何得以集中、運使的處所。當「翕」之動勢運作而現似萬物時，即有「闢」之動勢集中、運使於一一現似出的萬物中，也就是一一萬物之中皆具有無障礙、無惑染、健動不已且不受屈折役使的「心」任運於其中。基於以上，熊氏即將「翕」、「闢」二者的關係——同時也就是「心」、「物」二者的關係——明確定義為「闢（心）主翕（物）從」、「翕（物）終從闢（心）」以及「闢（心）必運於翕（物）中」、「闢（心）、翕（物）為渾全之整體」。[99]這種「翕」、「闢」關係的定位，在

---

[99]　關於此處所言「闢（心）、翕（物）為渾全之整體」，林安梧先生指出：「熊十力一再的指出『翕』和『闢』是不可分的整體，而且一切物，內部有一種向上而不物化的勢用，即所謂『闢』存在著，不過這種勢用要顯發他自己是要經過相當的努力。」見林安梧：《存有・意識與

熊氏的「體用論」哲學中，宏觀一點說，是既解釋了宇宙本體為何非得、也必會憑自身大用而現似宇宙萬物，也說明了為何雖現似宇宙萬物，但宇宙本體卻終究不會陷於「物化」不返之境地的理由。換言之，即是說明了宇宙本體雖必得、也必會現似為宇宙萬物，但宇宙本體終究是宇宙本體，其所自具的真實體性絕不會因此而有任何變異、消磨，同時也說明了既已現似的宇宙萬物為何必有生滅、變化的理由；而細部一點說，則是初步定位了在人存在者而言，人的主體心靈必能向內以主導人身，向外以役使萬物、變易萬物，卻終究能不受囿於人的物理形軀或繁然無盡的外物，導致人之主體心靈的、先天的也是最真實的性格受到扭曲。換言之，即是說明了人的主體心靈雖貫注於人的形軀之中，並受週遭無以盡數之事物的包圍，卻不會從根本上消磨、滅去掉主體心靈的真實性格。而這也就為「體用論」哲學中關乎「工夫論」的「反本實證」之學，確立了扎實的理論基礎。有識於此，以下便先探討熊氏關於主體心靈與真實世界的相關主張。

一、「本心」（性智）與「習心」（量智）的關係暨區別

關於主體心靈，熊氏的概略構想如下：

> ……一切物的本體，非是離自心外在境界，及非知識所行境界，唯是反求實證相應故。[100]

實踐：熊十力體用哲學之詮釋與重建》，頁 121。

[100] 熊十力：《新唯識論（語體文本）》，收於熊十力：《熊十力全集》，第 3 冊，頁 13。

是實證相應者，名為性智。（性智，亦省稱智。）這個智
是與量智不同的。……性智者，即是真的自己的覺悟。此
中真的自己一詞，即謂本體。在宇宙論中，賅萬有而言其
本原，則云本體。即此本體，以其為吾人所以生之理而
言，則亦名真的自己。即此真己，在量論中說名覺悟，即
所謂性智。此中覺悟義深，本無惑亂故云覺，本非倒妄故
云悟。申言之，這個覺悟就是真的自己。離了這個覺悟，
更無所謂真的自己。此具足圓滿的明淨的覺悟的真的自
己，本來是獨立無匹的。以故，這種覺悟雖不離感官經
驗，要是不滯於感官經驗而恆自在離繫的。他元是自明自
覺，虛靈無礙，圓滿無缺，雖寂寞無形，而秩然眾理已畢
具，能為一切知識底根源的。量智，是思量和推度，或明
辨事物之理則，及於所行所歷，揀擇得失等等的作用故，
故說名為量智，亦名理智。此智，元是性智的發用，而卒
別於性智者，因為性智作用，依官能而發現，即官能得假
以自用。（此中得者，言其可得，而非恆然。若官能恆假
性智以自用，即性智畢竟不得自顯，如謂奴恆奪主，無有
主人得自行威命者，此豈應理之談。）易言之，官能可假
性智作用以成為官能之作用，迷以逐物，而妄見有外，
（性智作用，以下省云性用。見有外者，以物為外故。）
由此成習，（習者，官能的作用，迷逐外物。此作用雖當
念遷謝，而必有餘勢續留不絕也。即此不絕之餘勢，名為
習。）而習之既成，則且潛伏不測之淵，（不測之淵，形
容其藏之深也。）常乘機現起，益以障礙性用，而使其成
為官能作用。則習與官能作用恆叶合為一，以追逐境物，

極虛妄分別之能事,外馳而不返,是則謂之量智。……故
量智者,雖原本性智,而終自成為一種勢用,迥異其本。
(量智即習心,亦說為識。宗門所謂情見或情識與知見等
者,皆屬量智。)**101**

本論融通佛道二家,分別本心與習心。(本心,具云本來
的心。習心,則習氣之現起者也。其潛伏而不現起時,但
名習氣。)本心亦云性智,(從人生論與心理學的觀點而
言,則名本心。從量論的觀點而言,則名為性智。)是吾
人與萬物所同具之本性。(本性猶云本體,以其為人物所
以生之理,故說為性。性者,生生義。)所謂真淨圓覺、
虛徹靈通,卓然而獨存者也。非虛妄曰真,無惑染曰淨,
統眾德而大備、爍群昏而獨照曰圓覺,至實而無相曰虛,
至健而無不遍曰徹,神妙而不測曰靈,應感無窮曰通,絕
待曰獨存。道家之道心,佛氏之法性心,乃至王陽明之良
知,皆本心之異名耳。習心亦云量智,此心雖依本心的力
用故有,(習心非本心,而依本心的作用故有,譬如浮雲
非太空,要依太空故有。)而不即是本心,畢竟自成為一
種東西。原夫此心雖以固有的靈明為自動因,(固有的靈
明,猶言本心的力用。……)但因依根取境,而易乖其
本。根者,即佛家所謂眼等五根是也。此根乃心所憑以發
現之具,而不即是心,亦不即是頑頓的物質。今推演其

---

101 熊十力:《新唯識論(語體文本)》,收於熊十力:《熊十力全集》,
第 3 冊,頁 15-16。

旨，蓋即有機物所持有之最微妙的生活機能，其發現於眼
處，謂之眼根；發現於耳處，謂之耳根；乃至發現於身
處，謂之身根。身處，略當今云神經系。故根者，非即是
眼等官體或神經系，但為運於眼等官體或神經系中最微妙
的機能而已。此種機能，科學家無可質測，然以理推之，
應說為有。此心必憑藉乎根而始發現，故云依根。取者，
追求與構畫等義。境者，具云境界。凡為心所追求與思
構，通名為境。原夫本心之發現，既不能不依憑乎根，則
根便自有其權能，即假心之力用，而自逞以迷逐於物。固
本心之流行乎根門，每失其本然之明。是心藉根為資具，
乃反為資具所用也。而吾人亦因此不易反識自心，或且以
心靈為物理性的作用而已。[102]

箇中可見，在「體用論」哲學中，人之主體心靈即是「本心」以
及因「本心」之發用而有的「習心」。進一步的，若從知識論
——也就是熊氏慣言的「量論」的角度來看，「本心」又名為
「性智」，而「習心」則可名為「量智」或「理智」。自然，正
是因為「本心」與「習心」所能認識的對象並不相同，故而從知
識論的觀點出發，方能有所區別。先談「本心」。在熊氏的思考
中，所謂「本心」，其作為存有的本質，以及其基本的認識對
象，都是關聯著宇宙本體而來。所謂「本心」，基本上便是宇宙
本體自身，熊氏又因此將「本心」、「性智」名之為「真的自己

---

[102] 熊十力：《新唯識論（語體文本）》，收於熊十力：《熊十力全集》，
第 3 冊，頁 374-376。

的覺悟」，因為宇宙本體即是宇宙萬有的「所以生之理」，所以熊氏又將宇宙本體名為「真的自己」。故而，所謂「本心」、所謂「性智」，其作為存有的本質，基本上便是由宇宙本體所保證的。再者，基本上即是宇宙本體自身的「本心」、「性智」，其基本的認識對象無他，自然即是宇宙本體自己，所以熊氏總是強調，想把握宇宙本體，唯一的方法只能是「反求實證相應」，那麼，什麼是「實證相應」呢？熊氏言「是實證相應者，名為性智」，因之，把握宇宙本體的唯一方法無他，即是求諸「本心」、「性智」而已。這個基本上即是宇宙本體自身的「本心」、「性智」，在熊氏的哲學表述中，有過許多指稱其體性的讚辭，其中，謂其「無惑亂」、「非倒妄」、「圓滿（無缺）」、「明淨」、「真淨圓覺」，無非是強調「本心」、「性智」所能照見的，並非虛妄而唯是真實、並非倒見而唯是真理、並非分殊而唯是渾全的存在；而謂其「獨立無匹」、「自在離繫」、「卓然而獨存」、「自明自覺」，無非是盛論「本心」、「性智」原是宇宙本體自身，故而必是獨立的、無待的，也是自由的、自在的；至於謂其「虛靈無礙」（虛靈徹通），則是盛言「本心」、「性智」能照見宇宙本體，亦能與宇宙本體之流行大用所現似的宇宙萬有感通無礙；最後，謂其「秩然眾理已畢具」、「統眾德而大備」、「能為一切知識底根源」，既是由於其原是宇宙本體自身，而宇宙本體本身便是具足眾理、統賅眾德的──不如此，又如何能說宇宙萬有乃是源出於宇宙本體呢？──也因為，除了關乎宇宙本體的知識以外，凡關乎宇宙萬有的──也就關乎經驗界、現象界、物理界──的一切知識，原也是依於「本心」、「性智」的發用方能獲得的知識。這就關聯到

「習心」、「量智」的本質了。

　　所謂「習心」、「量智」，依熊氏的思考，實則並非真有其「心」，而是「本心」、「性智」運於人之官能——即人之感覺器官與神經系統——以接收來自外在世界的訊息時，為官能所假以自用，進而迷逐外物以成習，方才現似有一種主體心靈，並與「本心」、「性智」有所差別。從這點來看，我們也可說，所謂「習心」、「量智」，並不具備真正的存在性。在此所謂「官能」，熊氏乃是以佛家所言之「根」——如眼根、耳根、身根——的認識機能來加以定義的，認為那是一種運作於人之官體或神經系中的微妙機能，而這些微妙機能，也正是「本心」、「性智」發用時，需憑藉以覺知或照察外物的微妙機能。人於主體心靈之外，常似有一為主體心靈所照察、覺知的外在世界——也就是「境」——並進一步對之有所追求、構劃，即是由人之「本心」、「性智」流行而運作於各種官能方能實現，熊氏習慣將人的此種認識活動概稱為「依根取境」。而也正是在「本心」、「性智」流行、運作於各種官能以覺知或照察外物時，各種官能得假「本心」、「性智」的力用，迷逐於外物，對外在物事生起虛妄分別與執著。熊氏也認為，佛家所謂「識」、「情見」、「情識」、「知見」等，都即是「習心」、「量智」；相對的，「本心」、「性智」則相當於道家所言的「道心」，佛家所言的「法性心」、王陽明所言的「良知」。

　　此上所述，乃熊氏對「本心」、「性智」與「習心」、「量智」的概略定義，然此兩者所能認識的對象——或者說，所能成就的知識、所能攫取的真理——究竟有何不同，熊氏在其著作中，頗多隨機而有的點示，如：

中國哲學有一特別精神，即其為學也，根本注重體認的方法。體認者，能覺入所覺，渾然一體而不可分，所謂內外、物我、一異，總總差別相都不可得。唯其如此，故在中國哲學中，無有像西洋形而上學以宇宙實體當作外界存在的物事而推窮之者。……須知真理非他，即是吾人所以生之理，亦即是宇宙所以形成之理。故就真理言，吾人生命與大自然即宇宙是互相融入而不能分開，同為此真理之顯現故。但真理雖顯現為萬象，而不可執定萬象，以為真理即如其所顯現之物事。（此中意義難言。）真理雖非超越萬象之外而別有物，但真理自身不即是萬象。真理畢竟無方所，無形體，所以不能用知識去推度，不能將真理當作外在的物事看待。哲學家如欲實證真理，只有返諸自家固有的明覺。（亦名為智。）即此明覺之自明自了，渾然內外一如而無能所可分時，方是真理實現在前，方名實證，前所謂體認者即是此意。[103]

內證離言者，真體呈露時之自明自了，不雜絲毫想像與推求也；一涉想像，便成言說相，不是內證之候。夫證會者，一切放下，不雜記憶，不起分別，此時無能所、無內外，唯是真體現前，默然自喻，而萬理其彰者也。思辨則於不自覺中設定有外在世界，而向外尋求，測於一曲，遺其大全，滯於化迹，昧其真相，此證會與思辨不同也。[104]

---

[103] 語出〈答馬格里尼〉，見《十力語要》，收於熊十力：《熊十力全集》第 4 冊（武漢：湖北教育出版社，2001 年 8 月），頁 198-199。

[104] 語出〈王準記語〉，見《十力語要》，收於熊十力：《熊十力全集》，

科學尚析觀，（析觀亦云解析。）得宇宙之分殊，而一切如量，即名其所得為科學之真理。（於一切法，稱實而知，是名如量。）玄學尚證會，得宇宙之渾全，而一切如理，即名其所得為玄學之真理。（於一切法，不取其相，冥證理體，而無虛妄分別，是名如理。）實則就真理本身而言，元無所謂科學與玄學的這般名字，唯依學者窮究之方便故，則學問不限一途，而或得其全，或得其分，由此假說有科學之真理與玄學之真理，於義無妨。[105]

箇中可見，在熊氏的構想中，「本心」、「性智」所能認識的對象，即是宇宙本體，而用以把握宇宙本體的方法，即是熊氏慣言的「反求實證相應」，其亦常以「內證」、「證會」、「實證」、「體認」等語彙加以稱述。當然，熊氏所謂的「實證」之法，根本上與西方傳統中的科學實證方法是判然迥異的。[106]簡單來說，「本心」、「性智」把握宇宙本體的方法，即是向內體認宇宙本體並非一離「本心」、「性智」而外在的物事，這是因為，「本心」、「性智」本即宇宙本體自身，當「本心」、「性智」運作自身明覺，體認到自身本即宇宙本體、宇宙本體原是內在於「本心」、「性智」中者，則一切想像、記憶、分別、推求

第 4 冊，頁 437。

[105] 語出〈答唐君毅〉，見《十力語要》，收於熊十力：《熊十力全集》，第 4 冊，頁 184-185。

[106] 郭齊勇先生便強調：「這裡所說的『實證』，絕非西方實證主義的『實證』，恰恰相反，乃是東方哲學的『體認』的意思。」見郭齊勇：《熊十力哲學研究》，頁 80。

（即：尋思、推理）、判斷、臆度、思辨、解析……等人之理智
慣常運作的思維工作——也就是人之理智用以建構一切知識的思
維工作，都會暫時止息，由此得見宇宙本體確實朗現在前、確實
內在於「本心」之中，這就是熊氏以「實證」、以「體認」稱述
「本心」、「性智」此種把握宇宙本體之方法的理由。熊氏也進
一步把「本心」、「性智」通過「實證」——也就是「內證」、
「證會」、「實證」、「體認」——的工夫所獲致的基本上是關
聯於宇宙本體的真理，稱之為「玄學之真理」；至於「習心」、
「量智」所能認識的對象，基本上即是宇宙本體之流行大用所現
似的、宇宙萬有所共構的經驗界、現象界，而其認識宇宙萬有的
方法，即是上文所言，「本心」、「性智」運發自身明覺時，於
人之主體方面會暫時止息的諸如想像、記憶、分別、推求（即：
尋思、推理）、判斷、臆度、思辨、解析……等人之理智慣常運
作的思維工作，也就是人之理智用以建構一切關乎經驗界、現象
界之知識的思維工作。熊氏更進一步把「習心」、「量智」所能
建構的一切關乎經驗界、現象界的知識，稱之為「科學之真
理」。總此，我們可以說，人之通過「本心」、「性智」所能獲
致的真理，基本上便是關乎宇宙本體之「體」——包含其全體大
「用」，只因為：在熊氏的理解中，真能識得宇宙本體之「體」
者，亦必然能識得其全體大「用」——的真理；而通過「習
心」、「量智」所能獲致的知識，基本上只能是關乎宇宙本體之
「用相」的知識。[107]

---

[107] 郭齊勇先生便曾指出：「『性智』是對於『體』的認識，『量智』是對
於『用』的認識。『性智』相當於『德性之知』，『量智』相當於『見
聞之知』。但熊氏很少使用宋明理學家的這一對範疇。」見郭齊勇：

另，我們亦應注意到，熊氏蓋常稱「本心」、「性智」之實證宇宙本體為「自明自了」、「自覺自證」或「自喻」，如上文已徵引到的、熊氏所言「明覺之自明自了」、「真體呈露時之自明自了」、「真體現前，默然自喻」云云，又如其言：

> 性智是本心之異名，亦即是本體之異名。見體云者，非別以一心來見此本心，乃即本心之自覺自證，說名「見體」，此義確定，不可傾搖，玄學究極在此。如何說不純恃性智或體認耶？（純恃二字吃緊。）此處容得著絲毫疑情耶？此非量智安足處所，寧待深言。[108]

即是說：在熊氏的構想中，作為人之主體心靈的「本心」、「性智」之實證宇宙本體，本身即是一種「本心」、「性智」對自己的證會與認識，亦可進一步說，是宇宙本體對自己的證會與認識，這在熊氏以宇宙本體通過「闢」之勢用而能現成主體心靈、且「闢」之勢用方是宇宙本體自身真性的顯現的思維基底之下，本是必有且應有之思維精義，吾人不應加以忽略。

最後，尚有一點須說明的是：熊氏雖極力分辨「本心」、「性智」與「習心」、「量智」在認識之對象與真理之攫取上的差異和懸距，然，這並不表示熊氏完全反對「理智」——亦即「習心」、「量智」——或不看重通過「理智」所建構的科學真理，如其言：

《熊十力哲學研究》，頁 82。

[108] 熊十力：《新唯識論（語體文本）》，收於熊十力：《熊十力全集》，第 3 冊，頁 528。

吾確信玄學上之真理決不是知識的，即不是憑理智可以相
應的，然雖如此，玄學決不可以反對理智，而必由理智走
到超理智的境地。[109]

余以為就宇宙論言，善談本體者，一方面須掃相以證體，
（相者謂現象界。）若執取現象為實在者，即不能見體，
故非掃相不可。然另一方面卻必須施設現象界，否則吾人
所日常生活之宇宙，即經驗界，不得成立。因之吾人知識
無安足處所，即科學為不可能。[110]

然玄學要不遮撥量智者，見體以後大有事在。若謂直透本
原便已千百了當，以此為學，終是淪空滯寂，隳廢大用，
畢竟與本體不相應。譬之猶斷航絕港而蘄至於海，何其謬
耶？大人之學，由修養以幾見於道，（見道，即見體之
謂。）唯保任固有性智，而無以染習障之，無以私意亂
之，使真宰恆時昭然於中，不昏不昧，只此是萬化根源，
通物我為一，陽明咏良知詩：「無聲無臭獨知時，此是乾
坤萬有基。」實了義語也。此種境地，豈可由量智入手得
來？然到此境地卻又不可廢量智。須知：量智云者，一切
行乎日用，辨物析理，極思察推微之能事，而不容廢絕者
也。但有萬不可忽者，若性智障蔽不顯，則所有量智惟是

迷妄逐物，縱或偶有一隙之明，要不足恃⋯⋯若修養不
懈，性智顯發，（此即見體時。）則日用間一任性智流行
於萬物交錯、萬感紛綸之際，而無遺物以耽空、屏事以溺
寂。至靜之中，神思淵然，於物無遺，而於物無滯，是所
謂性智流行者，亦即是量智。但此云量智，乃性智之發
用，與前云性智障蔽不顯時之量智絕非同物。⋯⋯若謂見
體便游乎絕待，可以廢絕量智；抑或看輕量智，以格物致
知之學為俗學，無與於大道，此則前賢所常蹈其弊，而吾
儕不可復以之自誤而誤人也。[111]

箇中可見，熊氏雖認為關乎宇宙本體的知識──也就是「玄學之
真理」──必不能經由探求知識的進路加以把握，但卻堅決認
為，玄學不可走上「反對理智」的道路，而是應該運用「理智」
而後「超越理智」，此即熊氏所言「必由理智走到超理智的境
地」的意思。此中，熊氏不反對「理智」，亦即是不反對通過
「理智」所能建構的一切關乎經驗界、現象界的知識。熊氏甚至
認為，若必欲走上「反理智」的道路，則人之主體因於「理智」
的運作方能構劃、成立的經驗界、現象界便無以成立，人們便無
以認識生活於其中的宇宙，也無從建立各種科學知識。熊氏嚴正
批判了前此認為只要證會本體、把握本體便自此可以一勞永逸，
自此可以廢絕量智、看輕量智，不再從事對經驗界、現象界加以
了解、探求的「理智」的思維工作──也就是如宋明儒者所慣言

---

111 熊十力：《新唯識論（語體文本）》，收於熊十力：《熊十力全集》，
　　第 3 冊，頁 529-530。

的「格物致知」的工作——的觀點，批判其為「淪空滯寂」、「隳廢大用」，這是因為，經驗界、現象界亦本是宇宙本體流行大用的「用相」，人固不應執著於「用相」而自障其對渾全之宇宙本體得以有所證會、把握的「本心」、「性智」，但若全然無審於宇宙本體之流行大用所現似的繁然的、分殊的「用相」，則又陷於「遺物以耽空」、「屏事以溺寂」的弊病，犯了熊氏所極力批評的佛、道二家「耽空滯寂」的思維謬誤。更重要的是，熊氏認為，只要能實證宇宙本體，則在「本心」、「性智」依憑各種官能而流行、發用的當下，一定能做到在一邊照察、覺知到所有外物外事時，卻不對之生起任何虛妄的執著與追求，這就是熊氏所言的「於物無遺」、「於物無滯」。

二、實證本體者所見的真實世界

上文集中探討了「本心」、「性智」與「習心」、「量智」的不同本質暨其分別可以認識的真理、可以建構的知識。其中，因為「本心」、「性智」的發用能使人們證會本體——依熊氏的哲學表述來說，亦可說是證會「真的自己」，故而，又特為熊氏所重視。那麼，能發明「本心」、「性智」的人，在其證會本體後，其視界中所能照見的那個基本上乃由宇宙本體自為流行大用所變現的世界，又將是何樣的世界呢？首先，熊氏強調，在實證本體者的眼中，本體流行大用所變現的宇宙萬有，一一都是圓滿無缺的，如其言：

> 萬變不齊，一切都是真實的、全的顯現。所以隨舉一事一
> 物，莫不各各圓滿，都無虧欠。譬如大海水顯現為眾漚，

> 每一漚都以大海水全量為體，毫無虧欠。莊子說：「秋毫
> 比較泰山不為小，泰山比較秋毫也不為大。」因為泰山的
> 實體是絕對的、全的。秋毫的實體也是絕對的、全的。秋
> 毫和泰山，各各圓滿，有什麼大小可分呢？大小只存乎吾
> 人的情見，非可與真理相應也。[112]

此中先盛言本體大用所現似的一切事物，皆是圓滿、無所虧欠
的，這即是說，本體大用所現似的一切事物，雖然其所現似的型
態、相狀是繁然有殊的，但沒有任何一樣事物能在價值上凌越其
他事物。這是因為：在實證本體者眼中，已能確然照見萬有雖
殊，但一一皆是據本體的流行大用而來，一一都是以本體的真實
存在性為存在的根據，正如一一眾漚都以大海水為實體，方能成
其為一一眾漚，一一微小的秋毫與傲岸、廣大的泰山，雖其所現
似的形貌有大小之殊，卻都同是由宇宙本體的流行大用所變現
的，在內容上、價值上，根本無所區別。引申而言，實證本體者
能見及於此，也自然就能免去在實證本體以前的，因為受囿於各
種情見而總是一心向外探求，或企羨他人、或逐物不返的實踐謬
誤。另外，熊氏又盛言到：

> 恆轉既已舉其全體，顯現為萬殊的妙用，喻如帝網重重。
> （帝網一詞，係佛家經書中的典故。據說天帝的冠冕，以
> 珠結網，重復一重，即為極多重數的網，互相遍佈也。此

可以喻無窮的妙用的分殊相。）所以，眾生無量，世界無
量。據常識的觀點來說，好像宇宙是一切人共同的。其實
大謬不然。各人自有各人的宇宙，但互不相礙。……總
之，眾生無量，宇宙無量，這是不可測度的道理，很詭怪
的，就是這無量的眾生，或無量的宇宙，各各遍滿於一法
界，互不相礙。（此中借用一法界一詞，猶云大宇宙，乃
為言說方便。）譬如張千燈於一室內，這千燈的光，各各
遍滿於此一室，互不相礙，所以說為交遍。大用流行，至
活而難擬議，即此可見。[113]

此乃盛論在「體用論」哲學中因本體流行大用所成就的宇宙萬
物，其存在的狀態是彼此交遍融通又不相妨礙的。何謂交遍融通
又不相妨礙呢？即是說，一一萬有皆是據宇宙本體而得現成的，
一一萬有雖可說為一一分殊的小功能，但一一分殊的小功能卻皆
是總本體之大功能而來，因而，一一萬有雖各各是一小功能，卻
皆是一大功能舉全體以成的；並且，一一小功能皆總攝於本體之
一大功能中，彼此共存共在，尤為重要的是，一一小功能的共存
共在的狀態，是彼此皆能融入彼此、彼此皆能影響彼此，又彼此
皆能保有各自的特殊性，如此，方能應合於「帝網重重，互相遍
佈」以及「千燈共室，各各遍滿」的譬況。試想：若宇宙本體所
現成的宇宙萬有的共存共在狀態不是能夠彼此融入、彼此影響
的，那麼，如何能說是與「帝網的重重互相遍佈」的狀態相應？

---

[113] 熊十力：《新唯識論（語體文本）》，收於熊十力：《熊十力全集》，
第 3 冊，頁 142-143。

如何能說是與「千燈的各各遍滿一室」相應呢？但，若宇宙本體所現成的宇宙萬有的共存共在狀態不是萬有皆能保有各自的特殊性的，那麼，又如何能說與「重重帝網在相互遍佈中，猶能見得重重之分」的狀態相應呢？如何能說與「遍滿一室的千燈，猶能見得各各有分之燈輝」的狀態相應呢？另，說宇宙萬有的共存共在狀態是能夠彼此融入、彼此影響的，這即是說宇宙萬有是能相互感應、彼此溝通的；並且吾人也應知，宇宙萬有之所以能夠彼此融入、彼此影響與彼此感通，其理性的理由無他，即是因為宇宙萬有皆是由同一個的真實的、也是唯一的宇宙本體所變現而來，因而，宇宙萬有雖型態萬殊，但其本質卻根本上是統一於宇宙本體的，因此其彼此間的相互融入、相互影響與相互感通便得以保障了。引申而言，實證本體者能見及於此，便自然能了知到，因於本體之流行大用而現成的宇宙萬有，彼此間本是既能相互融入、相互影響、相互感通，又皆能保有自身之特殊性、獨立性的，並且是——宇宙萬有之保有自身的特殊性、獨立性，是在保障了彼我能相互融入、相互影響、相互感通的前提下保有的；相反的，宇宙萬有之必能相互融入、相互影響、相互感通，也是在保障了彼我必能保有自身的特殊性、獨立性的前提下而能成就的。與此相關的，熊氏又進一步言到：

> 本論功能，亦稱大用或功用，又曰生生化化流行不息真幾。這個元是渾一的全體，（渾者，渾全，一者，絕待。）是遍一切時及一切處，恆自充周圓滿，都無虧欠的。……不過這個全體並不是一合相，不妨說是無窮無盡的部分互相涵攝，互相融貫而成為渾一的全體。（此中部

分一詞，須善會。常途言部分，是有實物可剖成部分的，此則不可當作實物來想。又每一部分可強說為一單位，易言之，即強說為一個功能。但切忌誤會，以為功能果真是個別的東西。須謹防這種謬想……）譬如大海水，（喻渾一的全體。）實則只是無量的眾漚，（眾漚，喻各部分。）互相融攝而成渾全的大海水。（曾航海者，方見大海水只是眾漚。）我們說功能是渾一的全體，而仍於全中見分，於分中見全，並不道是一合相。此處最關緊要。……如於眾漚中，隨舉一漚，便涵攝無量無邊的漚。易言之，即此一漚便涵攝全大海水。……於眾分中隨一功能皆涵攝無量無邊的功能。易言之，任舉每一功能，都見是全體的，所謂一微塵即遍法界，（此中法界，亦可云全宇宙。）理實如一。[114]

復次，無量功能互相涵攝而成為渾一的全體。（此通就一切功能言之，是全體。）又復每一功能都涵攝無量無邊功能。易言之，任舉一個功能，他便涵攝一切功能，即是全體。（此剋就每一功能言之，各各都是全體。）是等義趣，如前說訖。今次，應說一切功能互為主屬。（屬者，從屬，從屬於主故。）如甲能（功能，省稱能，下準知。）對乙能乃至無量能而為主，乙能等等則對甲能而為其屬。同時，乙能亦對甲能乃至無量能而為主，甲能等等

---

[114] 熊十力：《新唯識論（語體文本）》，收於熊十力：《熊十力全集》，第 3 冊，頁 249-250。

則亦對乙能而為其屬。於甲能乙能互為主屬如是，餘一切能，均可類推。由一切能互相為主屬故，所以說一切能不是一合相，而又是渾一的全體。又由一一能都為主故，即都是自由的，或自在的。[115]

此中除了承上文所言，在「體用論」中，因本體之大用流行所變現的宇宙萬有，雖萬變不齊卻各各皆是圓滿的存在，並且，雖萬變有殊卻彼我都能交遍融通而不相妨礙，又更進一步強調了，所謂宇宙本體，亦即是此一一各自圓滿又能彼我交遍融通的宇宙萬有，彼此間相互涵攝、相互融通為一的渾全的宇宙本體。熊氏特為強調，宇宙本體之為一渾全之「體」，並非是一個宇宙萬有的「合相」。所謂「合相」，亦即是指作為一一部分之物事之間「相結合」、「相加總」而合成的一個整一的結合體。作為「一合相」的整一的結合體，與「相結合」、「相加總」的作為一一部分的物事之間，最大的差異便是：「整一的結合體」只是「整一的結合體」，「一一部分的物事」只是「一一部分的物事」。「整一的結合體」並不是「一一部分的物事」的根據，「整一的結合體」更不能既是相合之結合體的整一，又能即自身這相合之結合體的整一便能彰顯散多的部分之一；相反的，「一一部分的物事」不是因「整一的結合體」而有，「一一部分的物事」更不能既是散多的部分之一、又能即自身這散多的部分之一便能彰顯相合之結合體的整一。進一步的，若本體只是宇宙萬有的「一合

---

115 熊十力：《新唯識論（語體文本）》，收於熊十力：《熊十力全集》，第 3 冊，頁 252。

相」，則做為「一一部分的物事」的宇宙萬有，彼此之間便不能互相涵攝、互相融通，至多只能是彼此連結、共存並列，則單一的萬有（即熊氏所言的，作為一小單位的「功能」）便不能涵攝其餘無量數的單一的萬有，也就是無法做到「於眾分中隨一功能皆涵攝無量無邊的功能」、「任舉每一功能，都見是全體的」。據此，熊氏便強調，宇宙本體並非是「一合相」。

而在盛論宇宙本體並非宇宙萬有的「一合相」，以及隨舉任何單一之功能，其箇中便涵攝了無量數的功能這樣的思考後，熊氏便進一步界定了，在萬有與萬有（即：功能與功能）間的無盡數的相涵、相涉的關係中，任何單一的萬有（即：功能），皆能對其他萬有或為「主」──也就是處於主導的地位──或為「從」──也就是處於從屬的地位。譬如：在某一種關係中，「甲功能」可以對「乙功能」或其他所有功能是「主」──也就是處於主導的地位，但在另一種關係中，就可能是「乙功能」對其他所有功能是「主」，而「甲功能」及其他所有功能是「從」──也就是處於從屬的地位。換言之，無量數的萬有，在萬有與萬有間無以盡數的關係中，都可以隨時是「主」、隨時是「從」。如此看來，由宇宙本體所變現的宇宙萬有，一一就都是自由的、自在的了。這就是熊氏所言的「由一一能都為主故，即都是自由的，或自在的」的意思。引申而言，實證本體者若能見及本體所變現的宇宙萬有，一一都是圓滿具足的、一一都是舉「一」便能得「全」、舉「一」便能現「多」的，並且也是──隨時皆可為「主」或為「從」的，則自身便能優游晏處在現前這一個由宇宙本體所現似的宇宙中，或出或處、或進或退、或屈或伸、或隱或顯，隨時皆可應時順勢、任情遂性，也就是無處不自

由、無處不自在了。

　　以上所述，即是在「體用論」哲學中，能實證本體者所見的真實世界。箇中重點，即在強調宇宙本體所變現的宇宙萬有，一一皆是圓滿具足的存在，且彼此間皆能互為主從，一一皆能在彼此與彼此互涵互攝、融通無礙的境域裡，自由自在的存在著。而熊氏的這種構想，顯然與華嚴宗哲學的法界思想是有關的。華嚴哲學的一大精義，顯現在其「相即相入」——也就是佛教諸種法門（含世間諸法）間相互關聯、相互攝入又周遍涵容——的圓融思想上，即以最能顯現華嚴宗「相即相入」思想的「十玄門」來看，[116]便頗有與熊氏上述主張的內蘊相契合者。如：熊氏強調，宇宙萬有因其一一皆是因宇宙本體的流行大用而顯現，因而一一都是圓滿的、無所虧欠的，這便與「十玄門」中的「同時具足相應門」頗為相契。「同時具足相應門」乃意指著：佛法是為一個整體，箇中雖法門不同，卻彼此相應，共成一大緣起，於其中，一切事物同時存在，不分先後、大小、多少、廣狹，各各皆

---

[116] 如劉貴傑所指出的：「十玄門又稱十玄緣起，主要在闡明佛教的各種法門彼此都是互相關聯、互相攝入而又周遍涵容的。是『四法界』中『事事無礙法界』所含義理的表述，可以說是華嚴宗『法界緣起』論的精義。由於它要求在觀察一切事物時，把所有現象都看做是圓融無間的，所以又被稱為『十玄無礙』。」、「十玄門以相即相入的思想為核心，闡發佛教各種法門的統一性與包容性。十玄門名相眾多，義理精深，主要是描述事物錯綜複雜的關係，說明由緣而起的事物都是互相包容、互相依存，以及相即相入、圓融無礙的。」見劉貴傑：《華嚴宗入門》（臺北：東大圖書股份有限公司，2002 年 5 月），頁 116-117、頁 120。

毫無欠缺、圓滿自在。[117]又如：熊氏強調，因本體流行大用所
成就的宇宙萬物，其存在的狀態是彼此交遍融通又不相妨礙的，
便顯然與「十玄門」中的「因陀羅網境界門」相契。「因陀羅網
境界門」乃意指著：現象界中任一事物皆是真如本體的全體所
現，而真如本體包羅著一切現象，因而，現象界中之任一事物，
其對所有其他事物而言，自然只是一事物，但在包羅了每一事物
的真如本體的界域裡，由於每一事物都是真如本體的顯現，故每
一事物都能包羅其他所有事物，包含：包含了其他所有事物所包
含的所有事物。也就是說，每一事物都可包含其他所有事物，而
被包含的其他所有的事物，又各自包含其他所有的事物，如此，
整個本體所成的界域，便成為一個層層無盡的、宇宙萬有彼此包
含、交相映現又融通無礙的境界。[118]又如：熊氏強調，宇宙萬
有的共存共在的狀態，是彼此皆能融入彼此、彼此皆能影響彼
此，又彼此皆能保有各自的特殊性，這便與「十玄門」中的「諸
法相即自在門」相契。「諸法相即自在門」乃意指著：因為宇宙
萬有一一皆是真如本體的顯現，因之，每一事物既可泯除自身與
他者的區別而融入於對方，但每一事物又自是每一事物，各各皆
可以保有自己的存在。也就是說，所有事物皆可普遍的被攝入於
其他事物之中，但同時又可保有自己的存在。[119]又如：熊氏強

---

[117] 此處對「同時具足相應門」的說明，參劉貴傑：《華嚴宗入門》，頁
118。

[118] 此處對「因陀羅網境界門」的說明，參劉貴傑：《華嚴宗入門》，頁
119；湯一介：〈華嚴「十玄門」的哲學意義〉，《中國文化研究》第
8 期，1995 年，頁 20-21。

[119] 此處對「諸法相即自在門」的說明，參劉貴傑：《華嚴宗入門》，頁

調，在萬有與萬有間的無盡數的相涵、相涉關係中，任何單一萬有皆能對其他萬有或為「主」、或為「從」，這便與「十玄門」中的「主伴圓明功德門」相契。「主伴圓明功德門」乃意指著：宇宙萬法共為一大緣起，於其中，諸法交遍互為依存。而隨舉其中一法為「主」，其餘一切法即「伴」之而生，具於其中而成其從屬。但若以其他一法為「主」，原來為主之一法又與其他諸法皆成為「伴」，具於其中而成其從屬。[120]總此可見，熊氏之構想實證本體者眼中所見的真實境界——或者說，是宇宙本體自為流行大用所現成的此一宇宙的真實樣貌，實受華嚴宗哲學的影響頗深。[121]

118-119；湯一介：〈華嚴「十玄門」的哲學意義〉，頁 20。

[120] 此處對「主伴圓明功德門」的說明，參劉貴傑：《華嚴宗入門》，頁 120；龜川教信著、印海譯：《華嚴學》（高雄：佛光文化事業有限公司，1997 年 9 月），頁 266-267。

[121] 關於熊氏自家哲學的建構與華嚴宗哲學的關係，早年即有太虛、印順等佛學大家予以指出，大陸學者孟令兵曾撰〈論熊十力哲學體系中的華嚴宗思想特徵〉一文，對此進行過概要地勾勒。在其中，有論及在熊氏定義「恆轉」——也就是宇宙本體——的「變」（亦即：轉變）之三義時的哲學表述，可與華嚴宗典籍——特別是華嚴十玄門——一一相對應。其言：「顯然，熊氏認為對此『變』的體悟，可以窮盡萬法，也是他哲學的最上奧義、最深底蘊。但這裡的『變』之諸義，實際上全然就是熊氏以自己的語言描繪的華嚴事事無礙法界——一一相容相攝相入，各具重重無盡境界！上述的名相、用典和義理幾乎完全出自華嚴典籍：海水與眾漚、光光交遍無礙、帝網重重喻，以及一不礙多、多不礙一、億萬劫攝在一刹那、無量涵於微點，一一可以對應於華嚴十玄門中……」見孟令兵：〈論熊十力哲學體系中的華嚴宗思想特徵〉，《中華文化論壇》，2004 年 3 月，頁 123-128。孟令兵先生的這番研究，對筆者以上的闡述是極有啟發的。

第四節 熊十力「體用論」哲學對 「體用」關係論的發揮

熊氏綜前此中國哲學中的「體用論」大成，必以「體」、「用」關係定義宇宙本體與宇宙萬物的關係，而這種關係，即是最能表徵熊氏之「體用論」哲學的「體用不二」論。[122]欲明瞭熊氏的基本造論思維，甚至進一步與吳氏的「力動論」哲學相互比較，則熊氏對「體用」關係論的重視和界定，是不能忽略的重點。因此，本節以下，便對熊氏所構想之「體用不二」論的根本要義進行闡述。

一、體用不二：「體」與「用」，絕不可截為兩片

關於「體用不二」論，在熊氏的諸多著作中皆有揭示，甚至可以說，其千言萬語所反覆申言者，即不外是「體用不二」論。熊氏的有關說法，舉其要者如下：

> 宇宙實體，簡稱體。實體變動遂成宇宙萬象，是為實體之功用，簡稱用。此中宇宙萬象一詞，為物質和精神種種現象之通稱。[123]

> 用者，作用或功用之謂。這種作用或功用的本身只是一種

---

[122] 王汝華指出：「『體用不二』的相關內涵，正是代表熊十力哲學的最鮮明標誌。」見王汝華：《現代儒家三聖（下）》（臺北：新銳文創，2012 年 8 月），頁 195。

[123] 熊十力：《體用論》，收於熊十力：《熊十力全集》，第 7 冊，頁 5。

動勢，（亦名勢用。）而不是具有實在性或固定性的東西。易言之，用是根本沒有自性。如果用有自性，他就是獨立存在的實有的東西，就不可於用之外再找什麼本體。[124]

體者，對用而得名。但體是舉其自身全現為分殊的大用，所以說他是用的本體，絕不是超脫於用之外而獨存的東西。因為體就是用底本體，所以不可離用去見體。[125]

我們要知道，體用二詞，只是約義分言之，實則不可析為二片的物事。如果把體看作是一個沒有生化的物事，那麼這個體便是頑空的，如何可說為真實？（頑空者，無生生不測之神，故曰頑；無萬變不窮之德，故曰空。）佛家談體，絕不許涉及生化，所以我說佛家是離用談體。[126]

……剋就用言，應說大用流行是非空非不空的。云何說非空呢？翕闢成變故，剎那頓現故。變動之力，昔未嘗留以至今，今亦不可留以往後，剎那剎那，都是頓現。譬如電光一閃一閃，勢用盛故，故說非空。云何非不空呢？翕闢非有實物故，剎那剎那都不暫住故。既不暫住，即無實

---

[124] 熊十力：《新唯識論（語體文本）》，收於熊十力：《熊十力全集》，第 3 冊，頁 151。

[125] 熊十力：《新唯識論（語體文本）》，收於熊十力：《熊十力全集》，第 3 冊，頁 151。

[126] 熊十力：《新唯識論（語體文本）》，收於熊十力：《熊十力全集》，第 3 冊，頁 238。

物，譬如電光一閃一閃，赫赫輝爍地，實寂寂默默地，畢
竟無所有故，故說非不空。[127]

箇中可見，在熊氏的「體用論」哲學中，「體」即是宇宙本體，
以「體」名之，是相對於宇宙本體自身之變動暨其所成之勢用而
予以命名。且熊氏強調：「體是舉其自身全現為分殊的大用」，
這是說，宇宙本體是「一」，且此渾一之「體」，是舉自身全體
而去變動暨發顯為一一分殊之功用的，故而，一一分殊之功用，
皆是據宇宙本體之渾全且圓滿的自身而來，絕非僅據宇宙本體之
可分割的一部分自身而來；至於「用」，即是宇宙本體全體的功
用，亦即是宇宙本體全體的變動。此處所言的變動、功用，是異
名同謂，即是指宇宙本體舉其全體之自身而運作、變化暨其當體
所成就的功用，而具體地說，即是宇宙萬象──亦即一切的物質
現象與精神現象──的永不止息的生滅滅生、宇宙萬象的永不停
歇的變化。並且，熊氏特為強調，「用」是不具有固定性、不具
有實在性的，它只是一種宇宙本體舉全體自身而去運作、變動所
成的動勢、勢用，它不是具有自性的、可以獨立存在的物事，即
是因為如此，才說「用」是據宇宙本體而有的。若「用」本身即
具有實在性、具有自性，則根本不需說「用」是據宇宙本體而有
的，在熊氏的思考中，這自然是錯誤的。合以上所論，則「用」
雖分殊萬端，且也必然存在、必然有所顯現，但其本身不具有實
在性，因為若要論其實在性，其實在性是因為宇宙本體的實在性

---

[127] 熊十力：《新唯識論（語體文本）》，收於熊十力：《熊十力全集》，
第 3 冊，頁 237。

而來，真正實在的，是宇宙本體。但必須強調的是：熊氏亟言「用」之不具有實在性、不具有自性，非為強調「用」之虛無，而是要極力分辨，「用」乃「體」之「用」；「用」必不能離於「體」而言。進一步的，熊氏之盛言「用」必不能離於「體」而言，卻是要強調：想證會宇宙本體、把握宇宙本體，除了「即用顯體」（亦即：「於用識體」）之外，並沒有其他更好的路徑，所以熊氏斷言：「……本體，絕不是超脫於用之外而獨存的東西。因為體就是用底本體，所以不可離用去覓體。」

　　並且，熊氏強調「用」必不能離於「體」而言，除了是要強調「即用顯體」（亦即：「於用識體」）乃是證會本體的唯一路徑以外，亦是要強調：宇宙本體是必定要舉全體自身以運動、變化暨成就無邊無量功用的，亦即是，必定要無止盡地現成宇宙萬象的，這即是強調宇宙本體必然「生生」也必能「生生」的生化之實、創生之功，避免自家哲學所標舉的宇宙本體，落入如熊氏自己所極力批駁的佛家與道家宇宙本體的蹈空涉虛、沉空滯寂，特別是佛教不許於終極真理上言生化、談創造的「頑空」之病。總此以上，我們應可見及，熊氏之必言「體用不二」，蓋至少有以下兩個理論目的：其一，強調宇宙本體必能生生化化的創生之實；其二，指明一條可以即於現前的宇宙萬象——包含：人自身——而可確實證會宇宙本體的屬於工夫論、修養論進路而非是知識論進路的實踐路向，也就是：「於用識體」、「即用顯體」。

　　熊氏亦曾明示其必以「體」、「用」之名概括宇宙本體與宇宙萬象之關係的考量，如其言：

　　　　印度佛家，把宇宙萬象即所謂色法和心法通名法相，謂色

心法雖無定實，而有相狀詐現，故名法相；把一切法相底實體，名為法性。（性者，體義。）他們印度佛家所謂法性，即我所云體，其所謂法相，我則直名為用，而不欲以法相名之。但依用之迹象而言，有時也不妨說名法相。（西洋哲學家分別現象與實體，亦近似佛家法相、法性之分。）[128]

體字，具體稱之就是宇宙本體。（亦云萬法實體。）讀者隨文取義，宜不致誤會。用字，在上章開始的幾節文中曾訓為勝能等義……吾猶欲嘵嘵者，因為在西洋哲學或玄學上，大概分別現象與實體，佛家有法相和法性之分，吾國《易》學有形上形下之分……本論不盡沿用實體和現象，或法性和法相等詞，而特標體和用，這裡卻有深意。我以為，實體和現象，或形上和形下，或法相和法性，斷不可截成二片的。因此，我便不喜用現象、法相、形下等詞，雖復時沿用之，要為順俗故耳。因為，說個現象或法相與形下，就是斥指已成的物象而名之。（已成的物象，以下省云成象。）我人於意想中，計執有個成象的宇宙，即此便障礙了真理。（真理，謂本體。）易言之，乃不能於萬象而洞澈其即是真理呈現。因為，他只於萬象而計為萬象，即不能掃象以證真，這就是理障。（障礙真理，故名理障。）哲學家常把本體和現象或形上和形下，弄成兩界

---

[128] 熊十力：《新唯識論（語體文本）》，收於熊十力：《熊十力全集》，第 3 冊，頁 151-152。

對立的樣子，就因為不能除遺成象的宇宙故。[129]

這是說，在熊氏的理解中，「體用論」哲學架構中的「體」——也就是宇宙本體——即相當於西洋哲學中所謂的「實體」、佛教哲學中的「法性」；至於「用」——也就是宇宙本體舉全體自身去運動、變化所成的功用——即相當於西洋哲學中所謂的「現象」、佛教哲學中的「法相」，但熊氏卻不沿用「實體」、「法性」之名以言「宇宙本體」，不沿用「現象」、「法相」之名以言「宇宙萬象」，即是考慮了一般人（包含：西洋哲學家）容易執著於宇宙萬象呈顯在眼前的相狀——也就是熊氏所言的「成象」，而認為這些呈現在眼前的相狀（成象）即是真實的，進一步的，便推論在這些真實的宇宙萬物之外，別有一作為根源性存在的宇宙本體，於是落入「本體」與「現象」兩相割離、兩相對立的窠臼。從基於這種思考而必欲以「體」、「用」之名指涉宇宙本體與宇宙萬物的作法，便可見熊氏對於任何可能割裂「本體」與「現象」——也就是割裂「體」、「用」——的思維，都是極不認同、同時也極力避免的。

二、捨「攝用歸體」，主「於用識體」
（即：「即用顯體」）：從「攝用歸體」到
「攝體歸用」的思維決取

在理解熊氏對「體用不二」觀的堅持與建構時，亦須見及，

---

[129] 熊十力：《新唯識論（語體文本）》，收於熊十力：《熊十力全集》，第 3 冊，頁 235-236。

熊氏此方面思想的確立，是經歷了一個對前此中國哲學本體論中
所存在的「攝用歸體」思維有所不契暨檢討的思維歷程而來的，
如其言：

> 老、莊皆以為，道是超越乎萬物之上。倘真知體用不二，
> 則道即是萬物之自身，何至有太一、真宰在萬物之上乎？
> 此其大謬二也。道家偏向虛靜中去領會道。此與大《易》
> 從剛健與變動的功用上指點、令人於此悟實體者，便極端
> 相反。[130]

> 「主之以太一」注曰：太者，贊詞。一者，絕對義，即本
> 體之名，此《易》之所謂太極也。心物同為太一之發用，
> 太一是心物之實體，故道家之學在攝用歸體，以主一為究
> 竟。……孔子之學，要在於用而識體，即於萬變萬動而逢
> 其原。（原者，謂一。於用識體者，譬如於眾漚而識大海
> 水。孟子觸處逢原之說亦此旨。）夫萬變逢原即萬變而皆
> 不失其正，是乃稱體起用。（稱字去聲。此義深微，強為
> 取譬，如冰由水成，而冰卻不失去水之濕潤等德行，故應
> 說冰之起，恰恰是與其本來的水，相稱而起，以其未失水
> 性故。今以冰喻用，以水喻體。）此與攝用歸體，意義迥
> 別。姑略言之。攝用歸體，將只求證會本體，皈依本體，
> 將對本體起超越感，而於無意中忘卻本體是吾人自性，不
> 悟本體無窮德用，即是吾人自性德用。雖復不承認本體為

---

[130] 熊十力：《體用論》，收於熊十力：《熊十力全集》，第 7 冊，頁 5-6。

有人格之神，而確已將本體從吾人自身推向外去，關、老之學「主之以太一」（太一，即本體之名。見前注。）確有謬誤在。[131]

余玩孔子之《易》，是肯定現象真實，即以現象為主。可以說是攝體歸用。（攝字，約有二義：一，收入義。二，包含義。此處所引佛說之攝字應是收入義。即以用，收歸於體，是佛之義也。）佛氏以用收歸於體，即是把用消除了，而只承認不生不滅的實體。佛氏畢竟是出世的宗教。孔子攝體歸用，此在學術思想界確是根本重要的創見。攝體歸用，原是反對哲學家妄想有超越現象而獨存的實體。於是正確闡明實體是現象的真實自體，易言之，實體是萬物各各的內在根源。萬物所由始、所由生及所由發展不已者，此非有外力為其因，（外力，謂天帝或超越現象而獨存的實體。）而萬物各各通有內在根源，則其所由始、所由生與所由發展之故也。（故，猶因也。萬物各有各的內在根源，實則是萬物共一根源。譬如眾漚各各取大海水以為其自身。就甲漚言之，甲漚以大海水為其自身；自乙漚言之，乙漚亦以大海水為其自身。乃至無量數的漚，莫不如是。由此譬喻，可悟實體是萬物各有的自體，亦是萬物共有而為一的全體。……）攝用歸體者，如佛氏之歸於寂滅，老氏之返於虛無，有種種惡影響。……攝體歸用，即

131　熊十力：《原儒》，收於熊十力：《熊十力全集》第 6 冊（武漢：湖北教育出版社，2001 年 8 月），頁 351-352。

是將實體收歸萬物，方知萬物真實。哲學家往往將萬物的真實自體，推出於萬物以外去，（真實自體，乃實體之變文。……）遂成大顛倒。[132]

余以為實體變動，就叫做功用。即此功用，又叫做萬物或現象。如此說來，實體確是將他的自身全變成了萬物或現象，萬物以外沒有獨存的實體。譬如大海水，確是將他的自身全變成了眾漚，眾漚以外沒有獨存的大海水。哲學畢竟是窮源之學，體和用是人生根本問題，未可忽視而不究。萬物無根源，斷無此理。但古今談本體者，總不免將萬物的真實自體，推出去說為無對，而不悟無對即是有對。此種見地正是消除了萬物，祇承認無對的實體，是謂攝用歸體。佛家更悍然消除實體的功用，留下一個不生不滅的死體。各攝用歸體之主張，至佛氏而已極矣。惟孔子《周易》攝體歸用，即將實體放入於萬物與吾人身上來。萬物、人生才是真實，不空虛，不幻妄。人生更無可自甘降低而作霧自迷，妄興皈仰。[133]

箇中可見，熊氏對「攝用歸體」思維的檢討，主要是針對佛、道二家的終極真理觀而言。道家主張的終極真理是「道」，亦即熊氏引《莊子‧天下篇》所言道家「主之以太一」中的「太一」，

---

[132] 熊十力：《乾坤衍》，收於熊十力：《熊十力全集》，第 7 冊，頁 547-548。

[133] 熊十力：《乾坤衍》，收於熊十力：《熊十力全集》，第 7 冊，頁 549-550。

而要契會此終極真理，須於「虛靜」中去體認。在熊氏的理解裡，認為須於「虛靜」中方能體認到終極真理，即是認為即於現前變動不居的宇宙萬象——包含：人之自身——中無法體認到終極真理，這正是忽略、貶低宇宙本體之流行大「用」的思維；且進一步的，既主張不能即於現前變動不居的宇宙萬象中去體認終極真理，即是誤認為在現前變動不居的宇宙萬象之外，方有所謂宇宙本體的存在，這就是所謂「古今談本體者，總不免將萬物的真實自體，推出去說為無對，而不悟無對即是有對」的意思，而主張「道」、主張「太一」為宇宙本體且須「虛靜」以體認之的道家，雖然已不認為宇宙本體是一種人格神，但其所謂「道」、所謂「太一」，同樣是一種居於宇宙萬象與人身之外、之上的一種無對的存在。熊氏進一步批判這種思維是「消除了萬物，祇承認無對的實體，是謂攝用歸體」，因為這種思維以宇宙萬象並非究極真實，於是宇宙萬象並不重要，真正重要的，是那個被孤懸於宇宙萬象之外、之上，且為究極真實的宇宙本體，此所以熊氏名之為「攝用歸體」思維；且以佛家的終極真理觀來看，又不獨是「攝用歸體」，甚至是不承認終極真理有生生化化的創生之功，所以熊氏強烈批判到：「佛家更悍然消除實體的功用，留下一個不生不滅的死體。」以佛家的這種終極真理觀，正是「攝用歸體」思維之弊病的、充其極的發展。從而，熊氏最終肯定的、思考終極真理的最正確的思維，即是熊氏所認定的孔子通過《易經》所提揭的「於用識體」——亦即是上文已論及的「即用顯體」——思維。[134]並最終斷言：

---

[134] 如王汝華指出：「……熊十力更將即用顯體的思想遙寄於《大易》，認

夫攝用歸體，為不悟一源者說，此是一種方便，然終必歸
諸體用不二。（於用而識體，即是體用不二。如或二之，
則不可於用上識體也。《新唯識論》學者須究。）[135]

孔門之學於用而識體，即於萬化萬變萬物，而皆見為實體
呈現。易言之，實體即是吾人或一切物之自性，原非超脫吾
人或一切物而獨在。大化無窮德用，即是吾人自性固有。
（大化，猶云實體之流行。實體即是吾人自性，故大化非外
在。）吾人或一切物之變化創新，即是人與物各各自變自
化，自創自新，未有離吾人或一切物而獨在之化源也。[136]

總之，「於用識體」、「即用顯體」，方是思考終極真理的最正
確的思維。因為，宇宙本體與宇宙萬象是不能分離的，沒有超脫
於宇宙萬象——包含人自身——之外而獨在的宇宙本體。因而，

為『即用而識體也，乃大《易》之遺意』、『即用而識體，是故即於變
易而見不易，此《大易》了義也』、『《周易》不於功用或現象之外，
建立實體。而收攝實體以歸藏於功用或現象。易言之，即以實體為功用
或現象之內在根源，故說即用顯體。』用為體之顯、體為用之體、無體
則無用、離用亦無體，此為即用識體之意，擴而大之，於流行而識主
宰、於化跡而悟真實、於無常而識永恆、於變易而識不易、於相對而識
絕對、於現象而識絕對……均是於用識體之義。」對熊氏所主「於用識
體」、「即用顯體」的思維，有頗為概括的發揮。見王汝華：《尋繹當
代儒哲熊十力：以「一聖二王」為鑰》（臺北：秀威資訊科技股份有限
公司，2010 年 10 月），頁 204。

[135] 熊十力：《原儒》，收於熊十力：《熊十力全集》，第 6 冊，頁 355。
[136] 熊十力：《原儒》，收於熊十力：《熊十力全集》，第 6 冊，頁 354-
355。

熊氏對終極原理的思索，即是在揚棄了其所認定的佛、道二家所採取的「攝用歸體」思維，而創闢了一條具體來說是「於用識體」、「即用顯體」的，可以概括說為是「攝體歸用」的思維。「攝體歸用」的思維，即是肯定宇宙本體的流行大「用」——亦即宇宙萬象——與宇宙本體是一體不二的，從而，欲證會宇宙本體，必不能離於宇宙本體的流行大「用」而為之，因為宇宙本體即存在於其所動發的流行大「用」之中。這種思維，既是收攝宇宙本體於其自身的流行大「用」之中，亦是對本體大用——也就是宇宙萬象——有所根本重視的一種思考。[137]

小　結

　　本章分析熊氏「體用論」哲學的建構，就中可見，「體用論」哲學的建構，是熊氏既欲從根本上確立一得以創肇宇宙萬物的宇宙本體，又不欲如其所檢討的佛、道二家本體論一般，陷於忽略宇宙本體應有且確有生生化化之力與生生化化之實的、談「體」而遺「用」的理論弊端，從而發展出來的哲學體系。此一哲學體系乃是內在地且邏輯地，既要重視「體」（本體）、又要

---

[137] 如王汝華便指出：「所謂攝體歸用，即是肯定現象真實，以現象為主，收攝實體而歸藏於現象中。熊十力認為昔賢多於用外求體、物外求道，不悟道在物中、體於用見，因此離析體用為二，而以實體為主，攝用而歸體、攝相而歸性、攝俗而歸真。……熊十力因言攝體歸用，認為實體自身全變為萬物或現象，萬物外無獨存的實體。換言之，道即是物，物即是道，所以人生不應遺世以求道，而應於現實世界以闡道，其體用觀與人生觀係兩相密合為一。」見王汝華：《尋繹當代儒哲熊十力：以「一聖二王」為鑰》，頁 205。

重視「用」（本體之功用），宜乎熊氏將其戮力建構的這套理論，定位為乃是一種由「攝體歸用」思維所指導的、最終表現為一套可裨使人們能得「於用識體」、「即用見體」的，得以「體用不二」予以概括、定名的理論體系。而從其在針對宇宙本體的體性構想上，基本上展現了一種欲融會佛教與儒家兩種性質相異之本體的殊勝特性的思考；從其在宇宙論方面，將因於宇宙本體之流行大用所現成之宇宙萬物的本質定義為是「詐現」；從其在主體心靈方面亦有兩層心靈的主張；從其將宇宙本體所現成的宇宙，構想為一個物物事事得居於其間而圓融無礙、自得自在的世界……等諸般哲理面向來看，其與吳氏所構想的「力動論」哲學之間，的確存在諸多彼此參照、對話的空間。有見於此，下一章便進入對熊、吳兩家哲學的比較。

第四章 吳汝鈞「力動論」哲學 與熊十力「體用論」哲學的比較

　　本書以上，已通過第二章、第三章共兩章的篇幅，分別對吳氏的「力動論」哲學及熊氏的「體用論」哲學，進行了專章的分析，分析的過程，亦是揀擇了兩家哲學中較具對話空間的理論環節去進行討論的。以下便在前兩章的討論基礎上，對熊、吳兩家哲學的異、同之處，從事進一步的分析、比較。[1]

第一節　比較吳汝鈞與熊十力 對「終極原理」的體性構設

　　本節比較吳氏與熊氏對「終極原理」的體性構設，首先必須指出的是：熊、吳二位先生對「終極原理」的問題，都是極為重

---

[1] 由於本書第二章、第三章在針對熊、吳兩家之各種哲理建構進行義理分析時，皆已進行過嚴謹且繁複的文獻引用，因而本章凡重述到兩家哲學之各種哲理建構時，相應的原始文獻在第二章、第三章中已曾徵引者，在本章以下的論述中，筆者便不再從事繁複的原始文獻引述及註記出處，蓋意者皆可於第二章、第三章中，尋及相應且充足的原始文獻。對此，下文不再另行說明。

視的。先從吳氏這邊來看,本書第一章已指出,吳氏銳意建構自家的「力動論」哲學,除了是檢討熊氏「體用論」哲學的不足之處外,另一個最鮮明的問題意識,便是吳氏肯定宗教信仰的重要,也自承需要一種宗教信仰,然而,卻又沒有任何一家哲學、宗教,可以讓吳氏完全滿意,並由衷地起信與追隨,而箇中最關鍵的問題就在於:現前存在的哲學與宗教體系,其所主張的「終極原理」要皆可被分類為「實體主義」的「絕對有」或「非實體主義」的「絕對無」,而這兩類在根本內涵及理論型態上堪稱兩相背反的「終極原理」,在吳氏的觀照中,皆有其可能引致的缺陷,故而吳氏便著意創構一種能綜合兩者之優點並超越兩者之缺點的、新形態的「終極原理」,也就是純粹力動。可以說,在吳氏總的造論歷程中,雖其從未明言,然其重視「終極原理」,並認為一種最值得肯定的哲學與值得信仰的宗教體系,其必得建基於一種對「終極原理」的追索和構設,這應是吳氏在造論過程中的一種隱而不宣的、甚至是理所當然的思考;至於在熊氏那裡,就更不用說了,正如本書第三章的闡述一般,其「體用論」哲學的建構,本立足在對宇宙本體的重視,肯定必有一肇造萬物的宇宙本體直是熊氏構作自家哲學的思維起點,其甚至直指「近世哲學不談本體,則將萬化大源、人生本性、道德根柢一概否認」、「談宇宙人生若不澈悟本體,將無往不陷於戲論」,可見熊氏不獨肯定宇宙本體、重視宇宙本體,甚至不契於西方近世哲學中那種避談宇宙本體的思維歸趨。在此吾人還應見及一點,亦即:在熊氏總體的哲學表述中,「宇宙本體」一詞,實則與吳氏所慣言的「終極原理」一詞,應是同一個概念,此所以熊氏之構作「體用論」哲學,雖是肇端於對佛教哲學之本體思想的檢討,但其仍

肯定佛教哲學中有所謂本體，尤其肯定佛教所主張的透顯本體、契證本體的方法，是值得人們學習、值得加以肯定的，這正是因為熊氏所謂的「宇宙本體」，即是吳氏所謂的「終極原理」，而不僅是如「實體主義」之「絕對有」所指涉的肇生宇宙萬物的「實體」——無論是「物質實體」或「精神實體」——之謂。因之，熊氏之重視「宇宙本體」、肯定「宇宙本體」，即是重視「終極原理」、肯定「終極原理」。因之，同樣重視「終極原理」、也同樣以對「終極原理」的構設作為建構自家哲學體系的理論基點，這可以說是吳氏「力動論」哲學和熊氏「體用論」哲學在理論構作上的第一個通同之處。有見於此，以下便分三點比較二家哲學對終極原理的體性構設。

一、純粹力動的「純粹性」、「超越性」 V.S 宇宙本體含藏「複雜性」

在吳氏的「力動論」哲學中，作為終極原理的純粹力動，其最根本的體性之一，即是「純粹性」與「超越性」，但這兩點內涵基本上是相關聯的，正如本書第二章的分析，純粹力動作為一宇宙萬物的終極原理，其雖能進一步無窮無盡的詐現出繁然而萬殊的宇宙萬物，並彼此交織、組構出變動無盡的萬事萬象，但純粹力動自身卻絕對不包含任何可以與「物質」或「經驗」相關涉的內容，是與一切「物質性」和「經驗性」都沾不上邊的，是將一切「物質性」和「經驗性」都滌除盡淨的，此所以吳氏特冠以「純粹」一詞而名之為：純粹力動；與此相關的，純粹力動亦即是一種「超物質」與「超經驗」的絕對存有，也就是一先於「主客」、「能所」、「人我」與「心物」之分別性的第一序的存

有,因為如「主客」、「能所」、「人我」與「心物」之分別的
成立,皆是以純粹力動之詐現宇宙萬物為根據,方能成立的,純
粹力動即是先於「經驗界」與「現象界」而存在,並能變現、展
延出「經驗界」與「現象界」的存有。那麼,在熊氏的「體用
論」哲學那裡,作為宇宙萬物的「本體」又是如何呢?

　　正如本書第三章所言,熊氏一反形而上學中的通識,並不認
為宇宙「本體」,也就是處於存在之最初階序的根源性存在,其
性質便必然得是單純的,熊氏甚至直指「執定實體是單純性的」
根本上便是一種錯誤的思維,而西方哲學之唯心論與唯物論,都
犯了同樣的錯,中國哲學中的道家哲學也不例外,因為他們都踩
進了「以剖析之術來求解決宇宙人生根本問題,遂乃將宇宙萬有
發展不已、渾淪無間的全體,剖成分段來看」這樣的思維誤區,
所以熊氏便主張「宇宙實體具有複雜性,非單純性也」、「實體
含藏無數的可能,故不可以單純的性質去猜擬他」、「祇可說他
具有複雜性」。在此吾人應注意,熊氏未必不認為宇宙「本體」
應該抹除一切的「物質性」和「經驗性」,正如本書在第三章所
闡述的,熊氏所肯定的宇宙「本體」,其所具備的其中一種根本
體性,即是熊氏在其總體的哲學表述中,慣以佛教之「寂」、
「空」或「空寂」名之,或以道家之「虛靜」、「虛寂」名之的
體性,也就是整體而言包含了本體的「不起意」、「不造作」、
「真實」、「清淨」、「幽深」、「微妙」、「無形無相」、
「無雜染」、「無滯礙」、「無昏擾」、「無囂亂」、「靈明」
等多種面向的體性,而類此的體性描述,總的說來,亦即包含了
「無(非)物質性」與「無(非)經驗性」在內的「超物質」與
「超經驗」這樣的體性,故而,在熊氏的「體用論」哲學中,實

則也有宇宙「本體」理應將「物質性」與「經驗性」滌除盡淨的思考，但其終究又強調「本體含藏複雜性」這樣的特殊思考，這不可不說是熊氏「體用論」哲學中一個值得商榷的矛盾之處。此一問題，自然也被吳氏敏銳地見及了；甚至可以說，吳氏便是因為有見於熊氏在宇宙本體的體性構設上，因為主張宇宙本體含藏複雜性所引致的疏誤，因而在其構思自家純粹力動概念的體性時，便有意地強調了純粹力動作為一終極原理的「純粹性」與不可分割性。

　　然筆者在此也想說明一點，熊氏主張「宇宙本體含藏複雜性」，其實未必便通向了宇宙「本體」便具有「物質性」或「經驗性」，甚至也未必便通向宇宙「本體」是可以再行分割的這樣的思維錯誤，因為就熊氏對此一主張的闡述而言，其所謂「宇宙本體的複雜性」，其一是指向「宇宙本體內部藏矛盾，故而能成就變化、功用」，如其言：「如果是單純性，即實體內部本無矛盾，如何得起變動、成功用。」又如其言：「乾坤非兩物。性異者，以其本是一元實體內部含載之複雜性故；非兩物者，乾坤之實體是一故。」[2]細究熊氏的此類表述，實則吾人可以推敲，熊氏所強調的「複雜性」或「矛盾性」，皆應是指「一元」、「純粹」或「無雜染」之宇宙實體在其自為運動、生化的過程中，從自身之「一元」、「純粹」、或「無雜染」的體性中，進一步運動、變化出來的自身運動的矢向或依於「本體」自身所變現之宇宙萬物來說的複雜性質，故而，熊氏所謂的「宇宙本體含

2　此一文段，見熊十力：《乾坤衍》，收於熊十力：《熊十力全集》，第7冊，頁504。

藏複雜性」，實則應無礙於宇宙「本體」自身的「無（非）物質性」、「無（非）經驗性」以及不可分割的性質。但因熊氏一貫是以「含載」或「含藏」之用語言之，如此一來，便無以引人質疑其所主張的終極原理，在體性上可能並不純粹、可能雜有「物質性」與「經驗性」，甚至還可以再行分割；其二，熊氏所謂的「宇宙本體含藏複雜性」，從另一方面看，亦指涉著宇宙「本體」能無窮無盡變現出宇宙萬物的可能性，這可能性還包含著由宇宙「本體」所變現的宇宙萬物，其——自身在成、住、壞、滅的過程中之所以能展現各種成長乃至變化之樣貌的可能性，也就是：宇宙「本體」之所以能變生出繁然萬殊的宇宙萬物，即是因其自身本已具涵了得以變化出無以盡數之宇宙萬物的形貌乃至性質、能力等等的無限的可能性，不僅如此，即——單個的宇宙萬物自身之變化的可能性，亦皆具涵於宇宙「本體」之自身了。熊氏盛言「宇宙本體含藏複雜性」，其中一個意指，便指涉著此種意義之下的「可能性」。筆者以為，此種觀點從根本處看，實則可以說是一種睿見。然而，將此種意義的「可能性」逕視之為是「宇宙本體的複雜性」，並明確以「複雜性」稱述之，究竟是否允當，筆者以為是可以商榷的。畢竟，宇宙「本體」之具備這種意義的可能性，未必通向宇宙「本體」便具備「複雜性」；且此種主張畢竟還是有著同樣的問題，也就是：容易引人質疑「本體」自身並不純粹、可能雜有「經驗性」和「物質性」，甚至可以再行分割。

二、純粹力動，無體以發的「動感性」、「力用性」 V.S宇宙本體，承體而發的「動感性」、「力用性」

　　除了「純粹性」與「超越性」之外，純粹力動作為一終極原理，一個最明顯的體性便是「動感性」，或者亦可直說是：「活動性」。「動感性」（或「活動性」）也正是最能表徵純粹力動這種終極原理的特性。「動感性」直指純粹力動即是一「超越的活動」，故吳氏有時也將純粹力動直接闡述為「純粹活動」，如其言：「純粹力動是一種活動（Akt, Aktivität），故又稱純粹活動（reine Aktivität）。」、「它恆常地在動態中，這是由於它自身便是活動的緣故。」、「它恆常地在現起流行，恆時地在作用之中。」可見，在吳氏的構想中，純粹力動自身即是一永恆的、不會停歇的活動本身，因此說其永恆地處於動感的狀態中，永遠地在現起流行、永遠地在產生作用，也因此永恆地在變現著宇宙萬物。在此一個特需注意的重點是：純粹力動作為一永恆的活動及作用本身，它並不是根源於任何一個或任何一種形式的事體而來，也就是說，它不是任何一個或任何一種形式的事體所進行的活動或產生的作用，這就是吳氏所一貫強調的：「這種作用並不發自另外一個作為體或實體的根源，它自身便是根源，便是體。」、「力動是一種活動（Akt, Aktivität），它恆常的處於動感狀態，因此自身便是力，便能運作，產生效果，而不需依賴一個根源作為其發動的依據。」在這些說法中，我們也應注意到吳氏對「力」這一概念的重視，正如其所指出的：「純粹力動本身就是活動，它自身便是力，我們可姑且名之為『形而上的力』。藉著這種形而上的力，它有凝聚、下墮、分化、詐現現象的作

用,使存在世界可能。」在此必須說明的是,吳氏著意在終極原理的體性構設中融入「力」的概念,應與其所觀照到的、熊氏對佛教本體思想所提出的疑難有關。本書已曾多次指出,熊氏對佛教本體思想的疑難,即是佛教不肯定實體,因而無有一發揮「力用」的源頭。從吳氏整體建構的「力動論」哲學來看,至少在終極原理的層面上,其並不認同不先肯定有一實體的存在,便無法發出「力用」的傳統思考,但吳氏卻確實注意到「力用」的重要性——無論在屬於宇宙論方面的、宇宙萬物的肇生問題上,或者屬於宗教救贖論方面的、普渡眾生的問題上,故而正如本書第二章已述及的,吳氏既吸收了西田幾多郎的「形而上的統合力量」的概念,也吸收了柏格森生命哲學中的「生命的原動力」(élan vital, vital impetus)和「創造性的奮力」(creative effort)兩個概念,將終極原理總的也定義為一種「形而上的力」。因此在本書的第二章,筆者便已敘明,在吳氏的構想中,純粹力動即是「活動」、「作用」與「力」三者的統一。申言之,純粹力動即是「純粹活動」,也即是「純粹作用」與「純粹動力」。但無論是作為純粹的「活動」、「作用」或「力」,它都不是根源於任何一個或任何一種形式的事體而來的。

至於在熊氏那裡,由於其對宇宙本體的體性界定,很直接的與其對佛、道二家之本體思想的檢討有關,這決定了熊氏所肯定的宇宙本體所必須具備的最重要的體性。如本書第三章所言,熊氏屢屢檢討佛、道二家所體認的本體「耽空滯靜」、「滯寂溺靜」,因為熊氏認為佛、道二家所肯定的本體之體性,不能運發出生生不息、健動不止的創生大用,以佛教而言,更在於「空宗」乃至整體佛教所證會的本體,是根本不建構宇宙論的,因為

他們從根本上便不確立一作為宇宙萬物創生之源的實體，並進一步肯定此一實體能源源不斷、生生不息地創肇出宇宙萬物。因此，熊氏所主張的宇宙本體，最重要的、並且也是在熊氏看來最能與佛、道二家所主張之本體有所區別的根本體性，便是所謂的「健德」和「仁德」，如其在討論宇宙本體的基本體性時所言：「唯其寂非枯寂而健德與之俱也，靜非枯靜而仁德與之俱也。」、「健，生德也。仁，亦生德也。曰健曰仁，異名同實。生生之盛大而不容已，曰健。生生之和暢而無所間，曰仁。」總之，「健德」與「仁德」之名，都指向了熊氏「體用論」哲學中，對本體體性的最重要界定，那就是——「生生」之性。「生生」之性，亦即是宇宙本體必永恆地發為「生機流行（含：變化）」之謂；且宇宙本體之所以能永恆地發為「生機流行（含：變化）」，是與宇宙本體必顯現為無量無邊之「功用」的界定相關的。而在熊氏的構想中，宇宙本體顯現為無量無邊的「功用」，是與本體恆時處在轉變的、變動的狀態是相關的，所以熊氏指出：「我們從體之顯現為萬殊和不測的功用，因假說他是能變的。」、「上來把本體說為能變，我們從能變這方面看，他是非常非斷的。因此，遂為本體安立一個名字，叫做恆轉。」從中可以見及，熊氏所肯定的宇宙本體，是永恆地處在運動、變化之中的，「恆轉」一名的提出，可以說便是宇宙本體的此一體性的最直接的表示。則我們便可以說，熊氏所主張的終極原理——上文已論及，熊氏所謂的「本體」，實則即是吳氏所謂的「終極原理」——也具有極為強烈、盛大的「動感性」、「活動性」；進一步的，永恆地處在運動、變化之中的宇宙本體——也就是「恆轉」——即能顯現為無邊無量的「功用」，功用又即是「作

用」，熊氏又逕將此種「功用」、「作用」名為「勝能」，如其所言：「我們在玄學上把宇宙萬象還原到一大勝能。這種能的意義，本極微妙難言。我們斷不可以物理學上能力的意義，來了解此中所說的能。」總之，在熊氏那裡，宇宙本體——也就是「恆轉」——所當體顯現的「勝能」，即是一種殊勝的「力用」，熊氏定義這種「力用」為「無力之力，無能而無不能」，認為這種力用才是「至大至健」、「不可稱量」、「至神至妙」、「含藏萬德」、「具備眾理」、「不可思議」，甚至超越「時間性」和「空間性」，「圓滿周遍」而「無一毫虧欠」，從這種形容，即可明白熊氏所肯定的宇宙本體，其恆時的運動所顯發的「勝能」，與吳氏那裡所說的「形而上的力」一般，同樣是一種居於形而上層次的「超越的力用」。故而我們可以說，熊氏所主張的終極原理——也就是宇宙本體，同樣具有如純粹力動一般的「力用性」。

然而，筆者說熊氏與吳氏所主張的終極原理同樣都具有「動感性」、「活動性」與「力用性」，並不是認為熊、吳二位先生在這一層面的思維構作上全然相同，實際上兩造間仍有一亟需注意的關鍵區別，那就是：在熊氏那裡，言「動感性」與「活動性」，是先肯定有一宇宙實體，而後從此一實體的恆時地處在運作、變動的狀態中，去談「動感性」與「活動性」，這可說是「承體以動」；至於「力用性」，亦是從此一實體的恆時地運作、變動以發揮出無邊無盡的「勝能」，來談「力用性」，這即是熊氏所慣言的「承體起用」。總之，在熊氏那裡，言「動感性」、「活動性」，是指有一明確的事體在運作、變動；言「力用性」，是指有一明確的事體在發揮「力用」。然而，在吳氏那

裡並非如此。在吳氏那裡，言「動感性」、「活動性」不是指有一明確的事體在運作、變動，因為純粹力動不是任何一種形式的實體，它即是運作和變動的本身；同樣的，言「力用性」，也不是指有一明確的事體在發揮「力用」，因為純粹力動即是「力用」的本身，它不是因為某一事體在運作、變動所發顯出來的「力用」。這即是熊、吳二位先生在這方面構想上的關鍵區別，而這自然與二位先生對傳統上的「體用關係」論的不同見解有關。下文會針對此點有進一步的討論，在此先不再加以詳細探究。

三、純粹力動綜合「絕對無」與「絕對有」　V.S 宇宙本體會「寂」與「仁」

正如本書於〈序論〉中已指出的，吳氏之所以著意建構「力動論」哲學，其中一個主要的問題意識，正在於吳氏肯定宗教信仰對安頓人類之生命與生活的重要性，其自身亦自承自己亟需要一種宗教信仰，然而吳氏又認為，通觀東、西方各種得以恆存於世的大教──無論其為一種哲學或宗教，它們各自所據以引人認同或皈宗、起信的終極原理，率皆可被歸類為「實體主義」的「絕對有」或「非實體主義」的「絕對無」，而這兩類終極原理，又皆各具優點與可能的缺點。

依吳氏的理解，「實體主義」的「絕對有」，如：基督教的「上帝」與儒家的天道、天理，其作為終極原理的優點，乃在於具有充實飽滿的「健動性」，能生起廣大的「力用」。吳氏所謂的「實體主義」的「絕對有」所具有的充實飽滿的健動性及其所能生起的廣大力用，一方面是就其能源源不絕的創肇宇宙萬物來

說的；一方面又是從檢討「非實體主義」的「絕對無」的根本缺
陷而來的，這缺陷便是，「非實體主義」的「絕對無」並不是一
個能支撐「力用」之發起的根源性存在，也就是說，「非實體主
義」的「絕對無」，無法為終極原理緣何能發起創造的大功用做
出理論上的保證，所以如本書的第二章所指出的，吳氏稱「非實
體主義」的「絕對無」有「虛脫之嫌」。但與之相對的，「實體
主義」的「絕對有」便能對終極原理緣何能發起創造的大功用這
一問題，做出有效的理論保證，因為：「實體主義」的「絕對
有」，本身即是作為一種能發起創造萬物之大功用的根源性實體
而存在的，從而能保障終極原理的創造大用。但相反的，吳氏認
定，「實體主義」的「絕對有」也有其不可避免的缺陷，那就是
不能完全抹除「質體性」（rigidity），如其言：「只要是實體，
便不能免於實質性的內涵，這實質性的內涵總有趨於起碼是近於
質體性（rigidity），或趨近於質體（entity），因而不能完全免
於質體的（entitative）性格。」、「這種性格有一種凝聚性、滯
礙性，而使自身的活動性、靈轉性受到影響。」這是說，「實
體」既然有其實質性的內涵，就有一定程度的限定性，如此一
來，其所能成就的變化，就會受到一定的限制，但宇宙萬物的現
成，是無窮無盡、無有限定的，「實體主義」的「絕對有」自身
所難以抹除的「質體性」，能否保證無窮無盡、無有限定的宇宙
萬物的現成，是可以商榷的；另一個還須注意的問題是：「實體
主義」的「絕對有」所難以抹除的「質體性」，也會造成宇宙萬
物之間的「滯礙性」，使得宇宙萬物間難以談相互交感、相互溝
通、相互影響。綜合以上，是以吳氏批判「實體主義」的「絕對
有」具有「滯緩之嫌」。

　　至於「非實體主義」的「絕對無」，其最大的優點，便是如
吳氏所言：「絕對無則能展示宇宙的終極原理的虛靈明覺與無滯
礙性。」「非實體主義」的「絕對無」之所以能展現虛靈明覺和
無滯礙的性格，主要便在於：「非實體主義」的「絕對無」作為
一種終極原理，它並不是一種「實體」，換句話說，不是一種能
創造宇宙萬物的根源性存在，所以「非實體主義」的「絕對無」
——如佛教的「空」——便能從根本上完全抹除「質體性」，進
一步的，便能完全避免因於「質體性」而有的「凝聚性」、「穩
固性」與「滯礙性」，宇宙萬物的變化及其彼此之間的相互交
感、相互溝通和相互影響也就能得到保障。顯然，在吳氏的整體
觀照中，「非實體主義」的「絕對無」在這方面的優點，正是對
比於「實體主義」的「絕對有」的缺點——也就是難以完全免於
「質體性」和「滯礙性」——而來的。但相反的，正如上文所
言，「非實體主義」的「絕對無」便欠缺了充實飽滿的「健動
性」，難以發揮創造宇宙萬物的「力用」。

　　吳氏因於對這兩類終極原理的優、缺點的省察，在其創構自
家「力動論」哲學的終極原理時，便著意想把「絕對無」和「絕
對有」的優點加以綜合，並免除其二者的缺點。純粹力動便是這
種思維工作的結晶。純粹力動並不是一種「實體」，所以其具備
了「絕對無」的虛靈明覺和無滯礙性，避免了「絕對有」的「滯
緩之嫌」；但純粹力動雖然不是一種「實體」，然其自身即是一
種純粹的、超越的——同時也是形而上的「活動」、「力」與
「作用」，因此其具足了充實飽滿的「健動性」，能生起創造宇
宙萬物的廣大「力用」，避免了「絕對無」的「虛脫之嫌」。總
之，純粹力動在綜合「絕對無」與「絕對有」兩種終極原理的優

點時，便也同時克服了此兩種終極原理的弱點。

　　承上所述，我們可以說，吳氏在構思自家哲學的終極原理時，明顯展現了一種融會的思維，而這種融會的思維，主要表現為融會了「實體主義」的「絕對有」和「非實體主義」的「絕對無」的優點，並同時克服了兩造的缺點。進一步的，我們可以看到：在熊氏的「體用論」哲學那裡，其對宇宙本體的體性構設，也同樣展現了類似於吳氏的融會思維，這表現在其構思宇宙本體的體性時，明確揭櫫的「會寂與仁」的思考上。熊氏這種融會思維的展現，正如本書於第三章已有過頗多闡述的，是直接源自於熊氏對佛、道二家本體思想的不滿，其對佛、道二家本體思想的最典型的批判表述，正如以下：「印度佛家唯以空寂顯體。」、「中土道家則說本體唯是虛靜。虛靜猶空寂也。」、「於本體而唯證會到空寂虛靜者，則其宇宙觀與人生觀將皆別是一番意義，易言之，即不免有耽空滯靜之流弊。」總之，在熊氏的理解中，佛家談本體，重在言「空寂」之性；道家談本體，則重在談「虛靜」之性，並且熊氏認為從大方向看，「空寂」即是「虛靜」，故在熊氏的哲學表述中，又常合稱二者為「虛寂」或「寂靜」。而熊氏認為，專主「空寂」與專主「虛靜」，使佛、道二家都同樣犯了「耽空滯靜」的流弊。但熊氏是極為贊同宇宙本體必須具備「空寂」與「虛靜」之性的，如其言：「空宗見到性體是寂靜的，不可謂之不知性。」、「性體上不容起一毫執著，空宗種種破斥，無非此個意思。我於此，亦何容乖異？」、「本來，性體不能不說是寂靜的。」可見熊氏是認可宇宙本體應當具備「空寂」與「虛靜」之性的，熊氏之所以認定佛、道二家的本體思想有「耽空滯靜」之嫌，至少在佛教方面，熊氏是直接從佛教本體

不講「生生化化」的宇宙創生大用來加以反省的，如其言：「耽空溺靜，即未免捨其生生化化不息之健。」、「稍有滯寂溺靜的意思，便把生生不息真機遏絕了。其結果，必陷於惡取空。」、「空宗只見性體是寂靜的，卻不知性體亦是流行的。」、「依他的說法，是絕不談及宇宙論的。」也就是說，熊氏之所以認為佛、道二家所主張的宇宙本體耽空滯靜，最根本的問題便在於，對於宇宙萬物的「生生化化」之實——也就是宇宙論方面的基礎與真實，僅談「空寂」、「虛靜」之性，是無法加以保障的。此所以佛、道二家的本體思想是有所欠缺的。

　　基於以上，熊氏既肯定宇宙本體必須具備「空寂」、「虛靜」之性，但又認為不能捨卻「生生化化」的流行真機，那麼，熊氏所構設的宇宙本體，便是將「空寂」與「生化」之性二者加以有機的融合，這就是熊氏所揭櫫的「會寂與仁」的思維，如其言：「《新論》談本體，則於空寂而識生化之神，於虛靜而見剛健之德。」、「會通佛之寂與孔之仁，而後本體之全德可見。」其中，熊氏名之以「孔之仁」的本體德行，即是儒家哲學所主張的本體——也就是天道、天理，也就是大《易》所宗主的那生生不息、變化無窮的宇宙本體——所具有的基本體性。此種基本體性，亦即是上文已論及的、宇宙本體必能發起「生生化化」的流行之事的「仁德」、「健德」，也正是熊氏所盛言的：「仁者，生生不容已也，神化不可測也。」至於所謂「佛之寂」，即是熊氏所認定的佛教本體所具有的基本體性，亦即是上文也已曾論及的、總體包含了「不起意」、「不造作」、「真實」、「清淨」、「幽深」、「微妙」、「無形無相」、「無雜染」、「無滯礙」、「無昏擾」、「無囂亂」、「靈明」……等，一同綜攝

於宇宙本體一身的諸種德行，如熊氏所說的：「夫寂者，真實之極也，清淨之極也，幽深之極也，微妙之極也。無形無相，無雜染，無滯礙……」即是。總之，將儒家本體所具有的「生生之性」——也就是「生機流行（含：變化）」之性——和佛教本體所具有的「空寂」之性加以融會，便成就了「體用論」哲學所主張的宇宙本體。熊氏認為，談宇宙本體而在「孔之仁」、「佛之寂」兩方面有所偏取，都將通向理論上的弊端，唯有兼綜兩者，方能如實且圓滿地把握宇宙本體的體性，並加以豁顯，如其言：「偏言寂，則有耽空之患。偏言仁，恐末流之弊只見到生機，而不知生生無息的真體本自沖寂也。」、「唯仁與寂，可賅萬德。」

通觀以上，首先應見及，吳氏之綜合「絕對無」與「絕對有」，以及熊氏之融會「佛之寂」與「孔之仁」，實則都是出於其殷殷追求一完善的、對終極原理的構設的思維用心，對他們而言，終極原理若偏於其所欲融會的兩類終極原理的任何一方，便皆是有所欠缺的。這可說是熊、吳兩位先生在此一方面構想上的第一個通同之處；其次則需見及，熊氏在其造論的著作中，屢屢言及以「佛之寂」代表的佛教本體，缺點在於未能涵括「生生之德」，無以支撐宇宙萬有的創生大用，這實則與在吳氏那裡所檢討的、「非實體主義」的「絕對無」所難以避免的「虛脫之嫌」無有二致，且實際上，熊氏所最檢討的佛教本體，實則即屬於吳氏所歸類的「非實體主義」的「絕對無」。然而，熊氏同時也承認，宇宙本體理應具備佛教的「空寂」或道家的「虛靜」所概括的諸如「清淨」、「幽深」、「微妙」、「無形無相」、「無雜染」、「無滯礙」、「無昏擾」、「無囂亂」、「靈明」……等

諸多特性，而這實則與吳氏所屢屢強調的「非實體主義」的「絕對無」所具備的、最根本的殊勝之處——也就是「虛靈明覺」和「無滯礙」，是完全可以通同的，雖則熊、吳兩位先生在這方面的闡述上簡、繁有別，整體表述也未能全然等同，但其基本的思想卻毋寧是一致的；而另一方面，熊氏檢討「空寂」之性可能落入「耽空滯靜」的缺點，故而援儒家大《易》的能發起生生不息創造之真機的本體，以補佛教本體這方面的欠缺，其所著眼的，即在於儒家大《易》的本體，即是一能發起生生化化之創生大用的終極原理，而此生生化化之創生大用，亦即是在吳氏那裡所肯定的，屬於「實體主義」之「絕對有」的終極原理所具備的充實飽滿的「健動性」，且熊氏所肯定的儒家大《易》的本體，亦原屬於吳氏所言的「實體主義」的「絕對有」，就此來看，在肯定完善的終極原理必須具有能發起生生化化之創造大用的「健動性」這點思考上，熊、吳兩位先生又是極其一致的。

　　然而在此筆者亦要特別指出，雖則如上文所闡述的，熊、吳兩位先生在完善的終極原理必須兼容充實飽滿的「健動性」與虛靈無礙的「虛靈明覺」、「無滯礙性」這層思維是一致的，但兩位先生的思考終究仍有差異。這差異便表現在對「無滯礙性」究竟應如何達致——或者反過來說是：「滯礙性」應如何避免——的問題上。如前所述，熊氏基本上也認為終極原理必須具備如「清淨」、「幽深」、「微妙」、「無形無相」、「無雜染」、「無滯礙」、「無昏擾」、「無囂亂」、「靈明」……等與吳氏所言的「虛靈」、「無礙」極其相近的特性，但熊氏卻並未表示儒家大《易》的本體不具備這種特性，或者更直接地說——熊氏並未表示過如吳氏所言的、「實體主義」的「絕對有」具有「質

體性」，因此進一步的便有所謂「滯礙性」，也就是熊氏並不認為儒家大《易》的本體因其為「實體主義」的「絕對有」，便落入了吳氏所言的「滯緩之嫌」，這可說是熊、吳兩位先生各自在為終極原理的構設追求一完善的體性時，雖同樣展現了一種融會的思維，但其思維過程與思維結果終究有所區別的關鍵。筆者的意思是：正因為熊氏並不認為儒家大《易》的本體——屬於「實體主義」的「絕對有」——在根本上可能具有「質體性」、可能難以避免「滯緩之嫌」，所以其雖盛言在宇宙本體上要「會寂與仁」，但其實際的思維結果，卻是以儒家大《易》的本體取代了佛教的本體，而其「體用論」哲學所主張的終極原理，最終即是一「實體主義」的「絕對有」的原因，因而我們可以說，熊氏雖盛言「會寂與仁」，然其思維結果卻實可被看作是「以仁代寂」或「仁以兼寂」；至於吳氏，則因其所認定的、宇宙本體可能難以避免的「滯緩之嫌」，便是因於「實體主義」的「絕對有」所難以完全滌除的「質體性」，因此其所構想的終極原理要真正具備如「非實體主義」的「絕對無」所具備的「虛靈」、「無礙」之性，那麼，它便不能是一種「實體」。然而，它又必須具備「實體主義」的「絕對有」所具備的「健動性」，以確實發揮生生化化的「力用」，因而，吳氏的思維結果，便通向了推翻「有體才有力」、「用由體發」的思維定勢，而認為終極原理可以不是一種「實體」，但又不若佛教本體一般，是從不討論宇宙萬物之創生源起的角度去說終極原理，而是：仍為宇宙萬物安立一個得確實據之以創生的根源性原理，然此一原理並不是「實體」，而是一股純粹的「活動」、純粹的「力」與純粹的「功用」，它不是由任何一種事體所發動、所生起的。因而它能一方面健動不

已、生生不息，一方面又毫無質體性與滯礙性。此即吳氏所殷殷
闡述的、其自家嘔欲綜合「實體主義」與「非實體主義」之終極
原理的思維結果。

第二節　比較「力動論」哲學與 「體用論」哲學的宇宙論建構

　　本節以下欲比較「力動論」哲學與「體用論」哲學中的宇宙
論構設，首先必須說明的是，正如本書第二章所言，吳氏擁有很
強的「宇宙論」意識，在其「力動論」哲學中，「宇宙論」的構
設是一個著意為之的思想工程，因為吳氏基本認為，一套完整的
形而上學，必須對現前實存的宇宙暨共存其中的宇宙萬物緣何從
終極原理中生化、轉出的問題，有一套合理的且圓滿的解釋；進
一步的，也是為基本上屬於宇宙萬物中的人存在者，如何可據現
前實存的宇宙萬物，進一步去反溯、體證到終極原理的存在，確
立一個認識論或工夫論的基礎。而另一方面，也正如本書第三章
所指出的，「體用論」哲學的建構乃因於熊氏對構作一完善的宇
宙本體的造論初衷，但進一步的，熊氏卻不僅積極建構「本體
論」，而是同樣認定「宇宙論」的建構是不可或缺的，所以熊氏
才有對佛教哲學（在熊氏的看法中，只有唯識學除外）忽視宇宙
論建構或根本不能建構宇宙論的批判，認為宇宙論的建構關聯到
對現前實存之物理世界的有效現生與施設的說明，各種科學知識
的出現，也可因之獲得安立，因此，宇宙論的構設在熊氏看來，
也是極其必要的思想工程之一。總之，一套哲學能否據其主張的
終極原理進一步演繹出一套宇宙論方面的構想，在熊、吳兩位先

生來說，都是理所當然必須具備的理論環節，他們也都在實際的
造論工程中予以確實的實踐，這可說是兩家哲學在此部分建構上
的一大共通點。本節以下，便從兩個面向比較熊、吳兩位先生的
宇宙論構設。

一、吳氏「力動論」哲學的雙重詐現 V.S 熊氏「體用論」哲學的翕、闢成變

在吳氏的「力動論」哲學中，純粹力動作為一創肇宇宙的終
極原理，其與現前實存的宇宙萬物間，關係是極為緊密的，因為
現前實存的宇宙，即是純粹力動作為一超越的「活動」、超越的
「力」與超越的「功用」的當體顯現，我們甚至可以說，所謂純
粹力動是為一種超越的活動，其活動就是宇宙萬物的現成本身。
在吳氏的構想中，這是立基於一種形而上學的睿見而來的，這睿
見就是吳氏在闡述自家「力動論」哲學、甚至是在闡述其他哲學
體系時，經常援為理論之資或參照理論的說法，也就是海德格所
言：「Sein west als Erscheinen.」正如本書第二章所指出的，吳
氏將海德格的這段經典表述理解為：「存有在顯現中以證成其本
質」、「光是存有而不顯現，不證成其本質，是不可能的。」總
之，海德格那種將實有的「本質」和實有的「顯現」兩者緊密地
聯繫起來的思維，對吳氏實有強烈的影響，而這也關聯到吳氏對
如何解決傳統形而上學中「現象」與「本體」（或「物自身」）
相割裂的問題的思考。因之，但言終極原理的「存在」，即是言
終極原理的「顯現」，換言之，「終極原理的存在即是顯現」的
思維，決定了吳氏那裡，終極原理即是顯現，也即──終極原理
當體即是一種活動、一種力、一種功用的思考；而這活動、這

力、這功用，便表現為現前實存之宇宙萬物的無盡生化。吳氏總的將純粹力動當體顯現為宇宙萬物的這種活動、這種力、這種功用，稱之為「純粹力動的自我詐現」，且正如本書第二章所言，這種「純粹力動的自我詐現」較具體的說，即是「純粹力動」的「自我凝聚」、「自我下墮」、「自我分化」。所謂「純粹力動的自我凝聚」，是指純粹力動凝聚自身當體的力量，形成一強勁的、「力」的中心，以此作為變生具有形象之宇宙萬物的準備；所謂「純粹力動的自我下墮」，是指純粹力動本是一性格昂揚的、升進的居於形而上之層次的終極存在，如今當體要變現為宇宙萬物，這可說是有一種退墮的性格、沉降的傾向；至於「純粹力動的自我分化」，則是指純粹力動從原自「渾一」的、「一元」的絕對存在，要變現出「萬殊」的、「多元」的宇宙萬物。而所謂宇宙萬物，又可概分為作為客體世界的物理現象（物）與作為主體心靈的精神現象（心）二者。且正如本書在第二章中所強調的，吳氏構想的純粹力動的「自我詐現」，又基本上是一種純粹力動的「自我否定」，如其言：「從形而上學特別是宇宙論方面來說，一切個別性、差別性、具體性都必依於分化。」、「一切分化，都必依靠否定，更正確地說是自我否定：否定自己原本的渾然一體的純一狀態。」也就是純粹力動否定自我的普遍性而為具體性、否定自我的整一性而為多元性、否定自我的永恆性而為暫時性、否定自我的真實性而為虛構性。總之，純粹力動的「自我詐現」又即是一種「自我否定」。進一步的，在吳氏的構想中，這種「自我否定」的「自我詐現」，可基本化約為兩大類的物事，也就是基本上構成宇宙萬物的「物理世界」與「主體心靈」；其中，「物理世界」即是「客體世界」，也就是被「主

體心靈」所認識的「客體世界」。換言之,純粹力動的「自我否定」,即是「自我詐現」為「客體世界」與「主體心靈」。其中,純粹力動「自我詐現」為「客體世界」,又基本上是通過兩層基本的步驟來完成的,這便是「力動宇宙論」的具體內容,也即:純粹力動的「雙重詐現」。這是說:純粹力動之「詐現」為「客體世界」,是通過兩個步驟來進行的:第一個步驟是,純粹力動先「詐現」為「氣」,如其言:「力動的客體凝聚、下墮,詐現為氣,為宇宙論的初階。」其後的第二個步驟,即是「氣」再進一步分化——此處說是「氣」去「分化」,但實則「氣」之「分化」,亦仍是「純粹力動」的「詐現」——為繁然無盡的各種組構「客體世界」的物理性的存在。其中,「氣」之進一步分化為具體的萬物,是先凝聚成被吳氏總的稱之為「蘊聚」的「氣團」,再進一步由那些無盡數的「蘊聚」進行或「聚斂」——即一種「使力量集合」而能凝固出「物體」的活動——或「消散」的活動——即一種「使力量散開」而能解構已凝固之「物體」的活動,以及「蘊聚」與「蘊聚」間的相互摩盪,從而使無盡數的物理性的存在能不間斷地詐現出來,並有所生滅、變化的歷程。以上概述,即「力動宇宙論」的基本建構。

至於熊氏,其「體用論」哲學對宇宙論的闡述,正如本書第三章所分析的,是依於宇宙本體必全現為創生之「功用」的構想,並吸收了大《易》、《老子》哲學中的「相反相成」原則,具體定義了其自家「翕」、「闢」成變的宇宙論模式。「翕」即是宇宙本體的「攝聚」一面的勢用,也就是收斂、凝聚的勢用,物理性的存在——也就是「物」——便因這方面的勢用而現生,因之,在「體用論」哲學中,「翕」勢即是一種「物化」的「功

用」；但依於「相反相成」的原則，「翕」勢方起，「闢」勢便隨之而起，「闢」勢即是一種與「翕」勢相反的作用，也就是「反物化」的功用。熊氏更明確定義，「闢」勢即是「主體心靈」所由生的功用，「主體心靈」總是內在於物理性的存在中，而能為其主宰的功用。總之，在熊氏那裡，「翕」以成「物」、「闢」以成「心」且「闢」主「翕」從的宇宙論模型，是極為明確的。進一步的，熊氏將宇宙本體因「翕」、「闢」之勢用所現成的「心」、「物」現象的本質，都定義為是宇宙本體的「詐現」，即是說，宇宙本體之自為「翕」、「闢」兩勢用所現成的宇宙萬物，乃無時無刻處在變動之中，因為其根本上僅是宇宙本體不斷變動所現成的「迹象」，一切「迹象」總是一剎那現成、一剎那即消逝，這就是熊氏慣言的「一剎那頃，纔起即滅」。

　　比較熊、吳兩位先生的宇宙論構想，我們可以見及：對熊、吳兩位先生來說，宇宙萬物——總的來說，即是「心」、「物」現象的出現——基本上都是終極原理在自身不斷的運動、變化中所變現的「迹象」，因之熊、吳兩位先生都認為，宇宙萬物基本上都是「無自體」、「無自性」的，所以他們都將宇宙萬物視為是終極原理的「詐現」。在此我們可以說，吳氏「力動論」哲學的建構，除了源自於對熊氏「體用論」哲學的檢討之外，也吸收、繼承了其認為正確的、合理的思維結果，「詐現」說在「力動論」哲學中的援用，即是一個明證；除此之外，熊、吳兩位先生亦同樣認為，終極原理自身的運動、變化，應有兩種相對反的運作的矢向，也就是在吳氏那裡說為「聚斂」、「消散」，在熊氏那裡說為「翕」、「闢」的兩大矢向，這也可說是熊氏明顯影響於吳氏的一種思維方式。但這並不是說，在「力動論」哲學與

「體用論」哲學中，上述這種兩思維方式是完全一致的。以基本上是「翕」、「闢」兩大運作矢向的思維來說，在熊氏那裡，是表現為一種很明確的「翕」以成「物」、「闢」以成「心」的基本上判然有別、乾淨俐落的宇宙中之「心」、「物」兩類現象的現成區分，但在吳氏那裡，與「闢」之運作矢向相近的、終極原理之力用的「消散」一面的矢向，比較是指能使得——經已「物化」成形的物理現象有所解構、再進一步進入下一階段之變化歷程的廣大力用，並不直接指向「主體心靈」的現成。在吳氏的「力動論」哲學中，「主體心靈」的現成，是純粹力動自身的自我屈折，此待下文討論，在此先略過不表；至於「詐現」說，在熊氏那裡，並不直接將源自於佛教的「詐現」觀援為自家宇宙論的創造性原理，在熊氏那裡，作為一種創造性原理的，是「相反相成」的原則，而這一創造性原理，就是表現為宇宙本體的恆時的轉變、運作，即是自為的且內在的、相反相成的「翕」、「闢」兩大勢用，因此，根本的說，「詐現」在熊氏的「體用論」哲學中，即是居於「用」之一層的、宇宙本體所不斷呈顯的「用相」。然而，在吳氏那裡，這種源自於佛教的「詐現」觀卻是被提煉為一種創造性原理，並融攝了海德格那裡的「實有在顯現中成就它的本質」的、終極原理必定要自我顯現，以及西田幾多郎那裡的「絕對無」乃通過「自我否定」以成就宇宙萬物的思考，將宇宙萬物的肇造，基本上即定位為是純粹力動的「自我詐現」，再進一步將「自我詐現」區分成兩層步驟而來。根本的說，「詐現」的活動在吳氏的「力動論」哲學中，根本是一種終極原理的本質，也就是說，純粹力動作為超越的活動的本身，即是「詐現」，因此在「力動論」哲學中，「詐現」並不是一種如

熊氏的構想一般，是居於「用」之一層的、宇宙本體所不斷呈顯的「用相」。由此可見，熊、吳兩位先生在宇宙論方面的構想雖然思維極其一致，因為吳氏對熊氏的思維實有明確的吸收和繼承，但箇中又實有細部上的差異。

另一個須特為說明的是：熊、吳兩位先生的「詐現」說，一個較根本、也較易為人所忽略的區別，可能是「動感」強、弱的問題。質而言之，熊氏以宇宙本體全現為肇造宇宙萬物的流行大用，定義宇宙本體必定是要運動、作用並顯現為宇宙萬物的，這已是一種極具「動感」的宇宙論構想，但在熊氏明確揭櫫且堅持的「體用論」架構中，「用」由「體」發，「用」雖是承「體」而起之「大用」，但終究是「用」不孤起，「用」不能獨立於「體」之外，「用」更沒有獨立存在的真實性。且另一方面，熊氏的宇宙本體是一種「實體主義」的終極原理，依吳氏的理解，它是具有「實在性」的，是一種有「自性」形式，從而，便終究具有某種程度的「質體性」，而這種「質體性」能否進一步保障繁然無盡的、型態與屬性各各不同的宇宙萬物的「詐現」？還是會造成某種程度的「滯礙性」？這是可以商榷的；但到了吳氏那裡，便不認為居於形而上層次的、超越的「用」，必需由「體」來發動，也就是不認為流行之「大用」必須承「體」而發，而是——流行之「大用」本身即具有真實性，甚至於，這流行之「大用」本身就是終極的真實，就是一切「心」、「物」現象之所從出，它本身即是「活動」、即是「力」、即是「功用」，而不是某個「體」在「活動」、某個「體」在展現「力」、某個「體」在發揮「功用」。這種究極真實的「大用」，即是純粹力動；且更重要的是，純粹力動不是一種「實體」，它是「活動」、是

「力」、是「功用」，它沒有任何的「質體性」，因之它的屬性、體性可說是全然的「無」、全然的「無限」，因之，在「詐現」型態與屬性各各不同的宇宙萬物時，不太可能產生任何滯礙性。因此，總的說來，若論「動感」，因為吳氏所主張的純粹力動即是一種純粹的、超越的「動感」，加之以純粹力動又與「質體性」、「滯礙性」無所掛勾，因此，較之熊氏的宇宙本體，吳氏的純粹力動應更加具足強勁的、飽滿的能進一步「詐現」出宇宙萬物的「動感」。

二、「力動論」哲學中的「氣」 V.S「體用論」哲學中的「氣」

　　承上文所論，「力動論」哲學與「體用論」哲學的宇宙論構設，兩者間還有一項較明顯的異、同之處，那就是「氣」概念在兩家哲學體系中，實質內涵與理論位置的輕重份量並不相同。首先，在吳氏那裡，「氣」是純粹力動自我詐現歷程中的一個必要環節，也就是，在純粹力動詐現出繁然無盡的、具體的宇宙萬物之前，必定要先詐現為「氣」，更進一步地說，是詐現為一一性質不同的「氣團」，也就是吳氏所謂的「蘊聚」，再由一一性質不同的「蘊聚」彼此互動、磨盪，從而組構出一一不同的具體物事，可以說，「氣」根本是居於純粹力動與其所詐現的、具體的宇宙萬物間的一種中介式的存在；然而，在熊氏那裡，「氣」的概念便顯然無甚輕重，只是一個可以被安放在其「翕」、「闢」成變的宇宙論架構中加以說明的傳統概念而已。在熊氏那裡，「氣」甚至也不是如傳統中國的「氣化宇宙論」一般，是一種得以進一步組構出物質宇宙的基礎性存在，如原質之類，熊氏甚至

明言「氣」不是一種材質，也不具有任何所謂材質的內容，更批判了那種於宇宙本體之外，還別立「氣」為一種材質性之存在的思維。正如本書第三章所闡述的，在「體用論」哲學中，組構物質宇宙的基礎性存在，是宇宙本體自為一「翕」一「闢」之動勢所凝聚而出的「小一」──熊氏又以「形向」（成形的傾向）、「動圈」或「太素」名之。至於「氣」，熊氏則總的將之理解為宇宙本體的流行大用，也就是「體用論」哲學中的「用」的那一面，所以熊氏直言：「余以為理者，斥體立名，至真至實。理之流行，斯名為用，亦可云氣。」總之，若「小一」──也就是「形向」、「動圈」、「太素」──是為宇宙本體所發動的渾一的、整全的「大功能」、「大功用」所進一步分化而出的、無盡數的最小單位的「小功能」、「小功用」，則「氣」就是宇宙本體所發動的那渾一的、整全的「大功能」、「大功用」的別名。因之，是否需要別舉「氣」之一名，並不影響熊氏對「體用論」哲學的建構。在此，吳氏較諸熊氏更重視「氣」概念，是顯而易見的。然而，吳氏為何如此重視「氣」概念呢？

依據筆者的研究，吳氏之重視「氣」概念，並將之納入「力動宇宙論」中，首先應是對中國哲學之重「氣」傳統的繼承。世所週知，「氣」概念在中國文化傳統中，一直有其特殊性與重要性，無論在哲學、醫學、文學、美學等各個文化領域裡，「氣」都扮演了極重要的理論角色。即以哲學領域來說，「氣」概念從先秦時期，便已開始在宇宙論的範疇中佔有重要地位，如在《莊子》一書中，便已有極明確的「氣化成物」的相關思想；進至漢代，更進一步發展出明確的「氣化宇宙論」，無論在儒家、醫家或道教哲學中，「氣」都有一作為組構宇宙萬物之原質的根本意

涵。即便進入到宋明理學中，亦有特重視「氣」論的理學大家，如張載、王船山、王廷相等皆是。可以說，在中國哲學關乎宇宙肇生的思維傳統中，「氣」或作為一與宇宙本體同位的根源性概念，或作為一種居於宇宙本體與宇宙萬物之間的、具體之形物得以進一步被組構出來的具有「材質義」的概念，原是中國哲學中一種源遠流長的思維傳統。吳氏必欲將「氣」概念納入「詐現」的理論中，並作為一切具體形物得以確切凝成、確切現生出來的媒介式概念，應是對中國哲學傳統中之「氣化成物」思維的直接繼承。事實上，吳氏建構「力動宇宙論」時，便常援引張橫渠的「氣論」思想輔翼自己的觀點。[3]就此而言，其重視「氣」概念乃是繼承中國哲學傳統中的「氣化成物」思維而來，應是無庸置疑的；其次，則應是與吳氏對京都學派哲學家——田邊元所揭櫫的「絕對媒介」（absolute Vermittlung）之思維的理解有關，吳氏對「絕對媒介」的概念有過如下的闡釋：

> 以下我要較深入的探討所謂「絕對媒介」（absolute Vermittlung）的意義與作用。我們先看田邊的一段話語：「哲學所追尋的絕對，是絕對無。有與無總是相對的。只有無，作為絕對無，才能克服有無而達致絕對性格。絕對無把有建立為無的媒介，讓有獨立地存在，俾在無中的有能超越有無而作為無而存在。有作為有而被否定轉化，即是懺悔的行為……」田邊強調哲學所追尋的、探究的，是

3　吳氏此方面的思維展示，可參吳汝鈞：《純粹力動現象學續篇》，頁311-330。

絕對無。就絕對無之為終極真理、原理看，的確是如此。
在世俗諦（saṃvṛti-satya）的層次來說，有與無是相對
的；但絕對無是真諦（paramārtha-satya）性格，它克服、
超越有與無的二元性而臻於絕對性格。在絕對無的光環
下，有可以扮演媒介角色，使其他的有通於絕對無，也克
服、超越有與無的相對性格。這樣的有，通過絕對媒介的
作用，而被否定，被轉化，而成為懺悔作用的對象。[4]

……一方面，一切都需要以無為媒介，即「總持的直接的
存在由於其相對性，因而陷於交互否定之中，這必須是有
的失去，而回歸於無。」另一方面，「無必須要以有作為
媒介。」這便見到辯證法的構造了。特別是，「無必須要
以有作為媒介」或「無要運作，必須通過有」。這頗有絕
對無的自我限定而展開，以呈現（在佛教唯識學 Vijñāna-
vāda 來說，是所謂「詐現」pratibhāsa）或實現自己建構
存在世界的意味。[5]

我們要注意「絕對」的字眼。按絕對是對相對而言，這
是一般的用法。在田邊來說，與「相對」相對的「絕
對」，亦只是相對。真正的絕對應該是「絕對無」，它
是超越和克服相對的。但絕對無不是單純的無（Nichts,
nothingness），而是以「有」作為媒介而展示的動力，這

---

[4]　吳汝鈞：《純粹力動現象學續篇》，頁 246-247。

[5]　吳汝鈞：《絕對無詮釋學：京都學派的批判性研究》，頁 104。

便是所謂「無即有」。按以有作為媒介可以理解為以作為一種外在的東西的有為仲介，又可理解為以有的狀態甚至佛教唯識學所說的詐現為有而展現自己。只有後者有存有論、宇宙論的意義。田邊說的媒介似是後者，但還不是很確定。在田邊看來，有是無的絕對轉換。相反地，無（絕對無）不管在什麼地方都以有（相對有）的形式而展現的。[6]

上面說在田邊看來，有是無的絕對轉換，可以關連到這裡所說的創生的意味。即是，絕對無本來上、分解上是抽象的，絕對性格的，它要透過有來開拓出存在世界，這是一種有正面意義的轉化、轉換，由這有可以分化出宇宙的萬事萬物，故田邊說有是無的絕對轉換，也可以說絕對無通過有作為絕對媒介，開拓出存在世界。有可以是絕對媒介，是因為它可以承託、擔當絕對的無或絕對無實現自己、把自己的本質展現於時間與空間的世界中，以證成自己的本質。這種本質的證成，非要靠有不可。[7]

可以見得，在吳氏的理解中，田邊元所揭櫫的「絕對媒介」的概念，首先與西田幾多郎那裡所強調的「絕對無」的自我分化是相關的，之所以主張有「絕對媒介」的存在，即是從作為終極原理的「絕對無」需進一步自我否定與分化出現象世界及宇宙萬物的

6　吳汝鈞：《絕對無詮釋學：京都學派的批判性研究》，頁108。

7　吳汝鈞：《絕對無詮釋學：京都學派的批判性研究》，頁108-109。

根本思考出發的。但田邊元不僅僅是對這種終極原理的自我分化以肇造宇宙萬物的思維有所繼承，而是進一步有所轉化的，這種轉化自然就是「絕對媒介」的概念的提出；且「絕對媒介」的概念亦與「辯證法」的運用有關，就田邊元的思考來看，具體而言，即是居於絕對層次、超越層次的「絕對無」，若欲進一步開拓出現前實存的存在世界，便必須以基本上與自身悖反的存在——也就是「有」——作為一種媒介，才能進一步分化出現象世界暨其中存在的宇宙萬物。這是就終極原理之向下開拓出宇宙萬物來說「絕對媒介」——也就是「有」；但相反的，一一有別的宇宙萬物若要克服自身與其他物事間的相對性格以造臻具有絕對性格、超越性格的存在——也就是「絕對無」，同樣必須通過作為「絕對媒介」的「有」的橋梁，才能克服自我暨其他物事的相對性格，也就是邁越過僅具有相對性的「有」與「無」，而企及於「絕對無」的世界。這就是吳氏所申言的：「在絕對無的光環下，有可以扮演媒介角色，使其他的有通於絕對無，也克服、超越有與無的相對性格。」且進一步的，吳氏認為，田邊元的這種思考，在中國哲學的《老子》那裡，已有相類似的表達，其言：

> 細看這種思維，很像《老子》書中所說的天下萬物生於有，有生於無，和以有為萬物之母，以無為天地之始。此中「有」介於萬物與無之間，有媒介的作用。即是，無是萬物的根源、存有論的源頭，但無並不直接創生萬物，卻是先透過有，或者先顯現為有，再由有衍生萬物。田邊的思想有否受到道家《老子》的影響，就筆者淺狹的所知，好像沒有。就我所知，田邊在他的著作中未見有提及道家

及《老子》。但思想的事很難說，未有在著作中指涉及某一文獻，並不必然表示未有受到該文獻的思想所影響。[8]

箇中可見，在吳氏的理解中，《老子》講「天地萬物生於有，有生於無」，即是以「無」作為一具有絕對性格、超越性格的終極原理，但「無」並不能直接肇造宇宙萬物，而是必須先肇生出「有」，再以「有」作為一種媒介，進一步創生出宇宙萬物。故此，《老子》哲學中的「有」，實則與田邊元哲學所言的「絕對媒介」十分類似，田邊元也可能是受到了《老子》哲學的影響，才萌生出「絕對媒介」這樣的構想。筆者在此無意討論吳氏對《老子》的此部分思想或對田邊元的「絕對媒介」思想的理解，是否全然的當無誤，只是要表明，對於類似於「絕對媒介」這樣的思維——也就是一個終極原理欲創生出具體的宇宙萬物，需要一種類似於「媒介」、「中介」的概念來作為轉化的橋樑，吳氏基本上是予以肯定的，故而，其必欲在自家「力動論」哲學的宇宙論中，安置「氣」這樣一個中介式的概念，應是與其對「絕對媒介」之思維的接受和肯定有關。當然，吳氏「力動論」哲學中的「氣」，能否算是一種「絕對媒介」？其和田邊元哲學所揭櫫的「絕對媒介」概念，兩造有何異、同，這是一個可以進一步探究的課題，但並非本書的重點，筆者在此便不繼續深究了。

8　吳汝鈞：《絕對無詮釋學：京都學派的批判性研究》，頁 104-105。

第三節　比較「力動論」哲學與「體用論」哲學中的兩層心靈與行動意義的「物自身」

上節比較「力動論」哲學與「體用論」哲學在宇宙論構設上的異同，且主要是針對兩家對於客體世界暨存在於其間之具體物事——也就是「物」——如何創生、現起的問題進行比較，然如所周知，結構出宇宙萬物的另一種基本存在，乃是作為主體的心靈——亦即是「心」——熊、吳兩家對主體心靈緣何得以被現起、以及主體心靈的進一步的屈折、分化（暨其相應而有的不同的認識能力），皆有相關的主張，比較兩家哲學在此部分思維上的異同，即是本節的重點工作。

一、「力動論」哲學中的「睿智的直覺」、「知性」V.S「體用論」哲學中的「本心」、「習心」

如本書第二章所言，在吳氏的「力動論」哲學中，作為終極原理的純粹力動在詐現出客體世界的同時，便同時分化出主體心靈，且這主體心靈即是純粹力動自身當體的下貫，這即是說：純粹力動即是主體心靈，主體心靈即是純粹力動。這主體心靈即是「睿智的直覺」，是一種「超越的主體」。作為一「超越的主體」，由純粹力動當體所成就的「睿智的直覺」能認識對象的「物自身」，也就是客體世界（存在世界）暨其中的一切存在，原皆是純粹力動詐現而出的短暫物事，不具有獨立的、常住不變的自性，它們的存在性皆由純粹力動所給予，真要說它們具有什麼性格，那即是：詐現性，因而「睿智的直覺」不會對客體世界中的一切存在有所執著，從而成就一種「無執的存有論」；但

「睿智的直覺」，還會進一步屈折為「知性」（含「感覺直覺」），其認識對象即是經驗世界（客體世界），也即是所謂的「現象」，故而「知性」是一種「經驗的主體」。這種「經驗的主體」無法洞悉對象的「物自身」，無法知曉宇宙萬物的詐現性，因而會對宇宙萬物、世間萬象生起無謂的執著，其所成就的是一種「有執的存有論」，但可以建構出有關對象與經驗世界的知識，成就知識論和各種科學知識。因之，吳氏其實並不否定「知性」的存在，也肯定純粹力動自身所當體下貫以成的「睿智的直覺」之進一步屈折成「知性」，是有其必要也有其作用的。只是，人亦不能令到主體心靈永遠停留於「知性」一層，並沉溺於「知性」所架構而出的「有執的存有論」，而是也應知曉「知性」原是「睿智的直覺」屈折自身而來，原是能反身向上、自我提掇而為「睿智的直覺」，以進一步架構出「無執的存有論」的。進一步的，由於「睿智的直覺」即是純粹力動自身當體的屈折、下貫，且「睿智的直覺」所照見的客體世界亦盡皆是純粹力動當體的自我詐現，則所謂「睿智的直覺」之認識「物自身」及架構「無執的存有論」，實則便是一種「力動自身內部的作用」，不是一種純粹力動對外部對象的認識，也就是一種「純粹力動的自我認識」，正如本書第二章所概括的，是「純粹力動的自己呈顯自己也自己認識自己」——或簡稱：「純粹力動的自呈顯也自證知」。

　　至於在熊氏的「體用論」哲學中，正如本書第三章的分析，主體心靈乃宇宙本體顯現為「闢」之動勢而來，如其言：「夫心者，恆轉之動而闢也」且「闢」之動勢方是真能彰顯宇宙本體之真實體性、並運作於「翕」之動勢中的動勢，就此而言，亦可說

主體心靈即是宇宙本體的直接下貫而來，也因宇宙本體的真實體性是「真實」、「清淨」、「剛健不屈」，也就是：真實清淨、健動不已以及不受屈折──不為他者所役使，從而，因「闢」之動勢而顯現的人的主體心靈，便先天地具有真實清淨、健動不已以及不受屈折的性格，因此能役「物」而不役於「物」。且熊氏認為，宇宙本體顯為「闢」之動勢以成的心靈，又可進一步有兩層區分：「本心」及因「本心」之發用而有的「習心」。其中，「本心」又名為「性智」，而「習心」則可名為「量智」或「理智」。「本心」，其作為存有的本質，以及其基本的認識對象，都是關聯著宇宙本體而來。「本心」即是宇宙本體自身，熊氏因此將「本心」、「性智」又名為「真的自己的覺悟」，因宇宙本體即是宇宙萬有的「所以生之理」，熊氏便將宇宙本體名為「真的自己」。因而進一步的，即是宇宙本體自身的「本心」、「性智」，其基本的認識對象即是宇宙本體自己，所以熊氏總強調，把握宇宙本體的唯一方法只能是：「反求實證相應」。熊氏亦嘗逕稱「本心」、「性智」之實證宇宙本體為「自明自了」、「自覺自證」或「自喻」。可見，在熊氏那裡，作為人之主體心靈的「本心」、「性智」之實證宇宙本體，本質上亦即是宇宙本體對自己的證會與認識。至於「習心」、「量智」則並非真有其「心」，而是「本心」、「性智」運於人之官能──即人之感覺器官與神經系統──以接收來自外在世界的訊息時，為官能所假以自用，進而迷逐外物以成習，才現似有一種主體心靈。從熊氏對「習心」、「量智」的這種定義來看，顯然「習心」、「量智」並不具備真正的存在性，這種從根本處取消「習心」、「量智」之存在性的作法，顯然是欲凸顯：人之主體心靈雖云有「本

心」與「習心」、「性智」與「量智」之別，但實際上人只有一心，亦即是：「本心」。至於「官能」則是佛家所言之「根」──如眼根、耳根、身根──的認識機能，是「本心」、「性智」發用時，需憑藉以覺知或照察外物的微妙機能。熊氏認為，人於主體心靈──也就是「本心」──之外，似有一為主體心靈所照察、覺知的外在世界──也就是「境」──並進一步對之追求、構劃，即是由人之「本心」、「性智」流行而運作於各種官能而來，此即所謂「依根取境」。並且，也正是在「本心」、「性智」流行、運作於各種官能以覺知或照察外物時，各種官能得假「本心」、「性智」的力用，迷逐於外物，對外在物事生起虛妄分別與執著。熊十力也進一步把「本心」、「性智」通過「實證」──也就是「內證」、「證會」、「實證」、「體認」──的工夫所獲致的基本上是關聯於宇宙本體的真理，稱之為「玄學之真理」；而「習心」、「量智」所能認識的對象，基本上即是宇宙本體流行大用所現似的、宇宙萬有所共構的經驗界、現象界，熊氏進一步把通過「習心」、「量智」所能建構的一切關乎經驗界、現象界的知識，稱之為「科學之真理」。

　　比觀熊、吳兩位先生對主體心靈的主張，我們很容易可以發現，他們兩家的思維顯然同多於異。箇中相同處在於：(1)皆主張人之主體心靈乃由終極原理之當體下貫而成，故而，主體心靈即是終極原理之自身──在熊氏那裡，是「本心」、「性智」即是宇宙本體；在吳氏那裡，是「睿智的直覺」即是純粹力動──實乃兩家所共許之義；(2)皆主張由終極原理所下貫而成的主體心靈，還有進一步的屈折或分化，是則人應有兩層心靈，且兩層心靈所認識的對象皆不同。在熊氏那裡，是「本心」為官能乘權

所用，產生「習心」、「量智」，能認識經驗界中的現象，成就科學知識；在吳氏那裡，是「睿智的直覺」會進一步屈折成「知性」，以認識經驗界中的一切「現象」，可以建構知識論和科學知識，也成就「有執的存有論」；(3)皆主張由終極原理下貫以成的主體心靈，其認識作用，基本即是「終極原理的自己認識自己」，也就是「終極原理的自證知」。在熊氏那裡，是宇宙本體的「自明自了」、「自覺自證」或「自喻」；在吳氏那裡，則是「純粹力動的自呈顯也自證知」。而兩家之不同處則在於：(1)在熊氏那裡，基本上即是宇宙本體的「本心」，其所能認識的對象，基本上即是關聯於宇宙本體的知識，但熊氏並未明確援入「物自身」的概念；而吳氏既認為「睿智的直覺」的認識作用，基本上即是「純粹力動的自呈顯也自證知」，則「睿智的直覺」所認識者，本也就是關於終極原理——也就是純粹力動——的知識，只是吳氏明確援入「物自身」的概念，去定位「睿智的直覺」的認識對象；(2)在熊氏那裡，雖有「習心」之名，但究實而談，「習心」非真有其「心」，尤其，並非即是終極原理自身的「本心」屈折或分化而成，而只是官能乘權而肇生的，基本上並沒有任何存在性可言；但在吳氏那裡，「知性」則明確為即是終極原理自身的「睿智的直覺」所屈折而來，並非官能乘「睿智的直覺」的發用而有；(3)熊氏雖有兩層心靈各有不同之認識對象的主張，卻未明確主張兩層心靈得架構出兩層存有論；但吳氏則吸納了牟宗三先生的思考，除了有兩層心靈各有不同之認識對象的主張外，更明確有兩層心靈得架構出兩層存有論——也就是「無執的存有論」與「有執的存有論」的主張。

二、「力動論」哲學中對「物自身」概念的轉化
V.S「體用論」哲學中相應的思想
——「返本創新」的實踐論

　　關聯於上文所言，在吳氏那裡，由終極原理——即：純粹力動——當體下貫以成的主體心靈是為「睿智的直覺」，其認識的對象是「物自身」，與此基本的思考相關的，吳氏在自家「力動論」哲學中，進一步將「物自身」概念的內涵從事了一種創造性的轉化工作。依據本書第二章的專節分析，吳氏在這方面的工作大抵可以區分為兩點：第一，吳氏認為「物自身是一種意義」。這是說，所謂「物自身」只是指涉：「一切現象（即：宇宙萬物）皆是純粹力動的詐現」這樣的意義，因而，「物自身」並不是居於一個「現象」背後，作為一支撐該現象之存在的真實存在。吳氏更強調：「物自身」不是一個「對象」、不是一個「質體」，更不是對應於一個現象物，有一個「物自身」。也正如筆者在第二章所指出的，吳氏便是以此強調在「力動論」哲學中的、一切現象的「詐現性」，換言之——就是虛構性，從而最大程度的汰濾掉由終極原理所支撐的宇宙萬物的「質體性」，也最大程度的保障宇宙萬物得以自我變化及彼此間得以交感、互涉的理論彈性；第二，吳氏進一步提出了「物自身的行動轉向」這樣的思考。亦即：由純粹力動當體下貫的「睿智的直覺」，除了能洞悉事物的「物自身」——也就是「一切現象（即：宇宙萬物）皆是純粹力動的詐現」這一存在的真理，因而知曉一切現象皆非常住不變、因而皆具有「空」這樣的真實性格，但「睿智的直覺」之認識此一「物自身」，不會僅僅停留在「知」的認識層

面，而是更會發為一種不對現象生起虛妄分別與執著的行動。換言之，便是在證「空」、悟「空」的當下，便當即採取一種吻合於「諸法皆空」之真實認識的行動，正如本書第二章所言，此種行動可逕名之為：「空」的行動。也正是因為如此，在「力動論」的哲學架構中能言，通過「睿智的直覺」所架構的，是一種「無執的存有論」。吳氏也認為，若「物自身」能指涉一種行動，則那種行動即是具有轉化義——或者說：宗教上的救贖義的。這類行動在吳氏的構想中，主要應指道德實踐與宗教方面的對人們的教化或渡化的實踐，但科學方面的求真與藝術方面的求美的實踐，亦可歸類在這類具有轉化義與救贖義的活動中。總的看來，也正如筆者於第二章所言：吳氏所構想的這種「物自身」的行動轉向，實可理解為是將原先較屬於「物體」義的「物自身」，轉化為一種具有價值意味的行動義的「物自身」。筆者也指出，吳氏的這種構想，在牟宗三先生那裡已見端倪。牟先生蓋已曾提出，由人主體通過「無執的無限心」——依牟先生的理解，佛家的「如來藏自性清淨心」、「般若智」，道家的「道心」，儒家的「良知」、「本心」，皆是「無執的無限心」。在吳氏的「力動論」哲學中，由純粹力動當體下貫以成的「睿智的直覺」，亦即是牟先生所言的「無執的無限心」——所發出的「行動」，該行動便不應只被視為是一種「現象」，而是一種「物自身」。吳氏盛論「物自身的行動轉向」，蓋應是受了牟先生的啟發，並發揮為「力動論」哲學中的一個重要主張。那麼，在熊氏那裡呢？是不是也有相關的主張呢？

　　自然，在熊氏的「體用論」哲學中，並無直接探討西方哲學中之「物自身」學說、甚至架接「物自身」學說所成的概念。但

若對比吳氏對「物自身」概念的轉化，則「體用論」哲學裡，雖無「物自身」之名，卻確實有得以和吳氏的發揮相對應的思想內蘊。先就「物自身是一種意義」這層意旨來看，在吳氏的發揮下，「物自身是一種意義」，指涉的就是：「**一切現象（即：宇宙萬物）皆是純粹力動的詐現。**」這樣的一種存在真理，若吳氏的這種思考可以被接受，則在熊氏那裡，雖其並未標舉「物自身」之名，但我們亦可說，「物自身是一種意義」這樣的對「物自身」概念的界定，在「體用論」哲學中，便應表現為：「**一切現象（即：宇宙萬物）皆是宇宙本體自為翕、闢運動所詐現出來的『用』相。**」這樣的一種存在真理。因為在熊氏那裡，宇宙萬象的現成，皆是宇宙本體（恆轉）自為翕、闢之大功用所詐現而成的「用」相。同樣的，在吳氏那裡，「物自身的行動轉向」這層意思，一來是指「睿智的直覺」在認識宇宙萬象皆非常住不變、皆具有「空」性的當下，便發為一種對世間萬象不起執著的、「空」的行動，以及包含道德、宗教、科學、藝術等方面的具有價值意味的「行動」——換言之，亦即是經由「睿智的直覺」所發動的具有價值意味的行動，那麼，在「體用論」哲學中，自然也有由宇宙本體當體下貫所成的「本心」所發動的、具有價值意味的「行動」。我們可以從熊氏有關「返本創新」的實踐論主張看到這點。關於「返本創新」的主張，且看熊氏如下的闡述：

> 吾以返本為學，（求識本心或本體，是謂返本。）歷稽儒釋先哲，皆有同揆。儒釋之學，雖云互異，然不恃知解以向外尋覓本體，此乃其大同處。釋家禪學，尤與儒者接

近。[9]

吾以為講返本之學，而不免陷身惰性者，此必其未能證得本體者也。吾平生談本體，原主體用不二。但既立體用二詞，即其義不能無辨。[10]

……吾平生獨持返本之學，唯求見自性。（即本心或本體。）須知吾人自性，雖一向被障，畢竟無有減損，卻常在障礙中流露至誠無息真幾。（此真幾即覺照是也。亦云性覺。）吾人保任此真幾，（不斷的保任，即是真幾無窮的顯發。孟子所云擴充，其義在此。）才仗著他來破除障礙，（因為他是自覺的，故可破障礙。）而把自性中潛伏的圓滿充周、無所不足的德用，（此中用字，即指上文自性含萬化而言。用字，即萬化之代詞。後倣此。）源源的顯發出來。這種顯發，就個人生活上言，他是破除障礙，而不斷的創新。其實正是返本。因為個人的生活日益創新而愈豐富者，都是其自性的德用，不匱的發展。非若無源之水，驟形竭涸。所以有本纔得創新，創新亦是返本。夫本體至神而無相，若不現為物，則無資具以自顯，所以成乎物而即運行與主宰乎物者，便有受拘於物的形軀之勢。故必恃己之能健以勝物而消其拘礙，（此中己者，設為本

體之自謂。）乃得以自顯發。（工夫即本體之義，須於此參悟。）否則物乘其權以自逞，而錮其神，（神謂本體。）則本體終不能自顯。佛家所云真如在纏，亦此義也。《論語》：「人能弘道，非道弘人。」其義蘊蓋在此。苟深見此義，則知至神無相者，雖主乎吾之一身，而吾不能曰反求而得其至足者，更無所事事也。識得本體已，不可便安於寂。要須恆不違真，（恆字吃緊。真謂本心或本體。）勇悍精進，如箭射空，箭箭相承，上達穹霄，終無殞退，如是精進不已，是謂創新不已。如是創新不已，實即本體呈露，其德用流出，無有窮極。故修為進進，（進而不已，曰進進，即精進義。）即是本體顯發無窮。妙用自然，不涉為作，又烏有不寂者乎？[11]

是故返本之學，初則以人順天而自強，（人，謂修為的工夫。天者，本體之代詞。工夫實即本體德用之顯發。自強，謂吾人精進不息也。吾人不息的工夫，實即本體德用顯發無窮。人能皆本天性故。）久則即人而天，純亦不已。（初時工夫猶未純，久則純熟，天理全顯，斯是即人即天。純亦不已者，天德至純，無雜染故。不已者，天之德用，無窮盡故，無止境故。）不已者，彰其剛健。純者，顯其寂寂。然則吾人以知本而創新，創新而返本。到得返本，亦剛健，亦寂寂。何至有陷身惰性之事乎？其陷

---

[11] 熊十力：《新唯識論（語體文本）》，收於熊十力：《熊十力全集》，第 3 冊，頁 417-418。

於惰，必未真證本體者也。[12]

通觀熊氏的如上闡述，可知，其主要在解釋一問題，即是：自認已證會本體的人，若因此自足、自滿，而從此「陷身惰性」——也就是不從事工夫的實踐，那麼，這種人必定未曾真正地證會本體。只因為：真正證會本體的人，必定會不間斷地從事工夫實踐。這正是熊氏如上闡述的要旨。而熊氏的如上闡述，也正集中表現了其「工夫即本體」、「工夫即是本體之德用顯發」的實踐論主張。在熊氏的構想中，「本心」即是「本體」，故而，證會「本體」的唯一方法，便是返識內具於己身的「本心」，此即熊氏所謂「返本」之義。然，「本心」（即：「本體」）雖內具於人之自身，但「本心」必須現為「物」（即：宇宙萬象），方能進一步彰顯自身全體之德用。只是，「本心」一旦現為「物」並運乎「物」之中，便無時不刻有受外物之障蔽的可能，「本心」之德用，便展現於「本心」如何在時時遭受障蔽的當下又能時時突破障蔽、時時自我彰顯的過程中。在此吾人應見及：熊氏特別強調了「本心」雖時時蒙受障蔽，但「本心」總是會在層層障蔽中「流露至誠無息真幾」的，熊氏明確將此種「至誠無息真幾」，定義為是一種「本心」發動的「覺照」，甚至給予這種「覺照」以「性覺」的別稱，可以見得，熊氏在此所謂的「至誠無息真幾」、所謂的「性覺」，實則即是「本心」所能無有間斷、時時顯發的「性智」，這實則便相應於牟、吳兩位先生所謂

12　熊十力：《新唯識論（語體文本）》，收於熊十力：《熊十力全集》，
　　第 3 冊，頁 418-419。

的「睿智的直覺」。熊氏在此所欲闡釋的要旨不外就是：一個真正證會本體的人，必定是一個能時時保任「本心」所顯發之「性覺」的人；而一個能時時保任「本心」所顯發之「性覺」的人，便一定是一個能時時突破外「物」乘權所造就的障蔽，使「本心」之德用能時時顯發的人。這就是熊氏所謂的「工夫即本體」，也就是：一旦證會「本體」，便會當即從事一種使自我時時突破外物之障蔽的工夫實踐；熊氏甚至緊扣其「體用不二」論，認為人之必發為時時突破外物障蔽的工夫實踐，正是其「本心」時時發「用」的結果。也就是：有「體」即有「用」，通向了證會「本體」者必時時刻刻能從事突破外物障蔽之工夫實踐的實踐論主張。熊氏特將人之證會「本體」後所從事的這種時時突破外物障蔽的工夫實踐，稱之為是一種「創新」，所以熊氏的這套實踐主張，便可稱之為是一種「返本創新」之學。箇中熊氏雖未明確指出所謂突破障蔽的工夫實踐，其確切的實踐內容是什麼，但這種工夫實踐，卻理應即是一種「行為」、一種「行動」，這從熊氏言「修為進進，（進而不已，曰進進，即精進義。）即是本體顯發無窮。妙用自然，不涉為作，又烏有不寂者乎？」即可獲致佐證。這是說：所謂「工夫」、所謂「修為」，都是「本體」所顯發的「妙用」，但「妙用」必須涉及「為作」，若不涉及「為作」，則「本體」便有「耽空滯寂」的弊病，因而，證會「本體」，便必然要發為相應的工夫、修為，而工夫、修為便表現為種種「為作」，也就是「行為」、「行動」。總之，熊氏關於「返本創新」的實踐論主張，應可總的被理解為是：一個實證「本體」者，必定會依於「本心」所發的「性覺」，而時時從事一種突破外物障蔽的工夫實踐，也就是種

種突破外物障蔽的、不違「本心」之「性覺」的行為、行動。這類行為、行動，實則即是牟先生所謂由「無執的無限心」所發動的、亦即是吳氏所盛論的具有價值意味的「行動」，也就是所謂「行動」意義的「物自身」了。

此上所論，旨在闡明，在熊氏的「體用論」哲學中，同樣有可被理解為「物自身」概念的相關主張，無論是將「物自身」理解為是一種存在真理那樣的「意義」，或者是由「無執的無限心」或「睿智的直覺」所發動的、具有價值意味的行動。然而，畢竟熊氏並未如吳氏一般，明確吸收「物自身」概念以成為自家哲學的建構成素之一，這是熊、吳兩位先生在此部分思考上最根本的不同。

第四節　比較「力動論」哲學與「體用論」哲學中的真實世界

同樣的，與「力動論」哲學及「體用論」哲學中所主張的主體心靈相關，由終極原理下貫以成，也就是實際上可說為終極原理自身的主體心靈——在「力動論」哲學中說為「睿智的直覺」，在「體用論」哲學中說為「本心」或「性智」——所照見、認識的世界，究竟是一種什麼樣的樣貌？經由本書第二章、第三章的討論，吾人可知，在「力動論」哲學與「體用論」哲學中，皆針對此一問題有過相關的主張。

首先，在吳氏那裡，於「睿智的直覺」的照見下，由終極原理所詐現的世界，吳氏名之為「動場」，也就是「力動的場所」。由於「睿智的直覺」所照見的便是「物自身」，而在「力

動論」哲學中，「物自身」，即是「宇宙萬物就是純粹力動詐現
而來」這樣的存在真理，也就是事物的「詐現性」，因而「睿智
的直覺」所照見的真實世界，即是一個不斷在活動與變化中的純
粹力動自身，因而，更本質的說，所謂「動場」、所謂「力動的
場所」，根本上即是一個恆時不輟地在進行詐現運動的純粹力動
自身，也就是純粹力動永恆地在從事詐現運動的場所；進一步
的，由於純粹力動不具有物理性、地理性或質體性——或者可更
根本的說，是不具有實體性，那麼，由純粹力動所詐現並貫注己
身之存在特性的一切事物，本質上也是不具有物理性、地理性或
質體性的，因而，基本上乃由純粹力動的詐現運動所結構而來的
場所，便不可能是一種「物理的場所」，如所謂經驗界、現象界
或物理界一般，而只能是一種「精神的」或「意識的」場所。相
反的，若識知現前世界的，僅是由「睿智的直覺」進一步自我屈
折而成的「知性」，則現前的世界便會被認識為一具有物理性、
地理性及質體性的經驗界、現象界、物理界，這便決定了居於其
間的物物事事，必然是具有「對礙性」的，彼此間無法成立一種
圓融無礙的關係。然而，若主體能從「知性」提掇——或說：恢
復——到「睿智的直覺」的層次，則主體現前所呈顯的世界，便
不再具有任何物理性、地理性和質體性，這是因為「睿智的直
覺」能認識事物的「物自身」，也就是「宇宙萬物就是純粹力動
詐現而來」的這樣的「詐現性」，一切事物既然都是純粹力動所
詐現的，而純粹力動本身不具有物理性、地理性與質體性的本質
又貫注於其中，則純粹力動所詐現的事物又何來物理性、地理性
或質體性可說呢？因此，「睿智的直覺」所照見的世界，便成為
一個物物事事居於其間盡皆毫無對礙的「動場」。並且，由於

「動場」中的一切事物都不具有任何物理性、地理性或質體性，彼此間無所對礙，彼此又盡皆是純粹力動詐現並貫注於其中以成，故而「動場」中的一切事物，其彼此間的相互感受、交感或感通便都毫無問題，彼此間的相互關連、相互影響乃至相互反映，也便獲致了理論上的保證，「動場」中的事物便能共同成就一種圓融無礙的關係。

　　另外，也正如本書第二章所分析的，對於「動場」中一切事物的圓融無礙的關係，吳氏首先是從「動場」中的一切事物盡皆是「彼此相對相關」來予以界定的，這是說：在「睿智的直覺」所照見的「動場」中，純粹力動所詐現的所有事物都不是孤立的、不與其他事物有所關聯的，在「動場」中，一事物的生成變化都受其他事物的影響，其他事物也都影響著一事物的生成變化，這便是運作在「動場」中的、一切事物所共構的真實存在狀態。進一步的，在「動場」中，一物一事皆可反映純粹力動詐現的宇宙全體，一物一事也皆被純粹力動詐現的全體宇宙所反映。從而，在「動場」中，純粹力動所詐現的一切事物就都是「平等」的，也都是「自得」與「自由」的，因為「動場」中的一切事物都有自己的價值與地位。其次，關於「動場」中一切事物的圓融無礙的關係，又可從「動場」中的一切事物盡皆是「彼此相互內在」的來說，這是說：在「睿智的直覺」所照見的「動場」中，所有事物都是純粹力動所詐現並貫注於其中的存在，它們沒有實體性，彼此不存在對礙性，這保證了它們可以彼此吸引、吸納，從而相互內在於對方。在此，吳氏還吸收了華嚴宗哲學的精義，以相「即」、相「攝」、相「入」的圓融觀點，界定了在「動場」中的一切事物皆可被區分為處於「有」、「有力」的態

勢的事物，以及處於「空」、「無力」的態勢的事物。處於「空」、「無力」的態勢的事物，總會被融攝到處於「有」、「有力」的態勢的事物中去，此即是「動場」中事物彼此之間的相「即」、相「入」。相反的，處於「有」、「有力」的態勢的事物，則能夠收攝、吸納處在「空」、「無力」的態勢的事物，這就是所謂的相「攝」。「動場」中一切的事物，便總是在這種一方為「有」、「有力」而一方為「空」、「無力」的相對態勢中，遭遇彼此、涵容彼此，這便成就了一種圓融無礙的關係。

而在熊氏那裡，則如本書第三章所闡述的，首先，能發明「本心」、「性智」的人，在其證會宇宙本體後，其視界中所能照見的世界，是一個宇宙萬物一一皆是圓滿無缺的諧和的世界，因為宇宙萬物一一皆是據宇宙本體的流行大用而來，皆是以宇宙本體的存在性為存在根據，彼此於存在內涵與存在價值上，根本毫無分別，更無所謂高下的區判；其次，熊氏也盛論了由宇宙本體之流行大用所現成的宇宙萬物，是彼此交遍融通又不相妨礙的，由於宇宙萬物萬皆是宇宙本體現成而來，因而，一一萬物皆可說為是一一分殊的「小功能」，但一一分殊的「小功能」又皆是總宇宙本體這一「大功能」而來的，也就是宇宙本體這一「大功能」舉自身之全體以成的；且一一「小功能」皆是總攝在宇宙本體這一「大功能」之中，彼此共存共在的，尤其：一一「小功能」的共存共在，是彼此皆能融入彼此、彼此皆能影響彼此，又彼此都能保有各自的特殊性，因而，熊氏以華嚴宗哲學裡「帝網重重、互相遍佈」以及「千燈共室，各各遍滿」的譬喻，界定在其體用論哲學中，由宇宙本體所現成的此一宇宙──同時也是「本心」、「性智」所照見的這宇宙本體所現成的宇宙──的真

實樣貌；除此之外，熊氏也強調，所謂宇宙本體，亦即是此一一各自圓滿又能彼我交遍融通的宇宙萬有，彼此間相互涵攝、相互融通為一渾全的宇宙本體，認為宇宙本體並非「一合相」，也就是宇宙間一一分別之事物的「相加總」，而是宇宙間一一分別之事物雖然皆是宇宙本體所現成的萬殊之事物，但彼此卻是相互涵攝、相互融合為一體的，若宇宙本體僅是一一分別之萬物的「相加總」，則一一萬物之間，就不能是一種相互涵攝、相互融合的關係了；並且，在事物（即：功能）與事物間的無盡數的相涵、相涉關係中，任何單一的事物，皆能對其他事物或為「主」或為「從」，也就是，無盡數的事物，在與其他事物所交織的無盡數的關係中，都可隨時是「主」、隨時是「從」。如「甲事物」在某一關係中，能對「乙事物」及其他事物為主導，「乙事物」及其他事物則對「甲事物」為從屬，但在另一關係中，「乙事物」便可能對其他事物為主導，而「甲事物」與其他事物對「乙事物」為從屬了。總之，因於此種關係，由宇宙本體所變現的宇宙萬物，對其他事物而言，皆隨時可能是「主」，也隨時可能是「從」，所以彼此基本上都是自由、自在的。本書於第三章也指出，熊氏如此構想實證本體者所照見的真實世界——也就是宇宙本體自為流行大用所現成的世界——的真實樣貌，實與華嚴宗哲學的法界思想關係密切，根本上便是吸納了華嚴宗哲學那一套盛論諸法間「相即相入」的圓融思想而來的。

　　綜觀熊、吳兩位先生在此部分主張上的構想，顯然，兩家最大的共通之處，便是都明顯吸納了華嚴宗哲學的法界觀，將諸法「相即相入」的圓融思想融入自家哲學的宇宙論暨境界論的構設中，足見兩位先生對華嚴宗哲學的這種思維，是極為肯定的。從

中也可見，由終極原理所支撐、現成的世界，理應是一個諸般存在皆能共生共在於其間的、具有「和諧」之價值的場所，也是熊、吳兩位先生共許之意。在這種場所中，諸般存在皆沒有對礙性，彼此皆能融入於彼此，彼此皆能反映彼此，彼此也皆能為「主」、為「從」，因而沒有任何一種存在對其他存在有存在性或價值意義上的跨越性。對於此種吸納華嚴宗法界觀的思考路數，或許吳氏也正是在研究熊氏哲學、理解熊氏哲學時，無形中受到了啟發，並表現在其自家的造論工作中。但比之熊氏，吳氏在此一方面的構想，畢竟又有所取資於西田幾多郎哲學的「場所」論，以及懷德海機體主義哲學中的相關思想，因而，吳氏在這方面的構想，是著意發揮、專章論述的，但熊氏在這方面，便明顯僅取資於華嚴宗哲學，且此部分構想也並非是其「體用論」哲學中具有關鍵性的重點內容。這可說是兩家哲學在此部分義理上較為表面的差異。而若論兩家哲學在此部分義理上較為本質又隱微的差異，筆者以為，應是在於：究竟哪家哲學的基本預設，較能證成一種物物事事居於其間皆能相互涵攝而彼此圓融無礙的真實世界的成立？要辨明這個問題，應從兩家哲學之終極原理的基本特性暨其所現成之宇宙萬物的基本特性切入。

　　事物與事物之間要成立一種如華嚴宗哲學所盛論的諸法間得以相互涵攝、相互融通的圓融關係，其關鍵便在於：事物與事物之間，究竟是依於什麼理由而得以相互涵融呢？這就是說，若經由終極原理所現成的宇宙萬物彼此之間難以免於對礙性，那麼，這種事物與事物之間得以相互涵攝、融通的圓融關係，便很難真正成立。對於這個問題，熊、吳兩位先生基本上都主張宇宙萬物乃是終極原理舉全體自身所詐現而來的，因而宇宙萬物基本上都

不具有常住不變的自性，宇宙萬物都只是一種短暫的存在，隨時
都可以回復於終極原理的終始不輟的變化運動之中，從這點宇宙
論構想的思維環節來看，熊、吳兩家所主張的宇宙萬物，基本上
都可以說不具有對礙性，因為在兩家哲學中，終極原理所現成的
宇宙萬物基本上都如佛家所言的「幻有」一般，不具有常住不變
的自性。然而，若我們更根本的回溯到兩家哲學對終極原理之特
性的根本界定來看，答案或許便會有所不同。由於熊氏所主張的
終極原理，基本上即是儒家大《易》所主張的實體，屬於一種
「實體主義」的終極原理，若順著吳氏對「實體主義」之終極原
理的看法，尤其是關於其難以全然避免掉質體性之問題的檢討，
則熊氏所主張的宇宙本體，從根本上便很難全然太濾掉質體性，
就此而言，由之所詐現並貫注己身之特性於其中的宇宙萬物，雖
說可被定義為是「詐現」，但終究宇宙本體作為一種「實理」的
性質，仍會貫注於宇宙萬物之中，這樣說來，在熊氏的「體用
論」哲學中，作為一種「實理」的宇宙本體所詐現而來的宇宙萬
物，能否說可以完全汰濾掉質體性？就是一個可以商榷的問題
了；而若宇宙萬物根本上無法完全汰濾掉質體性，那麼，堅持事
物與事物間能完全泯除掉對礙性，並因此能成就一種彼此間得以
相互涵攝、融通的圓融關係，似乎便無法獲致充分的證成了。[13]

---

[13] 此上所論，吳氏在其著作中，已曾有過提揭，如其言：「實理實事如何
　　說變化、轉化呢？這是持實體主義或以絕對有作為終極原理而又強調它
　　與現象事物有密切聯繫的說法的困難。這個困難，儒家亦不能免。熊十力
　　說：『體者，宇宙本體之省稱。本體，亦云實體。用者，則是實體變
　　成功用。實體是變動不居，生生不竭，即從其變動與生生，而說為實體
　　之功用。功用則有翕闢兩方面，變化無窮。』又說：『在宇宙論中說攝

然而，在吳氏的「力動論」哲學中，作為終極原理的純粹力動，本身並不是一種「實體」，而只是一種超越的活動，所以吳氏總費詞申論純粹力動乃是一種不著一點質體性——與因之而有的滯礙性的終極原理，如此一來，由之所詐現而出的宇宙萬物，即便有純粹力動的特性貫注於其中，宇宙萬物也無所謂質體性與滯礙性的殘餘，而真能如佛家所云是「詐現」、是「幻有」，如此一來，言事物與事物間乃無對礙的，便有更強的理論根據，從而，也便更能主張一種事物與事物間得以相互涵攝、相互融通的圓融關係了。筆者以為，這應是熊、吳兩位先生在此部分義理的構設上，較根本也較隱微的差異。

第五節　從「攝體歸用」到「攝體用歸力動」
——比較吳汝鈞與熊十力對「體用論」思維的看法

　　本書欲比較熊、吳二家哲學的構設，其中一個不能略過的基

用歸體，即是觀心物諸行，而直會入其本體。……原體顯用，用則一翕一闢，以其相反，而成變化。』這是以用說心、物種種事象，而用又由體發出來。如上面說過，熊十力以實體流行作用中，即以本性貫徹於萬事萬物之中，而起遍運的作用。但這些實理實事的性格的事物，其變化的幅度或程度總是有限，即使實體具有翕闢兩種勢用，事物亦只能順著心、物互轉的軌則變化而已。顯著的變化，特別是倫理性格方面的變化，如善變成惡、惡變成善，還是不能隨意進行的。既說實體、實性，或實事、實理，作為事物的本性，則事物自身必具有一定的固定性，不能輕易成變，如佛教言事物無獨立實在性因而可以自在變化那樣。這樣，說宇宙事物生生不息、變化不盡亦只能以保留的方式說，它們的變化還是缺乏彈性，由變化而展現的生命的、事物的自在無礙的空間畢竟有限……」見吳汝鈞：《純粹力動現象學》，頁771。

本面向，即是兩位先生在建構自家哲學時，對「體用」關係論的看法。在這一個面向上，顯然，熊氏是全然肯定「體用」關係論的，並將之作為自家哲學建構的思維主幹，在熊氏的「體用論」哲學裡，關於宇宙本體的內涵暨其與自身所現成之宇宙萬物的關係，通體是以「體用」關係論的思維加以描述、定義的；然則，吳氏卻與熊氏相反，其建構「力動論」哲學的一個基本問題意識，便是對援「體用」論架構以解釋終極原理的檢討，因之，在其建構的「力動論」哲學中，一個反覆申說的思維立場便是：在「力動論」哲學中，不立體用關係。

　　在熊氏那裡，宇宙本體即是「體用」關係論中的「體」，而宇宙本體所現成的宇宙萬物即是「用」，但重點是，「用」是「體」之「用」、宇宙萬物是宇宙本體舉全體之自身所現成而來的，因而，宇宙本體與宇宙萬物雖在「體用」關係論中，各居「體」與「用」兩端而為一概念上相對的存在，但究其實，兩者是不能分離的。因為在熊氏的思考中，沒有不發用的「體」──從而，也沒有離「用」而存在的「體」，更沒有不據「體」以發的「用」，故而，熊氏的「體用論」，更具體的提法即是「體用不二」論，蓋以其強調「體」與「用」絕不可截為兩片之故。因此之故，熊氏可以進一步主張「即用顯體」、「於用識體」，也就是落實一點說的：欲體證宇宙本體，不能離現前存在的宇宙萬物去體證。因為宇宙萬物即是宇宙本體之流行大用的本身。在這一點上，正如本書第三章所闡述的，熊氏這種對「體用」關係論的發揮，基本上是其檢討佛、道二家「攝用歸體」思維之不足，也就是：認為宇宙萬象並非究極真實，於是宇宙萬象並不重要，重要的只是那被孤懸於宇宙萬象之外、之上的究極真實的存在

——宇宙本體，故而採取「攝體歸用」思維後的結果。這樣的思維。質言之，即是正面肯定宇宙本體的流行大「用」——亦即宇宙萬象——與宇宙本體一體不二，從而，若問宇宙本體何在？則宇宙本體即存在於其自身的流行大「用」中。這亦可根本的說，是一種從根本上對本體大「用」——亦即：宇宙萬象——有所重視的一種思考，更具體的說，即是一種就著作為宇宙萬象的「用」以思索作為「體」的宇宙本體的思考。這自然有別於熊氏所認定的，佛、道二家不重視宇宙萬象，而總尋覓宇宙本體於宇宙萬象之外的思考。

但如本書第二章的闡述，吳氏卻對熊氏的「體用不二」主張進行了檢討，認為：其一，熊氏只言「體用不二」，其實義僅是言「體」、「用」二者「不離」，而不是「體」、「用」二者「相同」，如此一來，「體」是「體」、「用」是「用」，二者終究各成一物，會衍伸出本體與現象、絕對與相對、無限與有限二界相割裂的問題；其二，熊氏的觀點，使得「體」、「用」二者成為一種機械化的關係，亦即一定得先有某個「體」才能發出「用」，這基本上是人們從觀察現實世界的各種機械，乃「先有個發出功用的器械，方能進一步發揮此器械的功用」這樣的現實，從而提煉出來的觀點。以這種觀點去思索形而上層次的終極原理，也許正是犯了思維上的謬誤。因之，吳氏建構「力動論」哲學，便採取了一種「不立體用關係」的思維立場，這立場表現為：純粹力動作為一種終極原理，其自身即是活動、即是效用，其作為活動、效用，不是由一個與自身相即不離的來源體去運作、去發動的。吳氏的這種思維，與熊氏所主張的「體用不二」之間，差異十分微妙，必須詳加分疏。

　　如前所述，熊氏的「體用論」哲學以建構完善的「本體論」
為目的，熊氏對西方哲學中否定本體存在的思維，頗為不契也予
以批判，是故在熊氏的哲學表述中，千言萬語，總是必言本體的
存在，即便其一方面也批判那種從根本上不重視宇宙萬象的、談
「體」而遺「用」的思考——主要是熊氏所理解的佛、道二家本
體論，並將那種談「體」而遺「用」的思維歸結為是「攝用歸
體」，並在此一基礎上，盛發其既重視本體、又正視宇宙萬象的
「攝體歸用」的思考，然其有「體」方有「用」、「用」必由
「體」發——與此相應的，宇宙萬物的現成，便是由宇宙本體從
「體」發「用」而來的思維立場是堅定不移的，稍有放鬆，則其
肯定世間萬物必有一本體的思考，便不復存在；但吳氏卻是更進
一步，在熊氏那裡，在形而上層面，凡「運動（或：活動）」、
「功用」與「力」等，必得附隨於宇宙本體的、屬於「體」之
「用」的一層存在，實則皆可以不再附隨於一個所謂的來源體之
上。而是，在形而上層面，「運動（或：活動）」、「功用」與
「力」等，皆是全然同一的存在，而且不必是由另一個來源體去
發動、去運作，簡言之，要說宇宙本體，「運動（或：活
動）」、「功用」與「力」即是一宇宙本體，「運動（或：活
動）」、「功用」與「力」不必是一種由宇宙本體所運作、發動
的第二序的存在。因之，若必欲以傳統上慣用的「體」、「用」
名相來解釋，則若熊氏的思維可名之為「體用不二」，那麼，吳
氏的思維，便或可被概稱為：「用即是體」。這裡必須解釋的
是，吳氏雖說在其著作裡慣言純粹力動不立「本體」、不立「體
用關係」，但這不是說在吳氏的構想中，相應於「本體」的存在
被取消了，而只是，「本體」的存在，已與傳統上被認為由「本

體」所發動的「功用」全然同一了。因而，舉「功用」的本身，即是「本體」；此一「功用」沒有任何其他的來源體可名之為其「本體」。這即是吳氏所欲達致的，「體」與「用」的全然同一，而不僅是如熊氏所言的「體用不二」。吳氏便是將此一「運動（或：活動）」、「功用」與「力」全然同一的存在，名之為「純粹力動」；而由於吳氏的純粹力動乃是以一超越的「運動（或：活動）」、「功用」與「力」即為傳統的「體」、「用」關係論中的「體」、「用」二者的全然同一，則吳氏的此種思維，便可稱之為「攝體用歸力動」。在筆者的理解中，這自然是一種對於熊氏那裡的「攝體歸用」思維的超越，但這種超越，卻也並不是憑空而來的。這種超越，毋寧是順著熊氏的「攝體歸用」思維延伸而來的，這是說：熊氏的「攝體歸用」思維若運用到極致，本可以發展到如吳氏那樣的「用即是體」的、「攝體用歸力動」的思維。熊氏之所以盛發「攝體歸用」，便是如前所述，既重視本體又重視屬於本體之大用的宇宙萬象的結果，而這種思維，便必然會引出即「功用」即「本體」的思維，也就是落實一點說的：「功用」即是「本體」的思維。我們從熊氏在其「體用論」的造論諸作中，或逕以「恆轉」名宇宙本體，或逕以「功用」、「勝能」名宇宙本體，又如熊十力所謂的「我們把本體說為能變」、[14]「我們在玄學上把宇宙萬象還原到一大勝能」[15]等說法，便可印證到，在熊氏的思考裡面，本有一種在形而上

14　熊十力：《新唯識論（語體文本）》，收於熊十力：《熊十力全集》，第 3 冊，頁 95。

15　熊十力：《新唯識論（語體文本）》，收於熊十力：《熊十力全集》，第 3 冊，頁 156。

層面，「功用」、「活動」即可以是宇宙本體；宇宙本體即是一種超越的「功用」、「活動」的思考，如此，也方真能說是一種「攝體歸用」思維。熊氏與吳氏之間的思維差距，僅在於，熊氏畢竟認為：超越的「功用」、「活動」需得是由宇宙本體去發動、去運作的，但吳氏已經更進一步，認為不必是如此罷了。總之，筆者認為，吳氏「攝體用歸力動」的思維，相對於熊氏「攝體歸用」的思維來說，固然是一種超越，但更是一種承繼其思維後的、將「攝體歸用」思維充其極的表現。

第五章 結 論

　　本書以上，先前、後以兩章的篇幅，個別分析了吳氏之「力動論」哲學以及熊氏之「體用論」哲學的整體建構，再進一步援兩家哲學中互有同、異的理論環節進行參照、比較。過程中，我們可以明顯看到，兩家思維間的通同之處著實頗多，依筆者的研究至少有以下諸端：（一）在終極原理的體性構設方面，兩家哲學的建構，同樣對終極原理有所根本的重視，認為須對宇宙萬物的現成，安立一個所從出的來源。在此一基礎上，兩家同樣對終極原理的「純粹性」與「超越性」有所強調，也同樣盛論終極原理的「動感性」與「力用性」，尤其，也同樣在構想終極原理的完善性質時，展現了一種融會的思維。在吳氏那裡，是欲融會「實體主義」與「非實體主義」兩種終極原理的長處，並避免此兩種終極原理的短處；而在熊氏那裡，則是欲融會儒家本體的生生之「仁」與佛家本體的虛靜之「空」。且本書也已指出，總的說來，熊、吳兩位先生的這種融會思維，歸根究柢，都是認同一堪稱完善的終極原理，便是同時得具備（保障）充實飽滿的「健動性」與虛靈、無礙的「虛靈明覺」和「無滯礙性」兩者；（二）在宇宙論的構設方面，兩家都頗重視宇宙論，且同樣認為總的構成整體宇宙的「心」、「物」現象，都是終極原理自身不斷的運動、變化所呈現出來的「迹象」，因而皆「無自體」也

「無自性」，所以兩家都援佛教的觀念，將宇宙萬物視為是終極原理的「詐現」；（三）在主體心靈方面，兩家同樣都主張，人之主體心靈乃由終極原理自身之當體下貫而成，因而主體心靈從根本上說，即是終極原理自身。也同樣主張主體心靈可進一步區分成兩層，且兩層心靈各有不同的認識對象。更同樣主張由終極原理下貫以成的主體心靈，其根本的認識活動，即是「終極原理的自己認識自己」，也就是「終極原理的自證知」；（四）在主體心靈所能照見的真實世界方面，兩家都吸納了華嚴宗哲學的法界觀，試圖援諸法「相即相入」的圓融思想，定位自家哲學的境界論，展現了兩位先生都願望一個諸般存在皆能共生共在於其間的、具有「和諧」之價值的場所，令到諸般存在於此一場所中，彼此皆能毫無對礙，彼此皆能相互融入、相互感通。

當然，兩家哲學在以上所綜述的通同之處上，又有更細部的區別。依筆者的研究，這些區別至少有以下：（一）在終極原理的體性構設方面，首先，熊、吳兩家雖同樣對終極原理的「純粹性」與「超越性」有所強調，但熊氏畢竟又力主「宇宙本體含藏複雜性」，這使得熊氏所主張的終極原理，似乎可如吳氏所提出的質疑一般，仍可再行分割，予以進一步的還原，因而似有未夠純粹、未夠根本之嫌。但在吳氏那裡，便沒有這樣的問題；其次，兩家雖同樣力主終極原理必須具備「動感性」與「力用性」，但在熊氏那裡，是必肯定先有一宇宙實體，再從實體的恆時運作、變動去談「動感性」與「活動性」，亦即是「承體以動」；進一步的，亦是從實體的恆時運作、變動以發揮無邊無盡之「勝能」，來談「力用性」，這即是「承體起用」。概而言之，熊氏所言的「動感性」與「力用性」，是「承體而發」的

「動感性」與「力用性」，這種「動感性」與「力用性」根本上即可說是附屬的，是附屬於一事體之上的性質。但在吳氏那裡，講「動感性」、「活動性」不是指有一事體在運作、變動，因為純粹力動不是任何一種形式的實體，它即是運作和變動的本身，因而吳氏所言的「動感性」與「力用性」，是「無體以發」的「動感性」與「力用性」，它並不是一種附屬於一事體之上的性質；最後，兩家在完善的終極原理必須兼容充實飽滿的「健動性」與虛靈無礙的「虛靈明覺」、「無滯礙性」這層思維上，雖然也是一致的，但熊氏並未如吳氏一般，認為「實體主義」的「絕對有」還是難以避免「質體性」，且進一步的，便會因此造成所謂的「滯礙性」。熊氏也絕不認為儒家大《易》的本體因其是為「實體主義」的「絕對有」，便有吳氏所言的「滯緩之嫌」。所以熊氏「會寂與仁」的思維結果，是以儒家大《易》的本體取代佛教的本體，其「體用論」哲學所主張的終極原理，最終乃是一「實體主義」的「絕對有」；然而吳氏卻堅持主張「實體主義」的「絕對有」仍具有「質體性」，進一步的，也會導致所謂的「滯礙性」，因此其所構想的終極原理要想真正具備如「非實體主義」的「絕對無」所具備的「虛靈」、「無礙」之性，那麼，它便不能是一種「實體」，然而，它又必須如「實體主義」的「絕對有」一般，能確實發揮出現成宇宙萬物的、生生化化的「力用」，因而，吳氏的思維結果，便是推翻「有體才有力」、「用由體發」的思維定勢，但仍為宇宙萬物安立一個得據之以創生的根源性原理，只是此一原理並非一種「實體」，而是一種純粹的「活動」、純粹的「力」與純粹的「功用」，它不由任何一種事體所發動、所生起；（二）在宇宙論的構設方面，首

先，兩家雖同樣認為「心」、「物」現象乃終極原理不斷運動、變化所呈顯的「迹象」，但在熊氏那裡，「物」乃終極原理自為「翕」之運動的結果，而「心」則直接是終極原理自為「闢」之運動的結果。但在吳氏那裡，與「闢」之運動相近的、終極原理之力用的「消散」的運動矢向，雖也是一種「反物化」的運動，然而，卻並不直接造成主體心靈的現成。在吳氏那裡，主體心靈是終極原理自身當體下貫而來的；其次，兩家雖同樣援「詐現」說以定位終極原理所現成的宇宙萬物的本質，但在熊氏那裡，「詐現」並不指涉一種創造性原理，「體用論」哲學中的創造性原理，是據「相反相成」原則所提煉而來的「翕闢成變」論，所謂「詐現」，只是用以說明因「翕闢成變」所成就的宇宙萬物，皆僅是終極原理之全體大用的「用相」，本身無自體、無自性，如佛家所言「幻有」一般。但在吳氏那裡，「詐現」即是一種創造性原理，其融合了吳氏自西田幾多郎哲學中所吸納的、終極原理通過自我辯證、自我否定與自我分化以肇造宇宙萬物的思維。在吳氏那裡，「詐現」甚至即可說是所謂「純粹力動是為一超越的活動」的「活動」之自身。因之，「詐現」說在吳氏的「力動論」哲學中，顯然較之在熊氏的「體用論」哲學中更為重要，也具涵著更為複雜的思維脈絡；再次，在吳氏那裡，「氣」是純粹力動自我詐現歷程中的一個重要環節，是「力動宇宙論」裡面一個居於終極原理暨其所「詐現」的宇宙萬物中的一種媒介式存在。但在熊氏那裡，「氣」即是「體用論」哲學中的「用」的那一面，不是一個必得被強調的概念，因為「氣」與「用」乃異名同謂，只是一個「用」的別稱；最後，由於熊氏強調「承體起用」、「用由體發」，故「詐現」是由終極原理所發動，且熊氏

所主張的終極原理又是「實體主義」的終極原理，這在吳氏的觀點中，便難以從根本上避免「質體性」，這種「質體性」或將造成「詐現」運動上的滯礙，減殺終極原理在變現宇宙萬物時的動感。但在吳氏那裡，純粹力動自身即是「活動」、是「力」、是「功用」，並非「承體而發」，且純粹力動不是一種「實體」，無所謂「質體性」，故而純粹力動的「詐現」不會有陷入滯礙的可能，沒有動感遭到減殺的問題；（三）在主體心靈方面，首先，兩家雖同樣主張主體心靈可區分為兩層，但在熊氏那裡，「習心」只是官能乘權而肇生的，並非真有其「心」，更不是終極原理自身下貫以成的「本心」再進一步屈折或分化而來，根本上沒有存在性。但在吳氏那裡，「知性」則為本身即是終極原理自身的「睿智的直覺」屈折而來的；其次，熊氏雖有兩層心靈各具不同之認識對象的主張，卻並未明確主張兩層心靈得架構出兩層存有論，但吳氏卻吸納了牟先生的哲學建樹，明確主張兩層心靈得開出兩層存有論；最後，在熊氏那裡，「本心」所能認識的對象，乃關於宇宙本體的知識，但熊氏並未援入「物自身」概念以定位此種關乎宇宙本體的知識，然而，吳氏卻是明確援「物自身」概念去定位「睿智的直覺」的認識對象——也就是純粹力動自身；（四）在「主體心靈」所能照見的真實世界方面，雖然兩家皆吸納了華嚴宗諸法「相即相入」的圓融思想，試圖在自家哲學體系中，建構一個諸般存在於其中皆能毫無對礙、彼此融通的場所，但吳氏在這方面又有所取資於西田幾多郎的「場所」論及懷德海哲學，對此種場所思想，進行了頗為深入的發揮。另，由於熊氏主張的是一種「實體主義」的終極原理，依吳氏對「實體主義」終極原理可能殘留「質體性」的檢討，由此一終極原理所

「詐現」的宇宙萬物，便可能無法全然汰濾掉「質體性」，如此一來，欲主張事物與事物間能完全泯除掉對礙性以成就一種彼此相互涵攝、融通的圓融關係，便可能無法充分予以證成。但吳氏所主張的純粹力動不是一種「實體」，不具有「質體性」，進一步的，由其所詐現的宇宙萬物便能完全泯除掉對礙性，成就一種彼此間相互涵攝、相互融通的圓融關係；（五）在傳統的「體用」關係問題上，熊氏是全然予以肯定的，在其「體用論」哲學裡，關於宇宙本體的內涵暨其與宇宙萬物的關係，熊氏皆逕以「體用」關係論去加以定義，其對「體用」關係論的發揮，亦是其檢討佛、道二家「攝用歸體」思維之不足故而採取「攝體歸用」思維後的結果，這思維成果即是熊氏的「體用不二」論；但吳氏卻認為，只言「體用不二」，並非「體用相同」，在形而上層面來看，尚未達致究極圓融的地步。因而，吳氏乃構想一超越的「運動（或：活動）」、「功用」與「力」，也就是純粹力動，其並非經由某一事體運作、發揮而來的「運動（或：活動）」、「功用」與「力」，其即是「體」、「用」二者的全然同一。吳氏的這種思維，可稱之為「攝體用歸力動」。在筆者的理解中，吳氏這種「攝體用歸力動」的思維，可說是將熊氏「攝體歸用」的思維發揮到極致的結果，既是對熊氏的超越，也是一種繼承。

　　經由以上歸納，吳氏著意建構的「力動論」哲學，與熊氏的「體用論」哲學相較，整體而言的異、同之處，便理應有了一番頗為清晰的眉目。而筆者也認為，從熊、吳兩家哲學的通同之處來看，可以想見，吳氏之建構「力動論」哲學，實受熊氏的影響頗大。從吳氏建構「力動論」哲學，乃直接起於對熊氏「體用不

二」論的檢討來看，吳氏對熊氏的整體哲學建構，必曾有過一番深入的探究，在探究過程中有所受益並在思維底蘊中受熊氏的影響，應是可以想見的；然吳氏畢竟晚出，治學經歷又於東、西方之宗教、哲學多所涉獵，在造論工程中博采廣取，加之以其對熊氏哲學的若干檢討，便總的展現為「力動論」哲學與「體用論」哲學的若干根本差異。就此，我們實可以說：吳氏對熊氏思想有所繼承之處，便總的表現在「力動論」哲學與「體用論」哲學的通同之處上；而「力動論」哲學與「體用論」哲學的細部相異之處，則可說是較為晚出的吳氏，其整體而言有所邁越於熊氏之處。

　　總的來看，筆者也認為，吳氏所建構的「力動論」哲學，就其當前的造論成果而言，應有以下諸端建樹，是值得學界參詳的：（一）吳氏借鑒了京都學派哲學的觀點，將古往今來東、西方之宗教、哲學中所曾提出過的終極原理，大略的分判為兩種型態，也就是「實體主義」的「絕對有」和「非實體主義」的「絕對無」，且進一步提出自家對這兩類終極原理之優點與缺點的檢討，並總的想提出一種得以兼容雙方之優點、揚棄雙方之缺點的終極原理，也就是「純粹力動」，這自然是其整體哲學建構最根本、也最具原創性的建樹之一；（二）吳氏發前人所未發，指出中國哲學在形而上學方面慣用的「體用論」思維，或有使「體」、「用」關係淪為機械化之嫌，且可能陷入本體與現象、形而上與形而下二界相分離的思維謬誤，也認為「體用」關係論乃起源於對現象世界的觀察，援以思索形而上的終極原理，或許並不適切。這種思考，自然與現前及前此中國哲學研究中的思維定勢並不相契，但，其認為在形而上的終極原理的層面，可以不

立「體用」關係的主張，卻理應是可以被正視、被參考的意見。
實際上，「體用」關係論雖有其源遠流長的歷史，然而，在「體
用」關係論未被明確提出以前，中國哲學中關乎終極原理的體性
構想，也仍是可以被致思、被表述與被理解的，而毋需運使「體
用」關係思維，如原始道家的「道」論，在思考與表述上，便無
所謂「體用」關係論的運用。因而，吳氏提出的這種主張，以及
其自身對這種主張的實踐，相信是有其理據與參考價值的；
（三）吳氏基於其對佛教「空」義以及對終極原理之「動感」的
重視，也著意對西方哲學中所揭櫫的「物自身」概念，進行了意
涵上的轉化，一者是取消了居於現象背後的、那種具有「實體」
意味的「物自身」義，將之轉化為一種指涉宇宙萬物之存在真相
的真理概念，也就是「現象是純粹力動詐現的結果」這樣的意
義。且吳氏對「物自身」義的這層轉化，也是緊扣其對實體主義
之終極原理的檢討，因而不為宇宙萬物預設一個居於其自身背後
以支撐自身之存在性的「實體」。二者是繼承了牟宗三先生所提
出的、「行動」也應有其「物自身」的主張，盛論了「物自身的
行動轉向」這樣的思維，期許人們應能在「睿智的直覺」的豁顯
和主導下，進一步從事各種「有價值意味的行動」，無論在道德
方面、宗教方面、藝術方面或科學方面皆是。吳氏在這方面的思
考，可謂既有其明睿的獨見，又有對前人之思維精義的繼承和發
揮；（四）吳氏以「場所」思維建構「睿智的直覺」所照見的真
實世界，其「動場」說的豐富內涵，既是境界論的，又是以「力
動宇宙論」為基礎的，自有其殊勝之處；（五）吳氏以「動感」
強弱的判定為立足點，強調凡「實體主義」的終極原理，便無法
從根本上完全滌除「質體性」，因而，在其繼承熊氏哲學的諸多

優點後，於構想自家哲學的終極原理時，便不若熊氏一般，擇定
了一「實體主義」的終極原理以為自家哲學開展的基點，而是選
擇遠離「實體主義」，向「非實體主義」靠近；然吳氏終究又承
熊氏所檢討者，見及了「非實體主義」之終極原理，根本上無以
生發創生之大力的根本缺點，因而在其自家邁向「非實體主義」
的思維道路上，最終轉出了「純粹力動」這樣的形而上學構想，
依筆者所見，這實可說是創闢了一種「力動主義」型態的終極原
理；而這個從「實體主義」走向「非實體主義」、再轉出「力動
主義」的結果，依筆者所見，亦實是吳氏將熊氏所揭櫫的、「攝
體歸用」之思維發展到極致，以成就「攝體用歸力動」之思維的
必然結果。

　　此上所論，乃本書對吳氏所創構之「力動論」哲學的、在現
有的思維成果與理論規模上，所進行的總體考察與評價。最後筆
者也要指出，就筆者的研究與了解，吳氏對「力動論」哲學的構
作，截至目前為止仍在發展當中，亦即是：通過本書的考察所展
示的成果，仍尚未是「力動論」哲學的全部。故此，筆者也欲提
出自己對「力動論」哲學之現有成果的幾點省思，一方面與吳汝
鈞先生商榷，一方面亦是提出筆者對「力動論」哲學之後續的、
更為完善的哲理構作所抱有的一點由衷的期許：

　　（一）吳氏的「力動論」哲學，正如上文已申言的，是一套
思理極其一貫的、能綜合其自家所檢討的，東、西方諸宗教、哲
學之優點並超越箇中可能存在之缺點——特別是在形而上之終極
原理的構作上——的哲學理論，然深入理解其諸般哲理構設後，
吾人仍可進一步追問一根本的問題，即是：究竟吳氏所提出的、
所構想的那完善的終極原理——純粹力動，人們應如何去把握

它、體證它？這問題亦可轉換為：究竟吳氏自家，是如何觀照到或證會到現前此一宇宙乃是由純粹力動所詐現而來？或者更簡單地說：究竟吳氏是如何體證到純粹力動的？總之，對於人們究竟如何能把握或體證到純粹力動的問題，就吳氏現前的造論成績看來，對此一問題的理論回應，似乎付之闕如，這無疑是一種理論上的缺憾。當然，對此一問題，吳氏自身亦已有所見及，如其言：

> 我那本《純粹力動現象學》有一千多頁，其《續篇》有六百多頁，這兩部書主要都是在講理論和觀念的問題。至於實踐、體證的部分，提得比較少，不過我現在提出一點，就是我們在何種情況下，可以體會到，我們生命裡面存在著一種「純粹力動」。以我個人的生活經驗，從小孩到中年、老年，曾遇到很多挫折，健康的挫折跟感情的挫折，然後是謀職上的挫折等等。尤其是健康方面，開刀已開過十幾趟，短期內可能還要進院開刀。不過每次當我遇到這些挫折，我總是有另一種想法，即是說這個挫折有辦法解決，外面會有一種力量幫我們解決，你的生命裡面亦有一種力量讓你支撐，使你不倒下。然後我們再韜光養晦，休養一段時間後，再出來又是一條好漢！所以，我一輩子失敗很多，但從不服輸，以為明天會更好。我深深感覺自己生命之內，確實有一種力量讓我撐下去。讓我不要碰到挫折，就認輸、心灰意冷，我也不能很清楚道明，這種力量是什麼性格。這算是宗教的力量呢？還是道德的力量呢？還是什麼力量？反正，我們在哪裡跌倒，就在那裡站起

來。所以，你們說這樣的「純粹力動」怎樣體證？我想，
我暫時回應僅止於此。[1]

從這番闡述中，我們可以見及，對此一問題，吳氏至今尚未有較
深入且嚴謹的理論構想，但其已粗步提揭了：其對純粹力動的體
會，來自於在其自我的生命歷程中，每回遭逢困阨與挫折時——
無論是健康上、感情上或事業上的困阨與挫折——於其內在生命
中所不絕湧現的，一種足以支撐其對抗困阨、承擔挫折的向上
的、奮進的力量，吳氏自家，便是在對這種向上的、奮進的力量
的反身體會中，證會到純粹力動的存在。從中我們亦可確認到：
吳氏之構想純粹力動、揭櫫純粹力動作為一終極原理，原非僅是
一種純思辨的理論空想，而是確有其人生的體驗與對生命本質的
深切體悟作為思想基礎的。依筆者的研究，關於吳氏在此中所提
到的，其於生命歷程中確曾遭遇的各種困阨、挫折，暨其如何與
之對抗，甚至最終能進一步加以超克的經歷，吳氏蓋曾以兩部帶
有自傳性質的著作——《苦痛現象學：我在苦痛中成學》、[2]
《屈辱現象學》[3]——加以記述。若吳氏意欲在造論工程上進一
步補足關於純粹力動的證會路數的問題，並且也的確是欲按照此
處的闡述作為此部分理論之構設的開展途徑，那麼，從吳氏自家
的生命歷程中，自然有許多對抗困阨、邁越挫折的實實在在的生

---

[1] 吳汝鈞：《從詮釋學與天台學說起》（臺北：臺灣學生書局，2016 年
11 月），頁 289-290。

[2] 吳汝鈞：《苦痛現象學：我在苦痛中成學》，臺北：臺灣學生書局，
2002 年 4 月初版。

[3] 吳汝鈞：《屈辱現象學》，臺北：臺灣學生書局，2008 年 5 月初版。

命經驗可供發揮。然而筆者也要指出：人之對抗困阨、邁越挫折，自然需要一種發乎自我之內在生命的強勁的、剛健的力量，然而，若欲以對此種力量的感受，進一步連結到對純粹力動此種超越的、形而上的活動與力量的證會，會否欠缺了一點普遍性？原因是：尋常人在面對困阨與挫折時，如吳氏一般百折不撓、越挫越勇的自然也有，但卻也不乏在面對困阨與挫折時，怯懦、畏縮，無法振起生命底蘊中的力量與之相對抗並謀求超克，對於這類人而言，還能如吳氏一般，通過感受對抗挫折的生命力量、浸濡於抵抗困阨的實踐與體驗中，進一步證會到純粹力動的存在嗎？因此，筆者認為，關於如何體證純粹力動的問題，在吳氏日後的造論工程中，自然是不可忽略的一環，但也應盡可能在構思實踐的、證會的路數上，兼顧到普遍性與可行性，俾使整體「力動論」哲學的理論建構更加完善。

（二）與上文所言如何體證到純粹力動相關的，在吳氏的構想中，能認識到純粹力動的認知主體，即是由純粹力動下貫到人身以成的主體心靈，也就是「睿智的直覺」，人天秉此一主體心靈，本就可達致對純粹力動的體證。然吳氏又主張「睿智的直覺」為了進一步認識由純粹力動所詐現的客體世界暨成立一應對物理界、現象界、經驗界的繁然、複雜的知識，「睿智的直覺」必須、也必會進一步屈折為「知性」。而「知性」所能認識的對象只是客體世界，並不能及於詐現客體世界的純粹力動，因而，將「知性」向上提掇（或者亦可說為：恢復）為「睿智的直覺」，方能進一步證會到純粹力動——且與此相關的，一方面是能照見到純粹力動所詐現的客體世界暨存在於其間的宇宙萬物，本質上皆只是詐現（只具有詐現性）、只是「空」，並能當即採

取一種「空」的行動；一方面也就是能在認識「物自身」的當下，當即採取一種具有「物自身」義的行動。但我們很容易就可以看出，這一系列主張能否充分成立的理論關鍵，乃盡皆落在：究竟人們要如何將「知性」提掇為「睿智的直覺」呢？若將「知性」提掇為「睿智的直覺」實際上沒有達致的可能，那麼吳氏的上述主張，便將成為空談。然通觀吳氏現已完成的、關乎「力動論」哲學最重要的兩部造論之作，[4]對於人們究竟應該如何將「知性」提掇為「睿智的直覺」，也就是——將人的心靈從「知性」一層的經驗的主體向上提掇為「睿智的直覺」一層的超越的主體的具體實踐方法（或說：操作方法）究竟是什麼？吳氏並沒有明確的主張。換言之，在「力動論」哲學現有的理論架構裡，明顯欠缺了傳統中國哲學極為重視的屬於「工夫論」、「修養論」方面的哲理構作。[5]吳氏蓋亦深知其當前的造論工作，尚欠

---

[4]　此處所指，乃吳氏的《純粹力動現象學》與《純粹力動現象學續篇》兩本著作。

[5]　關於這個問題，其他關注過「力動論」哲學的學者，亦已有所見及，如李慧琪指出：「就實踐論的問題方面，筆者以為純粹力動在工夫根據上僅強調動感是不夠的，容易淪為只是思辨上的意義，還須有真切的工夫體證在背後支持，方更完善。」見李慧琪：〈吳汝鈞「純粹力動」與羅近溪「流行之體」的比較〉，《當代儒學研究》第 4 期，2008 年 7 月，頁 205；又如鍾振宇曾向吳氏提問到：「……老師（筆者按：即吳汝鈞先生）這本書比較偏向討論存有論跟宇宙論方面的問題。有沒有打算也寫一些『工夫論』方面的，比如說一個人要怎麼樣展現純粹力動呢？他應該要作甚麼樣的功夫呢？比如說道家有提到無為，海德格有提到 Gelassenheit（泰然任之），或者是說沉思（besinnliches Denken），透過一些方式人可以體證存有或是道。那透過甚麼樣的方式，人可以達致純粹力動呢？」見吳汝鈞：《純粹力動現象學六講》，頁 124。

缺此一部分的成績,並且也曾表達日後應逐步加以完成的自我期許,如其言:

> 至於工夫論的問題,那當然是很重要的。東方傳統一直以來都是很重視實踐方面的問題、工夫方面的問題啊。就是說,我們不光是要瞭解這個真理,還要體證這個真理。怎麼樣去體證呢?你就需要有一套工夫論。不過我現在也不能一下子把一切東西都拿來處理妥當。在這方面,需要有很周延的思考、很充足的精力來處理才成。作這個工夫,是建構純粹力動現象學這種形而上學的體系的一部分,要一步一步做。[6]

因此筆者以為,若吳氏能在日後的造論工程中,補足「工夫論」或「實踐論」方面的理論內涵,則其「力動論」哲學的整體架構必將更臻完善,其整套哲學的理論說服力,也必能得到更為實質的強化。

　　(三)吳氏建構「力動論」哲學的一大問題意識,是將前此東、西方之哲學、宗教裡曾經出現過的終極原理,總的判分為「實體主義」的「絕對有」與「非實體主義」的「絕對無」兩大類,並認為:「實體主義」的終極原理最終難免於滯礙性,而這滯礙性,是因於實體無法完全太濾掉「質體性」而來;而「非實體主義」的終極原理則是難免於虛弱之嫌,因為「非實體主義」的終極原理並不是一種得以支撐宇宙萬物之創生的根源性存在,

---

6　吳汝鈞:《純粹力動現象學六講》,頁 124-125。

無法發揮創造之力。然而我們必須指出：將前此東、西方之哲學、宗教中所曾出現過的終極原理一逕化約為這兩類，是否真是可行的？有沒有哪些哲學、宗教所主張的終極原理，實則是無法逕以這種標準加以劃分的呢？這答案自然是肯定的。即便吳氏自己，亦常以道家哲學中的「道」或「無」，較難明確的歸類在「實體主義」與「非實體主義」中的其中一方。如其言：

> 道家在這問題上有點麻煩。他們好像一方面，像老子、莊子講這個道，尤其是老子，他的道有實體的意味，他是比較強調客觀的那個道。在莊子，他雖然是很尊敬老子，可是他的思想的中心、他所注意的焦點好像從客體的道轉到主體的心一方面去。所以老子強調這個道，視之為一種客觀的、實體性的真理。莊子強調心這一方面，就是靈台明覺、靈台心，它像一面鏡子，能照見事物的種種真相。可是在莊子的文本裡還是有講到道是一種客觀的存在，它有一種運作，創生、形成萬物，然後又引導萬物怎麼怎麼去運作。所以道家在這個問題上，態度比較模糊。[7]

又如其言：

> ……儒家的天理、天道、良知、道家老子的道、無，都是絕對有，這是以肯定的方式表示的宇宙的終極原理。……禪的無和道家莊子的逍遙境界，都是絕對無，有人亦以為

7　吳汝鈞：《純粹力動現象學六講》，頁45。

老子的無是絕對無，這是以否定的方式表示的宇宙的終極
原理。[8]

筆者在此徵引吳氏對於究竟應將道家的終極原理歸類在「實體主
義」或「非實體主義」中的哪一方所展現出來的模糊態度，僅是
想表明：在前此東、西方之宗教、哲學所曾出現過的終極原理
中，如道家的終極原理一般內容豐富而難以明確歸類的終極原理
應仍很多，應不只有道家的「道」與「無」而已。實際上，與吳
氏自家明確將傳統上儒家的終極原理一逕定義為「實體主義」之
終極原理的不同意見，也並不少見。[9]因此筆者認為：在吳氏日

---

[8] 吳汝鈞：《純粹力動現象學》，頁 36-37。

[9] 就筆者的涉獵所及，「場有哲學」的理論代表唐力權先生便主張：「中
國的傳統哲學是非實體哲學，20 世紀的西方哲學也是非實體哲學，有
著內在的共同性。」見陶原珂：〈「場有哲學」與中西文化比較研究
——唐力權教授訪談錄〉，《學術研究》1995 年第 1 期，頁 119；羅嘉
昌也指出：「非實體主義轉向是一種存有論的轉向，它的思想背景主要
來自東方，來自周易、道家和大乘佛學的現代詮釋。」見羅嘉昌：〈編
後的話：關於非實體主義轉向問題的研究〉，收於羅嘉昌、黃裕生、伍
武雄主編：《場與有——中外哲學的比較與融通（五）》（北京：中國
社會科學出版社，1998 年 11 月），頁 511。在羅嘉昌的這番論斷中，
即已預設了儒家大《易》與道家、佛教，皆是一種偏屬於「非實體主
義」的思想；郭齊勇教授也曾撰為專文，申論中國傳統哲學中，實多有
「非實體主義」的思想，如其言：「儒家的『生生之仁』、『太極——
陰陽』學說，道家的『天地與我並生，而萬物與我為一』的模型，佛家
的『圓融三諦』、『理事無礙』思想，都是非實體主義的。」、「中國
哲學的基本範疇『五行』、『陰陽』、『氣』、『道』和儒、釋、道三
家的形而上學不是西方前現代哲學的實體主義的，而是非實體主義
的。」見郭齊勇：〈中國哲學史上的非實體思想〉，《哲學與文化》第

後的造論工程中，關於是否能將前此東、西方之宗教、哲學中所曾提揭過的諸多終極原理，皆逕以「實體主義」與「非實體主義」兩大型態加以劃分的問題，吳氏或可從事一番更明確的闡述；而若吳氏仍抱持此種意見，則進一步的，對於應如何有效劃分「實體主義」與「非實體主義」兩類終極原理，吳氏也應有一番更加明確的、在劃分判準上的深入討論及界定。對此一判準的深入討論及界定，依筆者的觀察，在吳氏的造論工程中應是一種必要的工作，因為這牽涉到吳氏對他家哲學的整體評價——特別是在形而上之終極原理的「動感」問題上。

（四）關聯著吳氏對「實體主義」之終極原理的檢討，吳氏認為，凡是「實體」性的終極原理，因為都具有「實」的性格，因此都很難從根本上汰濾掉「質體性」，這既減殺了終極原理得以創生出宇宙萬物的動感，且經由這種實體性原理所創生出的宇宙萬物，也都因此繼承了一定的「實」的性格和「質體性」，如此，事物與事物之間便無法全然避免掉「對礙性」，因此無法真的成立一種彼此圓融無礙、相即相入的和諧關係。然而，即便是在「實體」學說較盛行的西方哲學裡，歷史上曾經出現過的、不

---

26 卷第 11 期，1999 年 11 月，頁 1002。在郭齊勇的觀點中，不僅道、佛二家，即便是儒家，也皆是「非實體主義」的思想；又如王興國也認為：「孔子的非實體主義不同於西方的實體主義，至今仍具有生命活力……」、「孔子的『天』具有宗教意味，是一個具有生命的、超越的、流行的『實體』（非實體主義的實體）。」見王興國：〈孔子與中國哲學中的非實體主義思想——牟宗三的孔子詮釋略論〉，《求是學刊》第 41 卷第 4 期，2014 年 7 月，頁 26-27、31。就王興國的觀點來看，其即便認為在孔子哲學裡的「天」是「實體」，但卻認為它是「非實體主義的實體」。

同哲學家或哲學流派所揭櫫的「實體」，實則是有許多不同型態
的，每個哲學家所主張的「實體」暨其內涵，常是各有不同的。
[10]但吳氏卻認定凡是屬於「實體主義」的終極原理，便盡皆無法
汰濾掉「質體性」，這似乎有過於武斷之嫌。因而筆者認為：若
吳氏始終堅持這種看法，那麼便應針對這種主張從事更多的、也
是更細緻的論證和闡述。就以吳氏在其著作中不只一次明確檢討
的儒家或熊氏「體用論」哲學中的終極原理來看，我們很難認為
所謂「天道」、「天理」、「誠體」、或大《易》哲學中的「易
體」，皆是一種難以從本質上汰濾掉「質體性」的終極原理。因
為如所周知，在儒家的形而上學傳統中，上述基本上可以說是

---

10 如大陸學者劉永富指出：「……實體主義本體論從字面上看，就是以實
體為最高根據去處理本體論問題。但是『實體』在不同的哲學那裡並不
都是一樣的。例如：笛卡爾、斯賓諾莎、洛克、貝克萊、休謨、萊布尼
茨、康德、黑格爾等人所講的實體，恐怕並不都是一回事。不僅如此，
而且同一個哲學家往往在不同的時期、不同的場合把實體看作不同的東
西。」見劉永富：〈場有哲學所涉及的幾個理論問題辨析〉，《人文雜
誌》1998 年第 5 期，1998 年 5 月，頁 24；在余培源等人編著的《哲學
辭典》裡，針對「實體」也有如下的解釋：「實體，在西方哲學史中，
一般指一切屬性的基礎的東西。唯物主義者把它作為物質（如德謨克利
特的原子），唯心主義者把它作為精神（如柏拉圖的理念）。各派哲學
家對實體有不同的定義，如亞里士多德認為實體是一切東西的主體或基
質，笛卡兒認為實體是『能自己存在而其存在並不需要別的事物的一種
事物』。在斯賓諾莎哲學中，實體是唯一不變的、無限的存在、無所不
包的自然界，具有廣延和思維兩種本質屬性，實體是自因。萊布尼茨認
為實體是積極能動的精神性的『單子』。洛克認為，實體是只作為各種
性質的支撐的假說。黑格爾認為實體就是絕對，實體也是主體。」見余
培源等編著：《哲學辭典》（上海：上海辭書出版社，2009 年 1
月），頁 128。

「異名同謂」的終極原理，基本上都不是一種含有「質體」之內容的存在，因為含有「質體」之內容的存在，是由上述終極原理所進一步變化而出的「氣」來承擔的。這點初不僅是儒家如此，就是在道家、道教的形而上學傳統中，也是如此。也就是說：無論在儒家或道家、道教的形而上學裡，屬於終極原理一層的根源性存在，理應都是一種不雜染任何所謂「材質」、所謂「物質」性之內容的存在，因為「氣」才是那樣的存在；即便在熊氏的「體用論」哲學裡，「氣」之一層的存在，也只是本體之流行大用的別名，熊氏甚至強調其並非是一種具有材質義的存在——且正如本書第三章的分析所指出的，熊氏原就力主宇宙本體應該是「空寂」、「虛靜」的，且所謂「空寂」、「虛靜」即是包含了如「不起意」、「不造作」、「真實」、「清淨」、「無形無相」、「無雜染」、「無滯礙」、「無昏擾」、「無囂亂」等諸多面向的體性。綜觀熊氏的這些界定，我們雖能認可熊氏所主張的終極原理應是一種「實體主義」的終極原理，但卻很難認為，這種終極原理竟會具有「質體性」。因此，若吳氏堅持自己的這番檢討——也就是：凡是屬於「實體主義」的終極原理，便皆無法太濾掉「質體性」——確實是的當無誤的，那麼，在其日後的造論工作中，或許便應針對這番主張從事更多的闡述和論證，以此辨明自己的這番思考確實無誤、確實是一種足以打破前此學界之認知謬誤的睿見。這是筆者對吳氏此一主張的一點看法和商榷。

參考書目

一、古籍

漢・佚名：《孝經緯》，見《七緯》，收於上海古籍出版社編：《緯書集成》，上海：上海古籍出版社，1994 年 6 月

魏・王弼：《老子道德經注》，收於樓宇烈校釋：《王弼集校釋》，臺北：華正書局，1992 年 12 月

唐・智顗：《法華玄義》，收入中華大藏經編輯局編：《中華大藏經》第 93 冊，北京：中華書局，1995 年 10 月

唐・玄奘譯，韓廷傑校釋：《成唯識論校釋》，北京：中華書局，2011 年 10 月

南宋・黎靖德編，王星賢點校：《朱子語類》第 1 冊，北京：中華書局，2004 年

南宋・朱子：〈答劉叔文一〉，收於朱子撰，陳俊民主編：《朱子文集》第 5 冊，臺北：德富文教基金會，2000 年 2 月

南宋・朱子：〈答黃道夫一〉，收於朱子撰，陳俊民主編：《朱子文集》第 6 冊，臺北：德富文教基金會，2000 年 2 月

明・黃宗羲：〈蕭敏王浚川先生廷相〉，見《明儒學案・諸儒學案中四》，收於沈善洪主編：《黃宗羲全集》第 8 冊，杭州：浙江古籍出版社，2005 年 1 月

二、專著

王章、惠中編：《中國近現代社會思潮辭典》，南京：南京大學出版社，1996 年 2 月

王汝華：《尋繹當代儒哲熊十力：以「一聖二王」為鑰》，臺北：秀威資

訊科技股份有限公司，2010 年 10 月

王汝華：《現代儒家三聖（上）》，臺北：新銳文創，2012 年 8 月

王汝華：《現代儒家三聖（下）》，臺北：新銳文創，2012 年 8 月

方光華：《中國古代本體思想史稿》，北京：中國社會科學出版社，2005
年 1 月

牟宗三：《中國哲學十九講：中國哲學之簡述及其所涵蘊之問題》，臺
北：臺灣學生書局，2002 年 8 月

牟宗三：《現象與物自身》，臺北：臺灣學生書局，2004 年 9 月

牟宗三：《智的直覺與中國哲學》，臺北：臺灣商務印書館，2006 年 7 月

李瑞全：《當代新儒學之哲學開拓》，臺北：文津出版社，1993 年 3 月

李祥俊：《熊十力思想體系建構歷程研究》，北京：北京師範大學出版
社，2013 年 12 月

余培源等編著：《哲學辭典》，上海：上海辭書出版社，2009 年 1 月

宋志明：《熊十力評傳》，南昌：百花洲文藝出版社，1996 年 12 月

杜保瑞：《中國哲學方法論》，臺北：臺灣商務印書館，2013 年 8 月

吳汝鈞：《西方哲學析論》，臺北：文津出版社，1992 年 6 月

吳汝鈞：《佛教思想大辭典》，臺北：臺灣商務印書館，1994 年 5 月

吳汝鈞：《中國佛學的現代詮釋》，臺北：文津出版社，1995 年 6 月

吳汝鈞：《絕對無的哲學：京都學派哲學導論》，臺北：臺灣商務印書
館，1998 年 1 月

吳汝鈞：《京都學派哲學七講》，臺北：文津出版社，1998 年 6 月

吳汝鈞：《胡塞爾現象學解析》，臺北：臺灣商務印書館，2001 年 2 月

吳汝鈞：《苦痛現象學》，臺北：臺灣學生書局，2002 年 3 月

吳汝鈞：《機體與力動：懷德海哲學研究與對話》，臺北：臺灣商務印書
館，2004 年 10 月

吳汝鈞：《佛學研究方法論（上）》，臺北：臺灣學生書局，2006 年 4 月

吳汝鈞：《佛學研究方法論（下）》，臺北：臺灣學生書局，2006 年 4 月

吳汝鈞：《絕對無詮釋學：京都學派的批判性研究》，臺北：臺灣學生書
局，2012 年 5 月

吳汝鈞：《宗教世界與世界宗教》，臺北：臺灣學生書局，2013 年 7 月

吳汝鈞：《純粹力動現象學》，臺北：臺灣商務印書館，2005 年 5 月

吳汝鈞：《純粹力動現象學續篇》，臺北：臺灣商務印書館，2008 年 8 月

吳汝鈞：《純粹力動現象學六講》，臺北：臺灣學生書局，2008 年 10 月

吳汝鈞：《西方哲學的知識論》，臺北：臺灣商務印書館，2009 年 10 月

吳汝鈞：《當代新儒學的深層反思與詮釋對話》，臺北：臺灣學生書局，
　　2009 年 10 月

吳汝鈞等著：《道家詮釋學與純粹力動現象學》，臺北：臺灣學生書局，
　　2011 年 8 月

吳汝鈞：《佛教的當代判釋》，臺北：臺灣學生書局，2011 年 3 月

吳汝鈞：《唯識現象學（一）：世親與護法》，臺北：臺灣學生書局，
　　2012 年 8 月

吳汝鈞等著：《空宗與有宗：佛教判教的對話詮釋初續》，臺北：臺灣學
　　生書局，2013 年 9 月

吳汝鈞：《新哲學概論：通俗性與當代性》，臺北：臺灣學生書局，2016
　　年 9 月

吳汝鈞：《從詮釋學與天台學說起》，臺北：臺灣學生書局，2016 年 11 月

林安梧：《王船山人性史哲學之研究》，臺北：東大圖書股份有限公司，
　　1991 年 2 月

林安梧：《存有・意識與實踐：熊十力體用哲學之詮釋與重建》，臺北：
　　東大圖書股份有限公司，1993 年 5 月

林世榮：《熊十力與「體用不二」論》，臺北：萬卷樓圖書股份有限公
　　司，2008 年 6 月

東海大學哲學研究所主編：《中國哲學與懷德海》，臺北：東大圖書股份
　　有限公司，1989 年 9 月

郭齊勇：《天地間一個讀書人──熊十力傳》，臺北：業強出版社，1994
　　年 11 月

郭齊勇編：《現代新學儒學的根基──熊十力新儒學論著輯要》，北京：
　　中國廣播電視出版社，1996 年 12 月

郭齊勇：《儒學與儒學史新論》，臺北：臺灣學生書局，2002 年 10 月

郭齊勇：《熊十力哲學研究》，北京：人民出版社，2011 年 10 月

郭齊勇：《熊十力先生傳論》，北京：中國社會科學出版社，2013 年 1 月

郭美華：《熊十力本體論哲學研究》，成都：巴蜀書社，2004 年 11 月

俞懿嫻：《懷海德自然哲學——機體哲學初探》，臺北：正中書局，2001 年 1 月

俞宣孟：《本體論研究》，上海：上海人民出版社，2005 年 11 月

景海峰：《熊十力》，臺北：東大圖書股份有限公司，1991 年 6 月

張志偉主編：《形而上學的歷史演變》，北京：中國人民大學出版社，2010 年 9 月

張立文：《中國哲學範疇發展史‧天道篇》，臺北：五南圖書出版有限公司，1996 年 7 月

馮俊、李秋零等著：《西方哲學問題研究》，北京：中國人民大學出版社，1994 年 4 月

程志華：《熊十力哲學研究：《新唯識論》之哲學體系》，北京：人民出版社，2013 年 6 月

勞思光著，關子尹編：《康德知識論要義（新編）》，香港：中文大學出版社，2001 年

葛榮晉：《中國哲學範疇導論》，臺北：萬卷樓圖書有限公司，1993 年 4 月

楊士毅：《懷海德哲學》，臺北：東大圖書股份有限公司，1987 年 5 月

楊士毅：《懷德海哲學入門：超越現代與後現代》，臺北：揚智文化事業股份有限公司，2000 年 1 月

楊儒賓主編：《中國古代思想中的氣論及身體觀》，臺北：巨流圖書股份有限公司，2009 年 12 月

楊學功：《傳統本體論哲學批判》，北京：人民出版社，2011 年 6 月

楊國榮：《王學通論：從王陽明到熊十力》，臺北：五南圖書出版有限公司，1997 年 9 月

慈怡主編，佛光大藏經編修委員會發行：《佛光大辭典》，高雄：佛光出版社，1989 年 2 月

劉貴傑：《華嚴宗入門》，臺北：東大圖書股份有限公司，2002 年 5 月

熊十力：《十力語要》，收於熊十力：《熊十力全集》第 4 冊，武漢：湖北教育出版社，2001 年 8 月

熊十力：《新唯識論（語體文本）》，收於熊十力：《熊十力全集》第 3
　　冊，武漢：湖北教育出版社，2001 年 8 月

熊十力：《十力語要初續》，收於熊十力：《熊十力全集》第 5 冊，武
　　漢：湖北教育出版社，2001 年 8 月

熊十力：《摧惑顯宗記》，收於熊十力：《熊十力全集》第 5 冊，武漢：
　　湖北教育出版社，2001 年 8 月

熊十力：《佛家名相通釋》，收於熊十力：《熊十力全集》第 2 冊，武
　　漢：湖北教育出版社，2001 年 8 月，

熊十力：《乾坤衍》，收於熊十力：《熊十力全集》第 7 冊，武漢：湖北
　　教育出版社，2001 年 8 月

熊十力：《明心篇》，收於熊十力：《熊十力全集》第 7 冊，武漢：湖北
　　教育出版社，2001 年 8 月

熊十力：《讀經示要》，收於熊十力：《熊十力全集》第 7 冊，武漢：湖
　　北教育出版社，2001 年 8 月

熊十力：《體用論》，收於熊十力：《熊十力全集》第 7 冊，武漢：湖北
　　教育出版社，2001 年 8 月

熊十力：《原儒》，收於熊十力：《熊十力全集》第 6 冊，武漢：湖北教
　　育出版社，2001 年 8 月

蕭登福集註語譯：《列子古註今譯》，臺北：新文豐出版股份有限公司，
　　2009 年 11 月

盧雪崑：《物自身與智思物：康德的形而上學》，臺北：里仁書局，2010
　　年 5 月

韓水法：《康德物自身學說研究》，臺北：臺灣商務印書館，1990 年 8 月

鍾振宇、陳威瑨主編：《東亞哲學的終極真理》，臺北：中央研究院中國
　　文哲研究所，2017 年 12 月

賴賢宗：《體用與心性：當代新儒家哲學新論》，臺北：臺灣學生書局，
　　2001 年 6 月

賴賢宗：《當代佛學與傳統佛學》，臺北：新文豐出版股份有限公司，
　　2006 年 5 月

鄭家棟、葉海煙主編：《新儒家評論》第 1 輯，北京：中國廣播電視出版

社，1994 年 8 月

羅嘉昌、黃裕生、伍武雄主編：《場與有——中外哲學的比較與融通
（五）》，北京：中國社會科學出版社，1998 年 11 月

〔日〕烏田虔次著，徐水生譯：《熊十力與新儒家哲學》，臺北：明文書
局，1992 年 3 月

〔日〕龜川教信著，印海譯：《華嚴學》，高雄：佛光文化事業有限公
司，1997 年 9 月

〔日〕小野澤精一、福永光司、山井涌編，李慶譯：《氣的思想——中國
自然觀與人的觀念的發展》，上海：世紀出版集團上海人民出版
社，2007 年 3 月

〔日〕西田幾多郎著，黃文宏譯著：《西田幾多郎哲學選輯》，臺北：聯
經出版事業公司，2013 年 3 月

〔古希臘〕亞里斯多德：《形而上學》，北京：北京理工大學出版社，
2015 年 9 月

〔德〕康德著，鄧曉芒譯：《純粹理性批判》，北京：人民出版社，2004
年 2 月

〔德〕康德著，鄧曉芒譯：《實踐理性批判》，北京：人民出版社，2009
年 2 月

〔德〕黑格爾：《精神現象學》，上海：上海人民出版社，2013 年 12 月

〔德〕胡塞爾：《歐洲科學的危機與超越論的現象學》，北京：商務印書
館，2017 年 5 月

〔德〕胡塞爾：《純粹現象學通論：純粹現象學和現象學哲學的觀念（第
1 卷）》，北京：中國人民大學出版社，2014 年 5 月

〔德〕海德格爾：《存在與時間》，北京：北京三聯書店，2014 年 9 月

〔英〕懷特海：《過程與實在》，北京：商務印書館，2011 年 10 月

〔英〕懷特海：《觀念的冒險》，北京：人民出版社，2011 年 8 月

三、期刊

王興國：〈孔子與中國哲學中的非實體主義思想——牟宗三的孔子詮釋略
論〉，《求是學刊》第 41 卷第 4 期，2014 年 7 月

李開濟：〈華嚴法界尋義〉，《哲學與文化》第 399 期，2007 年 8 月

李開濟：〈從哲學智趣看〈華嚴一乘十玄門〉〉，《哲學與文化》第 439 期，2010 年 12 月

李向平：〈熊十力哲學的缺失與儒佛會通〉，《二十一世紀》第 46 期，1998 年 4 月

李明輝：〈牟宗三哲學中的「物自身」概念〉，《中國文哲研究集刊》第 3 期，1993 年 3 月

李慧琪：〈吳汝鈞「純粹力動」與羅近溪「流行之體」的比較〉，《當代儒學研究》第 4 期，2008 年 7 月

林世榮：〈熊十力「攝體歸用」說之演變及其意義〉，《國文學報》第 45 期，2009 年 6 月

周芳敏：〈論黃宗羲「盈天地皆心」之意蘊〉，《政大中文學報》第 10 期，2008 年 12 月

周浩翔：〈「物自身」何以是價值意味的概念：論牟宗三先生對康德「物自身」概念的理解與詮釋——兼與鄧曉芒教授商榷〉，《鵝湖》第 442 期，2012 年 4 月

孟令兵：〈論熊十力哲學體系中的華嚴宗思想特徵〉，《中華文化論壇》，2004 年 3 月

郭齊勇：〈中國哲學史上的非實體思想〉，《哲學與文化》第 26 卷第 11 期，1999 年 11 月

張二平：〈熊十力的易學體用論——以「生生」之學對孔、老、佛、西的判攝和融通〉，《哲學與文化》第 507 期，2016 年 8 月

茅宇凡：〈唯識學「自證」（svasamvitti）理論之研究——以《成唯識論》為中心〉，《中華佛學研究》第 11 期，2010 年 12 月

程恭讓：〈對熊十力先生佛法體用關係論之商榷〉，《中國文化月刊》第 192 期，1995 年 12 月

陶原珂：〈「場有哲學」與中西文化比較研究——唐力權教授訪談錄〉，《學術研究》1995 年第 1 期，1995 年 1 月

湯一介：〈華嚴「十玄門」的哲學意義〉，《中國文化研究》第 8 期，1995 年

陳森田：〈僧肇的聖人觀與吳汝鈞的純粹力動觀〉，《正觀》第 74 期，
　　2015 年 9 月

黃文玲：〈生命與學問溶冶於一爐：佛學學者吳汝鈞（上）〉，《人生》
　　第 225 期，2002 年 5 月

黃文玲：〈生命與學問溶冶於一爐：佛學學者吳汝鈞（下）〉，《人生》
　　第 226 期，2002 年 6 月

黃文宏：〈西田幾多郎場所邏輯的內在轉向〉，《國立政治大學哲學學
　　報》第 23 期，2010 年 1 月

黃文宏：〈西田幾多郎的直觀論〉，《臺大文史哲學報》第 73 期，2010
　　年 11 月

黃文宏：〈論西田幾多郎中期「絕對無」的意義——以〈睿智的世界〉為
　　線索〉，《臺大文史哲學報》第 78 期，2013 年 5 月

黃惠雅：〈熊十力先生論佛家空有二宗評述——兼疏解熊先生對佛家空有
　　二宗之誤解〉，《鵝湖》第 6 卷第 3 期，1980 年 9 月

曾春海：〈熊十力體用不二的天人一本論〉，《宗教哲學》第 71 期，2015
　　年 3 月

葉海煙：〈儒佛會通的倫理向度與超越向度——以熊十力「新唯識論」為
　　例〉，《世界中國哲學學報》第 1 期，2000 年 10 月

翟志成：〈長懸天壤論孤心——熊十力在廣州（1948～1950）〉，《當
　　代》第 77 期，1992 年 9 月

翟志成：〈長懸天壤論孤心——熊十力在廣州（1948～1950）——續〉，
　　《當代》第 78 期，1992 年 10 月

趙東明：〈陳那「自證」理論探析——兼論《成唯識論》及窺基《成唯識
　　論述記》的觀點〉，《圓光佛學學報》第 10 期，2006 年 4 月

賴錫三：〈熊十力體用哲學的存有論詮釋——略論熊十力與牟宗三的哲學
　　系統相之同異〉，《中正大學中文學術年刊》第 5 期，2003 年 12 月

劉永富：〈場有哲學所涉及的幾個理論問題辨析〉，《人文雜誌》1998 年
　　第 5 期，1998 年 5 月

劉守政：〈「用」的凸顯：熊十力後期思想的向度〉，《石河子大學學報
　　（哲學社會科學版）》第 21 卷第 2 期，2007 年 4 月

劉榮賢：〈中國思想史上的兩種本體論思維〉，《東海中文學報》第 15
　　期，2003 年 7 月

樊美筠：〈懷德海和中國哲學中的「和諧」觀念〉，《哲學與文化》第
　　398 期，2007 年 7 月

關啟匡：〈熊十力「本體宇宙論」的反思——論「大海水、眾漚」之喻的
　　合理性〉，《鵝湖學誌》第 53 期，2014 年 12 月

魏道儒：〈華嚴宗理論創新的過程、內容與價值：以《華嚴十玄門》為例
　　分析〉，《宗教哲學》第 51 期，2010 年 3 月

謝仲明：〈道德形上學之構想及其問題——牟宗三先生「現象與物自身」
　　一書之討論〉，《中國文化月刊》第 9 期，1980 年 7 月

謝仲明：〈現象與物自身：從康德（Kant, Immanuel）到史陶生（P. F.
　　Strawson）〈論史陶生對康德之批評〉〉，《東海哲學研究集刊》
　　第 2 期，1995 年 6 月

羅光：〈中西形上本體論之比較研究〉，《哲學年刊》第 3 期，1985 年 6 月

韓亞第：〈關於中西方哲學本體論的比較問題〉，《宗教哲學》第 33 期，
　　2005 年 6 月

四、學位論文

黃意雅：《熊十力先生的體用論研究》，臺灣大學哲學研究所碩士論文，
　　1980 年

林世榮：《熊十力《新唯識論》研究——以《新唯識論》所引發儒佛之爭
　　為進路的探討》，中央大學中國文學系碩士論文，1991 年

裴春苓：《熊十力《新唯識論》與佛教義理融攝的問題探討》，南華大學
　　哲學研究所碩士論文，1999 年

林美惠：《吳汝鈞純粹力動現象學的建構之研究》，玄奘大學宗教學系碩
　　士班論文，2014 年

五、西文書目

Aristoteles, *Metaphysica*. Edited by W. Jaeger. Oxford: Oxford University Press,
　　1957.

Immanuel Kant, *Critique of Pure Reason*. Norman Kemp Smith (trans.) London: Macmillan, 1964.

Immanuel Kant, *Critique of Practical Reason*. Translated and edited by Mary Gregor, New York: Cambridge University Press, 1997.

G. W. F. Hegel, *The Phenomenology of Mind*. Translated by J. B. Baillie. George Allen & Unwin Ltd. and The Macmillan Company, 1931.

Edmund Husserl, *The Crisis of European Sciences and Transcendental Phenomenology*. Translated by David Carr, IL: Northwestern university Press, 1970.

Edmund Husserl, *Ideas Pertaining to A Pure Phenomenology and to A Phenomenological Philosophy – First book General Introduction to A Pure Phenomenology*. Translated by by F. Kersten, The Hague: Nijhoff, 1982.

Martin Heidegger, *Being and time*. Translated by John Macquarrie & Edward Robinson, New York: Harper Perennial/Modern Thought, 2008.

A. N. Whitehead, *Process and Reality*. Corrected Edition, D. R. Griffin a. D. W. Sherburne, New York: The Free Press, 1978.

A. N. Whitehead, *Adventures of Ideas*. New York: The Macmillan Company, 1979.

國家圖書館出版品預行編目資料

「力動」與「體用」：吳汝鈞「力動論」哲學與
熊十力「體用論」哲學的比較研究

顏銘俊著. – 初版. – 臺北市：臺灣學生，2019.04
面；公分
ISBN 978-957-15-1797-1 (平裝)

1. 吳汝鈞 2. 熊十力 3. 學術思想 4. 現代哲學
5. 比較研究

128.6   108004831

「力動」與「體用」：吳汝鈞「力動論」哲學與
熊十力「體用論」哲學的比較研究

著 作 者　顏銘俊
出 版 者　臺灣學生書局有限公司
發 行 人　楊雲龍
發 行 所　臺灣學生書局有限公司
地　　址　臺北市和平東路一段 75 巷 11 號
劃 撥 帳 號　00024668
電　　話　(02)23928185
傳　　眞　(02)23928105
E - m a i l　student.book@msa.hinet.net
網　　址　www.studentbook.com.tw
登記證字號　行政院新聞局局版北市業字第玖捌壹號
定　　價　新臺幣五〇〇元
出 版 日 期　二〇一九年四月初版
I S B N　978-957-15-1797-1

12818